Ich bin Salafist

Mohammad Abu Rumman

Ich bin Salafist

Selbstbild und Identität radikaler Muslime im Nahen Osten

Aus dem Arabischen übersetzt
und mit einem Glossar versehen
von Günther Orth

DIETZ

Bibliografische Information der Deutschen Bibliothek

Die Deutsche Bibliothek verzeichnet
diese Publikation in der Deutschen Nationalbibliografie;
detaillierte bibliografische Daten sind im Internet
unter *http://dnb/ddb.de* abrufbar.

ISBN 978-3-8012-0474-7

Dreizehnmorgenweg 24, 53175 Bonn
Umschlaggestaltung: Hermann Brandner, Köln
Satz: Kempken DTP-Service | Satztechnik · Druckvorstufe · Layout, Marburg
Druck und Verarbeitung: Medienhaus Plump GmbH, Rheinbreitbach

Printed in Germany 2015

Inhalt

Vorwort zur deutschen Ausgabe

von Anja Wehler-Schöck, Landesvertreterin der Friedrich-Ebert-Stiftung in Jordanien und im Irak

Wie kaum eine religiöse Strömung hat der Salafismus in den letzten Jahren weltweit Konjunktur erfahren. In Deutschland assoziieren viele Menschen den Begriff »Salafismus« mit Missionaren, die in Fußgängerzonen den Koran verteilen, oder islamistischen Predigern, die mit aufgeheizten Reden Jugendliche radikalisieren. Dass diese Entwicklungen Unbehagen bereiten, ist verständlich. Sie führen jedoch häufig auch dazu, dass Debatten verkürzt und einseitig geführt werden. Mitnichten kann der Salafismus als homogenes und statisches Phänomen bezeichnet werden. Gerade in den Jahren seit dem Arabischen Frühling hat die Strömung eine Phase bedeutender Transformationen durchlaufen. Um den Salafismus zu verstehen, muss man sich mit seinen verschiedenen Facetten auseinandersetzen.

Salafismus bezeichnet eine Strömung des sunnitischen Islamismus, die sich auf den Islam in seiner »ursprünglichen« Fassung, d. h. so wie ihn die ersten drei Generationen der Muslime im 7. und 8. Jahrhundert lebten, rückbesinnt. Salafisten legen die Quellen des Islam – den Koran und die Sunna (die Tradition Muhammads und der Urgemeinde) – wörtlich aus und sprechen anderen Quellen oder Interpretationen die Gültigkeit ab.

Das Ziel, das Leben nach der ursprünglichen Lehre zu gestalten, kann als der kleinste gemeinsame Nenner des Salafismus betrachtet werden. Darüber hinausgehend zerfällt er in viele verschiedene Bewegungen, die sich unter anderem mit

Blick auf die genaue Ausgestaltung des islamischen Lebens unterscheiden sowie in der Wahl der Mittel, diesen Wandel herbeizuführen.

Das vorliegende Buch veranschaulicht die Bandbreite gegenwärtiger salafistischer Strömungen und bietet Einblicke in die Welt ihrer Anhänger. Der jordanische Islamismus-Experte Dr. Mohammad Abu Rumman zeigt auf, aus welchen Motiven heraus Menschen sich dem Salafismus zuwenden. Der Autor analysiert den sozialen, ökonomischen und kulturellen Kontext, in dem die Salafisten leben, sowie ihre Werte, Überzeugungen und Ziele. Dabei betrachtet er den Salafismus nicht von außen, sondern durch die Augen seiner Anhänger. In zahlreichen biographischen Interviews mit jordanischen Salafisten hat der Autor ihre Beweggründe und persönlichen Umstände erforscht. Die Gesprächspartner wurden dabei bewusst nicht aus der Gruppe der Führungspersönlichkeiten ausgewählt, sondern aus der Basis der Bewegungen. Auf der Grundlage seiner Forschungsergebnisse entwickelte Dr. Abu Rumman schließlich eine Typologie verschiedener Kategorien des Salafismus, die im Buch anhand der Berichte mehrerer (ehemaliger) Salafisten illustriert werden.

Im arabischen Original ist das Werk vom Büro der Friedrich-Ebert-Stiftung (FES) in Amman herausgegeben worden. Es ist der achte Band in einer Reihe zum Politischen Islam, die seit 2007 erscheint. Ziel dieser Reihe ist es, die Debatten über die aktuellen Entwicklungen des Politischen Islam sowie seine verschiedenen Strömungen und Trends mit verständlich geschriebener, akademisch fundierter Literatur zu unterfüttern und die Expertise arabischer Autorinnen und Autoren einem breiten Publikum zugänglich zu machen.

Das Buch »Ich bin Salafist« ist in Jordanien und in der Region mit großem Interesse aufgenommen worden und in der arabischen und englischen Fassung bereits mehrmals nachgedruckt worden. Umso mehr freue ich mich über die Entscheidung des Dietz-Verlages, dieses Buch auch in deutscher

Sprache zu veröffentlichen. Das Werk leistet einen wichtigen Beitrag dazu, die verschiedenen salafistischen Bewegungen in ihrer Komplexität zu verstehen.

Viel Lob gebührt dem Autor dieses Buches, Dr. Mohammad Abu Rumman, einem anerkannten Experten auf dem Gebiet des Politischen Islam, von dem bereits mehrere Werke in der FES-Reihe erschienen sind. Es gibt nicht viele Autoren, die ein derart sensibles Thema auf eine so ausgewogene, akademisch fundierte und gleichzeitig lesbare Weise bearbeiten können. Seine Entstehung verdankt dieses Buch jedoch auch den Interviewpartnern, die dem Autor offen über sehr persönliche Aspekte ihrer Biographie Auskunft gaben. Mein Dank gilt weiterhin Dr. Günther Orth, der das Buch aus dem Arabischen übersetzt hat. Für diese Aufgabe bedurfte es eines Übersetzers, der nicht nur die Feinheiten der arabischen Sprache beherrscht, sondern auch Sensibilität für die Komplexität dieses Themas besitzt.

Einleitung

Als ich dieses Buch zu schreiben begann, hatte ich zunächst Sorge, möglicherweise zu wiederholen, was ich mit meinem Freund Hassan Abu Haniya bereits in unserem gemeinsamen Werk *Die islamische Lösung in Jordanien: Islamisten, der Staat und die Abwägung zwischen Demokratie und Sicherheit*[1] dargelegt hatte, besonders in den Kapiteln zu den jordanischen Salafisten in ihren verschiedenen Ausprägungen, wo wir Entwicklungsphasen, führende Persönlichkeiten und den ideologischen Diskurs der Salafisten dargestellt hatten. Aber die Idee, die dem neuen Buch zugrunde liegt, ist eine andere, und es nimmt methodisch eine andere Perspektive ein als das erstgenannte Werk. Es bedient sich keiner beschreibend-analytischen Methode, sondern gibt Salafisten Raum, selbst ihre Sicht auf das »Ich« und den »Anderen« darzustellen. Mit dem Anderen ist hier jeweils das »Abweichende« gemeint, also alles, was außerhalb des »Ich« steht, seien es Individuen, Ideen, die Gesellschaft oder Gruppen, seien diese selbst muslimisch oder nicht.

Die Angst vor Wiederholung begleitete mich dennoch. Als ich mich erneut in die jordanische Salafistenszene begab, fragte ich mich: Was ist der Unterschied, ob Forscher Salafisten darstellen oder diese sich selbst? Das Ergebnis sollte ja mehr oder weniger dasselbe oder zumindest recht ähnlich sein: eine Beschreibung der Salafisten als Gruppen mit bestimmten Ideologien, Ideen und Akteuren, die gesellschaftlich und politisch eine bestimmte Rolle spielen. Doch meine Angst schwand, nachdem ich zwei Grundannahmen entwickelt hatte.

---

1 Mohammad Abu Rumman, Hassan Abu Haniya: Al-Hall al-Islami fi l-Urdun. Al-Islamiyun wad-daula wa-rihanat ad-dimuqratiya wal-amn. Amman: Markaz ad-Dirasat al-Istratijiya fil-Jami'a al-Urdunniya, Friedrich-Ebert-Stiftung, 2013. Verfügbar in arabischer und englischer Sprache. Online abrufbar unter www.fes-jordan.org.

Wir haben es erstens nicht mit einem starren, unveränderlichen Phänomen zu tun. Die salafistische Szene ist in ständiger Bewegung, sowohl was die Leitlinien ihrer Ideen betrifft, als auch in Bezug auf ihr gesellschaftliches, politisches und kulturelles Handeln, ja, selbst auf der Ebene des inneren Zusammenhalts salafistischer Strömungen und Gruppen. Ich war überrascht, bei meinen neuen Feldforschungen zu sehen, dass viele meiner Informationen über salafistische Zusammenhänge bereits veraltet waren, obwohl meine ersten Untersuchungen gerade wenige Jahre zurücklagen.

Zum Zweiten wuchs in mir während meiner Recherchen, Interviews und Gespräche mit Salafisten die Überzeugung, dass trotz eventueller Ähnlichkeiten und Überschneidungen bei der Beschreibung salafistischer Gruppen und Bewegungen in Jordanien zwischen dem vorherigen Werk und diesem Buch die methodische Perspektive von großer Bedeutung ist. Denn das neue Buch bietet neue Details und Anhaltspunkte, mit denen das Phänomen des Salafismus besser begriffen werden kann. Wenn Salafisten selbst ihre Erfahrungen aus einer Innensicht heraus darstellen, so gibt uns dies die Möglichkeit, ihre psychosoziale Situation besser zu verstehen, und erlaubt, die Mechanismen ihrer Anpassung an die Realität, ihres Denkens und ihrer Selbstanalyse kennenzulernen. Zugleich können wir dadurch Entwicklungen und Wandlungen, die sich im Salafismus vollziehen, auf eine Weise nachzeichnen und beschreiben, die mehr über ihre Anhänger aussagt, als es die reine Außensicht vermag.

Nicht weniger wichtig ist festzustellen, dass trotz der großen Menge an Literatur und trotz zahlreicher aktueller Untersuchungen zum Salafismus und trotz seiner Präsenz in den Medien und trotz des Umstandes, dass Salafisten mehr oder weniger friedlich überall mitmischen, die Erforschung des Salafismus noch weiterer Methodiken bedarf, wenn wir seine Ausbreitung besser begreifen wollen. Und dafür ist es unumgänglich, dass man sich vor Ort stärker mit der Sprache, den sozialen Gepflogenheiten und der Selbstsicht von Salafisten befasst und ihren Antworten Gehör schenkt.

Vielleicht ist diese Kluft zwischen Salafisten und der politischen und medialen Elite in der arabischen Welt auch einer der Gründe dafür, dass man sich gegenseitig ablehnt und ausschließt, wie es momentan mehr und mehr festzustellen ist. Die Salafisten blicken auf die Gesellschaft, die politische Elite und auf andere politische Strömungen wenn nicht als Feinde oder Gegner, so doch zumindest als Abweichler vom wahren islamischen Weg. Andere sehen in den Salafisten ein befremdliches und beängstigendes Phänomen, das Fortschritt, Entwicklung und Modernität in jeglicher Hinsicht im Wege steht.

Das Ironische daran ist, dass beide Seiten nicht nur jeweils in derselben Gesellschaft leben, sondern zuweilen sogar in derselben Familie. Eine vermittelnde Kommunikation ist trotzdem meist nur schwach ausgeprägt. Ich habe Freunde, deren Geschwister salafistische Neigungen besitzen, doch sind meine Freunde nicht in der Lage sind, ihre eigenen Angehörigen zu verstehen oder mit ihnen umzugehen. Sie sind angesichts der extremen Meinungen und Verhaltensweisen ratlos, und dies ist eine Problematik, die, wie wir später sehen werden, in einer Identitätskrise der arabischen und muslimischen Gesellschaften insgesamt zum Ausdruck kommt. Dieser Krise liegt die Unfähigkeit zugrunde – wenn man so sagen kann –, ein vernünftiges Gleichgewicht zwischen Religion, Tradition und den Anforderungen der Moderne und der Welt zu formulieren, in der wir leben. Und diese Identitätskrise zeigt sich am deutlichsten im Salafismus, einer Haltung, die vorgibt, den Glauben angesichts vermeintlicher Herausforderungen und Gefahren zu beschützen und zu verteidigen.[2]

---

2 Siehe: Muhammad Abu Rumman: As-Salafiyun war-rabi' al-arabi. Su'al ad-din wad-dimuqratiya fi s-siyasa al-arabiya, Beirut: Markaz Dirasat al-Wahda al-Arabiya, 2013, S. 37-40.

Ein Vorfall, der sich während meiner Arbeit an diesem Buch ereignete, verdeutlichte mir ein weiteres Mal, wie wichtig diese Untersuchung ist. Er bestätigte mir, dass zwischen Salafisten und der breiten Masse, und insbesondere der politischen und der medialen Elite, erhebliche Wissensunterschiede bestehen. Ich war Gastvortragender in einem zivilgesellschaftlichen Verein und referierte dort vor jungen Menschen. Es war der Abschluss eines Trainingsseminars für Kompetenzförderung und ich sprach über islamistische Gruppen in Jordanien, darunter die Muslimbrüder, die Salafisten, die *Tahrir*-Partei und viele andere Richtungen. Interessiert und verwundert zugleich zeigten sich die jungen Leute darüber, wie ich über die Salafisten sprach. Ich musste während meiner Ausführungen mehrfach betonen, dass ich diese Gruppen und ihre Ideen und Sichtweisen weder positiv noch negativ darstelle und ihre Bewertung dem Publikum überlassen möchte. Einige Anwesende forderten mich dennoch auf, meine persönliche Meinung zur salafistischen Richtung als einem Sonderfall unter den islamistischen Strömungen in Jordanien kundzutun.

Ich erklärte kurz, dass ich kein Islamist sei, aber auch kein religionsfeindlich eingestellter Säkularist. Ich sympathisiere mit den Gedanken des jordanischen Denkers Fahmi Jad'an in seinem Buch *Die Erlösung. Über die Versprechungen von Islamisten und liberalen Säkularisten*. Er vertritt dort einen »konservativen Säkularismus«, ähnlich wie er in der Türkei in den letzten Jahrzehnten um die Regierungspartei AKP entstanden ist, und eine ausgewogene Sichtweise auf die Rolle der Religion im öffentlichen und im privaten Raum. Jad'an spricht vom »islamisch-säkular-liberalen Komplex«[3].

Überraschenderweise wandte nun einer der Zuhörer ein, dass er dies für unislamisch halte, denn der Koran sage: »Heute

---

3 Fahmi Jad'an: Fi l-khalas an-niha'i: Maqal fi wu'ud al-islamiyin wal-almaniyin wal-libiraliyin. Amman: Dar as-Shuruq, 2007.

habe ich euch euren Glauben vollendet und meine Gnade an euch erfüllt, und ich möchte, dass der Islam eure Religion wird.« (Koran, Sure 5:3) Säkularismus sei mit dem Islam nicht vereinbar, der Islam sei ein eigenständiges System, das sich selbst genüge, und er benötige zur Ergänzung weder Liberalismus noch Säkularismus.

Als ich das Publikum fragte, ob es sich diesem Einspruch anschließe, bejahten die einen und die anderen schwiegen. »Gut«, sagte ich, »stellen wir die übrigen Fragen zurück und machen folgende geistige Übung: Nehmen wir an, ich gäbe Ihnen darin Recht, dass der Islam ein umfassendes System ist und Säkularismus darin keinen Platz hat. Wir müssen uns also in allem an den Islam halten, nicht an westliche Philosophie. Wenn wir das weiterspinnen, kommen wir zu folgenden logischen Schlüssen: Gott sagt im Koran: ›Wer nicht nach dem richtet, was Gott herabgesandt hat, das sind Ungläubige‹ (5:44), beziehungsweise je nach Sure ›Frevler‹ (5:45) oder ›Unzüchtige‹ (5:47). Gott sagt auch: ›Wer aber richtet besser als Gott für jene, die fest im Glauben sind?‹ (5:50) und ›Wenn Gott und sein Gesandter in einer Sache entschieden haben, steht es einem Gläubigen nicht zu, eine andere Wahl zu treffen‹ (33:36). Eine Vielzahl weiterer Verse befiehlt ebenfalls die Anwendung der islamischen Scharia und stellt fest, dass jede Herrschaft, der nicht das religiöse Gesetz zugrunde liegt, außerhalb der muslimischen Gemeinschaft steht und somit Tyrannei und Unglaube ist. Richtig?«

Der junge Mann, der zuvor Einspruch erhoben hatte, bejahte. Wieder bat ich das Publikum um seine Meinung, und wieder stimmten die einen zu und die anderen schwiegen. Widerspruch erhob sich gar nicht. Dann fragte ich weiter: »Und wie steht es um jene arabischen Staatschefs und Regierungen von heute, die nicht auf der Grundlage der Scharia regieren? Sind diese dann auch als Ungläubige und Verirrte anzusehen?«

Zunächst herrschte Schweigen im Saal. Dann bejahten die Frage wieder einige, und andere sagten: »Ihre Herrschaft ist zwar nicht islamisch, aber die Regierenden selbst wollen wir nicht als Ungläubige bezeichnen.« Ich sagte: »Willkommen im dschihadistischen Salafismus! Sie haben soeben innerhalb von wenigen Minuten den halben Weg dorthin geschafft. Über den Rest werden wir uns sicher auch noch einig.«

Worauf ich mit dieser Geschichte hinauswill ist, zu verdeutlichen, dass der Weg zum Salafismus und zu seiner radikal-dschihadistischen Auslegung für Muslime nicht unbedingt weit ist und dass es nichts Absonderliches ist, sich auf ihn zu begeben, obwohl meine Zuhörer anfangs so verwundert gewesen waren. Es ist im Gegenteil ein Leichtes, in dieses Fahrwasser zu geraten, und wir könnten uns im Alltag jederzeit am Anfang dieses Weges wiederfinden. Wenn ein Prediger beim Freitagsgebet von der »Unabwendbarkeit der islamischen Lösung« spricht oder ein Dozent für Islamisches Recht moderne Denkrichtungen als »Abweichung vom Islam« bezeichnet, wenn ein Schullehrer, ein Moscheeprediger oder selbst ein frommer Ingenieur oder Arzt versichern, dass die Zukunft dem Islam gehöre und dass die westliche und sonstige moderne Kulturen geistig und moralisch »bankrott« seien, dann sind nicht die Salafisten der Fremdkörper, und nicht sie sollten das Objekt von Verwunderung sein, vielmehr ist es dann die arabische Welt sich zunehmend »salafisiert«. Ist der Salafismus in vielen Golfstaaten heute schon so etwas wie die vorherrschende religiöse Kultur, so breitet sich diese Geisteshaltung auch in anderen arabischen Gesellschaften aus, während der Säkularismus und dessen Anhänger auf dem Rückzug sind. Der Islamismus wird immer stärker, und seit einigen Jahren ist dieser zunehmend salafistisch geprägt.

Ein Salafistenscheich in Ägypten, Abu Ishaq al-Huwaini, hat auf die Verwunderung der Presse und der Intellektuellen über das Auftauchen der Salafisten seit der ägyptischen Revolution von Januar 2011 einmal so reagiert: »Sie fragen uns, wo wir vorher waren. Wir antworten darauf: Ihr wart auf dem Saturn, deshalb habt ihr die Leute ganz unten nicht sehen können!«[4]

Der Siegeszug der Salafisten in Ägypten ist nicht schwer zu belegen: Die salafistische *Nur*-Partei bestand erst wenige Monate, als sie 2012 für die ersten Parlamentswahlen kandidierte, und trotzdem gelang es ihr, eine alteingesessene Partei wie die *Wafd*, bis dahin eine der größten und ältesten Parteien Ägyptens, aus dem Feld zu schlagen[5]. Und wenn wir uns in anderen arabischen Ländern umsehen, dann sehen wir auch dort, dass Salafisten überall die maßgeblichen Kräfte bilden, sei es in der syrischen Revolution oder anderswo. Ein Spezialist für islamistische Bewegungen in Ägypten, Husam Tammam, schrieb sogar schon ein Buch mit dem Titel *Die Salafisierung der Muslimbrüder*, in dem er die Ausbreitung salafistischen Gedankenguts selbst in dieser Urgemeinschaft der Islamisten beschreibt[6]. Wir müssen also feststellen, dass die Salafisten sich nicht nur als organisierte Gruppen ausbreiten, sondern dass sich salafistische Ideen, Vorstellungen und eine entsprechende Kultur in arabischen und muslimischen Gesellschaften heute immer stärker finden lassen.

Zugleich ist der Salafismus nichts Neues, das plötzlich in unserer arabischen Religion und Kultur aufgetaucht wäre. Vielmehr hat diese breite Strömung eine lange theologische, geistige und missionarische Tradition und ein ganzes Arsenal von *Fatwa*-Literatur und religiösen Theorien hervorgebracht, die über Jahrhunderte entstanden sind. Insofern geht es hier nicht nur um eine dogmatische theologisch-geistige Richtung, die sich gegen andere islamische Ideen durchsetzen konnte;

---

4 Ebd., S. 91.

5 Ebd., S. 119-127.

6 Husam Tammam: Tasalluf al-Ikhwan: Ta'akul al-utruha al-ikhwaniya wa-su'ud as-salafiya fi jama'at al-Ikhwan al-Muslimin, Alexandria: Maktabat al-Iskandariya, 2010.

vielmehr ist der Salafismus heute ein sehr aktuelles und sichtbares Phänomen in allen Bereichen des arabischen Lebens.

In dieser Studie soll es daher darum gehen, sich der »salafistischen Gemeinschaft« zu nähern und diese dem Leser durch Selbstzeugnisse von Anhängern dieser Richtung nahezubringen. Methodisch baut die Untersuchung grundsätzlich auf Interviews mit Einzelpersonen auf, die sich dem Salafismus geistig, aber auch in ihrem Verhalten und in ihrer Lebensweise zurechnen.

Im Salafismus vereinen sich Denken, Kultur, Verhalten, Lebenspraxis, Leitwerte, Meinungen und Ideen, und es wird das Religiöse mit allen Details des täglichen Lebens in Verbindung gebracht. Es ist diese Lebensweise, die die Sicht der Salafisten auf sich selbst, die Gesellschaft, den Staat und die arabische und muslimische *Umma* insgesamt prägt und ihren Blick auf andere Konfessionen und die Welt bestimmt.

Für die Interviews habe ich nicht in erster Linie einflussreiche Personen oder Führungsfiguren der salafistischen Szene gewählt, und schon gar keine prominenten. Vielmehr habe ich nach Möglichkeit versucht, alltägliche Menschen kennenzulernen, die sich für den Salafismus entschieden haben und die ihr Leben und Denken an ihm ausrichten, um dadurch eine Innensicht auf die Bewegung zu bekommen. Führungsleute sind gewöhnlich in einer weiter fortgeschrittenen Phase und geschickt im Ausweichen, wenn es um Dinge geht, die sie lieber nicht ansprechen möchten, um sich nach außen, den Medien und der Gesellschaft gegenüber als möglichst geschlossen zu präsentieren.

Das heißt nicht, dass Führungspersonen gar nicht in die Untersuchung einbezogen wurden, aber wenn dies der Fall war, dann nicht wegen ihrer Position, sondern weil ihre Ausführungen zusätzliche Akzente setzen oder das Bild vom Salafismus in besonderer Weise schärfen.

Die Salafisten in Jordanien wurden von mir in drei Richtungen eingeteilt, in Traditionalisten, Aktionisten und Dschihadisten, und die Befragten jeweils einer der drei Hauptrichtungen zugeordnet. Dies ist wichtig, um ein tieferes Verständnis für die vorgestellten Lebenserfahrungen zu entwickeln, auch wenn wir uns vor Augen halten, dass es bedeutende gemeinsame Nenner zwischen allen Richtungen gibt. Durch diese Einteilung lernen wir die Unterschiede zwischen den Lebensentwürfen und ihre Auswirkungen auf den salafistischen Charakter und auf die Identität der Einzelnen am besten kennen. Diese Unterschiede sind zentral für die Entscheidung des Einzelnen und seiner entsprechenden Zuordnung zur dschihadistischen, traditionellen oder aktionistischen Richtung. Im Schlusskapitel wird dies besonders deutlich.

Mir ist klar, dass man gegen die genannte Dreiteilung begründete Einwände erheben kann, aber sie ist ohnehin nicht als absolut gedacht. Es gibt große Überschneidungen zwischen all diesen Ausprägungen, aber die Dreiteilung ist dennoch die beste Methode, um die verschiedenen salafistischen Richtungen voneinander zu unterscheiden. Die relativierende Bezeichnung »Richtungen« ist insofern nicht zufällig gewählt. Diese ergeben sich aus bestimmten Indikatoren: Erstens muss eine ideologische oder semi-ideologische Sichtweise zu erkennen sein, die eine Gruppe prägt. Zweitens muss sie durch eine bestimmte Gruppe, Vereinigung oder Institution, die für sie steht, repräsentiert sein. Insofern erfasst diese Studie auch keine rein individuellen oder ideologiefreien salafistischen Einstellungen. Es gibt also noch weitere salafistische Ideen und Individuen, die manche allgemein-salafistische Vorstellung aufgreifen, hier aber keine Berücksichtigung finden, wenn sie die genannten beiden Grundfaktoren (Ideologie und Gruppenbezug) nicht erfüllen.

Im Übrigen kam jeder für die Untersuchung infrage, der von sich selbst sagte »Ich bin Salafist« oder »Ich war Salafist«.

Methodisch greift diese Studie auf eine Reihe von psychologischen und kulturwissenschaftlichen Untersuchungen zum Thema Identität zurück sowie auf ihre Begriffe, soweit diese einer Untersuchung der sozialen Identitäten unter Rückgriff auf Psychologie und Anthropologie dienlich sind [7].

Als die geeignetste Herangehensweise, um salafistische Identität beziehungsweise die Suche des Salafisten nach seiner kulturellen, gesellschaftlichen und politischen Identität zu erkunden, erwies sich die »Identitätssoziologie«[8]. Sie soll die Fragen beantworten, die ein Salafist sich selbst stellen würde:

Wer bin ich? Wer ist er? Warum bin ich Salafist geworden? Wie bin ich Salafist geworden? Wann habe ich mich dazu bekannt? Was bedeutet es, dass ich Salafist bin? Welche Erfahrung habe ich mit dem Salafismus gemacht? Wie ist mein Blick auf mich und andere? Zu welcher Gruppe gehöre ich? Wie gliedere ich meine persönlichen, geistigen, gesellschaftlichen, kulturellen und politischen Zugehörigkeiten? Bestimmt mein salafistisches Engagement meine sozialen, verhaltensbezogenen und politischen Maßstäbe oder ist es umgekehrt? usw.

Die Identitätssoziologie hilft auch dabei, die Beziehung zwischen dem Einzelnen und seiner salafistischen Gruppe zu begreifen. Jeder Identität liegen Faktoren zugrunde, die dem Einzelnen jeweils auf individueller und kollektiver Ebene das Gefühl geben, dazuzugehören und mit anderen ein Schicksal zu teilen. Dieses Gefühl gewährleistet die Kontinuität des Kollektivs und schützt ihr Bestehen. Wenn dieses Gefühl wegfällt, zerfällt auch die Gemeinschaft. Der soziologische Identitätsbegriff basiert auf der Definition und der Vorstellung des Kollektivs von sich selbst sowie auf seinem Verständnis von Verbindungen zu anderen Gruppen und dem, was sie für ihr grundlegendes Wesen halten, welches aus ihrer Sicht die Notwendigkeit ihres Bestehens begründet. Identität leitet

7 Zu weiteren Details zur fachübergreifenden soziologischen Methodik siehe Roger Heacock u. a. (Hg.): Al-Bahth an-naqdi fi l-ulum al-ijtima'iya, Bir Zeit: Ma'had ilm al-insan, 2011, S. 7-57.

8 Siehe hierzu Catherine Halpern: Identité(s): L'individu, le groupe, la société, Paris 2009 (Arabisch von Ilyas Balka).

eine Gemeinschaft also nicht nur aus sich selbst her, sondern auch aus dem von ihr Unterschiedlichen und Getrennten. Insofern ist die Suche nach einer Identität auch nur dann sinnvoll, wenn man sich von anderen abhebt und unterscheidet. Die Distanz zwischen dem Ich und dem Anderen spielt für das Identitätsbewusstsein eine entscheidende Rolle und bestimmt die Neigung nach Abkapselung oder Offenheit. Eine Identität bezieht ihr Gleichgewicht also nicht nur aus dem Eigenen, sondern auch aus dem Anderen[9].

Methodisch war eine Reihe von Begriffen und Thesen hilfreich, um die Frage nach der Identität zu formulieren:

Erstens: Salafismus als »Identitätsbestätigung« und Verteidigungsmechanismus angesichts der »Globalisierung«, der Herausforderungen der Moderne und des Drucks der modernen Welt einschließlich ihrer Werte, ihrer Kultur und ihrer Verhaltenskodizes, die auf traditionelle Gesellschaften einwirken und hier starke Verunsicherung hervorrufen. Der Salafismus steht für ein »Traditionsmodell« als Antwort auf etwas, das als »fremd« begriffen wird, im Gegensatz zum »modernen Modell«, wo der Andere als »gleich« oder »gleichwertig« angesehen wird[10]. Der Salafismus schafft vom Anderen ein Bild, das stark mit Semantik und Symbolen aufgeladen ist, und vor allem schafft er sich als Bezugsquelle ein Selbstbild, an dem er sich mit dem Anderen misst.

Ebenfalls bereichernd für diese Untersuchung waren diesbezüglich die Beiträge von Daryush Shayegan, der die Fragen und Dilemmata in Worte fasste, die die Moderne und die heute dominierende westliche Kultur für lokale traditionelle Gesellschaften darstellen. Er eröffnete damit neue Möglichkeiten, religionsbasierte Identitäten zu bestimmen, die der ideologische Ausgangspunkt islamisch-fundamenta-

---

9 Siehe Muhammad al-Ghailani: Al-Huwiya wal-ikhtilaf fi qadhaya d-din wal-mujtama': al-huwiya hiya l-ikhtilaf, www.mominoun.com.

10 Patrick Savidan: Le multiculturalisme, Paris 2009 (Arabisch von Mustafa Hassuni).

listischer Bewegungen sind und die die islamische Identität als einigende und vereinende Basis aller muslimischen Gesellschaften sehen. Shayegan geht bei seiner Diskussion des »Identitätsdilemmas« in islamischen Ländern von der Natur der Beziehung zur westlichen Moderne und der Art des Umgangs mit ihr aus. Ihm zufolge sahen die herrschenden Eliten der islamischen Länder in der westlichen Moderne vor allem die Summe moderner Technik, die sie in ihre Gesellschaften importierten und diese so zwar modernisierten, aber keine Moderne schufen.

Eine solche Identität ist Shayegan zufolge »eine regressive ideologische Hülle, die sich schwache Gesellschaften im Zeichen weltweiter Veränderungen als Alternative zur universalen Moderne zulegen«. Sie ist somit ein verfälschtes Selbstbild, denn die Weigerung, die gesellschaftliche Realität zur Kenntnis zu nehmen, wird in den betreffenden Gesellschaften in Ablehnung von Erneuerung und in ein sich Verschanzen hinter altem Denken übersetzt, indem man sich in die erträumte Wiedererrichtung des Goldenen Zeitalters der arabischen und islamischen Kultur im Mittelalter flüchtet und sich mit dem begnügt, was damals in Wissenschaft und Philosophie geleistet wurde. Reaktionäres Denken, so Shayegan, zeichne sich durch die »Verehrung der Anfänge« aus, und lege so die Basis für eine Betrachtung der Moderne als einer Verschwörung[11].

Auch Claude Dubars Lesart von Max Weber war hilfreich. Dubar geht von einem Prozess der gesellschaftlichen Beobachtung von Veränderungen aus und stellt fest, dass der Einzelne seine früher existierenden Vertretungsinstanzen (Klasse, Parteien, Berufsvereinigungen etc.) verloren hat, die veraltet und nicht mehr tragfähig sind. Einem solchermaßen entfremdeten Individuum bleibt nur die Flucht in eine »pri-

11 Daryush Shayegan: Les Illusions de l'identité, Paris 1992 (Arabisch von Muhammad Ali Muqallad).

mitive« kulturelle Identität, in ein »nominelles Ich« und in »ursprüngliche« Familien- und Gruppenbindungen.

Dubar glaubt, dass der Identitätskrise, den mit ihr einhergehenden Depressionen und Neurosen, der Sehnsucht nach der Vergangenheit und dem »Rückzug ins Selbst« nicht nur psychische Ursachen zugrunde liegen, die sich aus Kindheit und persönlicher Lebensgeschichte ergeben, sondern dass diese auch eine gesellschaftliche Dimension und objektive Ursachen in der modernen Geschichte haben und diese sich in materiellen Verlusten, gestörten Beziehungen und einer Veränderung in der Subjektivität manifestieren[12]. Aus dieser Perspektive konnten wir eine Erklärung dafür bieten, warum der Salafismus einen solchen Aufstieg erlebt und sowohl von Individuen (individuelle Identitäten) als auch von Gruppen (kollektive Identität) so stark angenommen wird.

Zweitens: Der Begriff der »Identitätskrise« dient uns als ein Instrument beziehungsweise als eine These zur Erklärung des Aufstiegs des Salafismus in der arabischen Welt, indem der Salafismus als Reaktion auf ein Gefühl der Bedrohung religiöser oder kultureller Identität oder als Reaktion auf eine »schwere Zeit«, die eine Gesellschaft oder bestimmte Einzelne durchmachen, entsteht. Insofern steht er letztlich für eine »gestörte Balance« zwischen verschiedenen Komponenten, die wirtschaftliche, gesellschaftliche, politische oder gar militärische Ursprünge haben kann, so Claude Dubar[13].

Drittens geht es in dieser Untersuchung um die Beschreibung der Beziehung zwischen dem einzelnen Salafisten und der salafistischen Gruppe, zu der er gehört und die für ihn die »Bezugsgruppe« beziehungsweise eine Minigesellschaft darstellt, wie er mit ihr interagiert und welche Rolle er in diesem Sozialgefüge spielt. Im Weiteren spielt die Interaktion der einzelnen Salafisten mit der sie umgebenden Gesellschaft

12 Claude Dubar: La Crise des identités, Paris 2001 (Arabisch von Randa Baath).

13 Ebd.

eine Rolle. Es soll dargestellt werden, wie Salafisten aufgrund ihrer Konzepte, Ideen und Werte ihr Verhalten gegenüber anderen Personen und der Gesellschaft ausrichten und wie sie ihre Haltung zu Staat und Regierung definieren. Hier fließt die Methode des *symbolic interactionism* der Chicagoer Schule ein, sowie die Beiträge ihrer bekanntesten Wissenschaftler wie George Herbert Mead, Erving Goffman, Peter Berger und Herbert Blumer[14]. Mit dieser Vorgehensweise entwickelten wir Grundannahmen über den Begriff der Identität, indem wir versuchen, das soziale Handeln innerhalb sozialer Systeme unter Heranziehung folgender Begriffe zu interpretieren: Symbolische Interaktion (über Sprache, Bedeutungen, soziale Bilder), Rolle, Bezugsgruppe und Einfluss der ersten Lebensjahre auf die Entwicklung des Einzelnen in Phasen. Diese Methode stützte sich hauptsächlich auf Beobachtung und direkten Kontakt mit den »Beforschten«[15].

Ein zentraler Begriff in dieser Untersuchung ist die symbolische Interaktion. Was uns an dieser in diesem Zusammenhang besonders interessierte, war die Entwicklung des Begriffs durch Soziologen anhand von »impressionistischen Bildern«, die der Einzelne von der Gemeinschaft und der Gesellschaft hat, d. h. die Interpretation des sozialen Handelns bei den Einzelnen gemäß ihrer »Vorstellung« von ihrer Beziehung zum jeweiligen salafistischen und gesellschaftlichen Zusammenhang[16]. Wir beschreiben also nicht nur salafistisches Verhalten, sondern zielen auf etwas dahinter Liegendes, nämlich darauf, wie der Salafist dieses Verhalten gegenüber seiner Gruppe und der Gesellschaft allgemein interpretiert. Dies wird über dessen subjektive Aussagen ergründet.

---

14 Siehe Ian Craib: Modern Social Theory – from Parsons to Habermas, London 1984 (Arabisch von Muhammad Hussein Allum).

15 Siehe hierzu Craib sowie Halpern a. a. O.

16 Siehe Ghani Nasser Hussein al-Quraishi: Al-Madakhil an-nazariya li-ilm al-ijtima‘, Amman: Dar Safa‘, 2011, S. 403-439.

Dadurch konnten wir folgende These entwickeln: Der einzelne Salafist entwickelt seine Rolle und sein soziales Verhalten gegenüber Anderen (Familie, Gesellschaft, andere politische und gesellschaftliche Gruppen) durch das, was seine Zugehörigkeit zu einer salafistischen Gruppierung oder Bewegung ihm abverlangt. Er tut also etwas, von dem er glaubt, das jene Gruppe es von ihm erwarte. Gemäß dieser Verpflichtung bestimmt er auch sein eigenes Verhalten und seinen Standpunkt zu Themen und Personen. Daran hält sich der Salafist in einer früheren Phase seines Lebens stärker und konsequenter als in einer späteren. Unmittelbare Beobachtung und Begegnung waren grundlegend zur Erfassung der salafistischen Identität. Dies wurde in der vorliegenden Untersuchung hauptsächlich durch persönliche Interviews erreicht.

Viertens wird zwischen der salafistischen Identität und den Grundlagen anderer moderner Identitäten einschließlich ihrer kulturellen, sozialen und politischen Werte verglichen. Hier halfen uns die Veröffentlichungen des kanadischen Soziologen Eric Taylor, der die Eigenheiten moderner westlicher Identität definiert hat, die ihm zufolge auf drei Faktoren beruht: Ergründung des eigenen Inneren, Säkularisierung der Gesellschaft und Entwicklung eines normalen Lebens[17]. Zudem nutzten wir die Beiträge Samuel Huntingtons zu seinem Entwurf von Identitätsebenen mit persönlichen, politischen, wirtschaftlichen, sozialen, kulturellen und regionalen Färbungen, der einen Rahmen liefert, um die Dimensionen einer abweichenden Identität zu beschreiben und der es uns erlaubt, unterschiedliche Einflussfaktoren für die Bestimmung salafistischer Identitäten voneinander zu unterscheiden[18].

Fünftens soll beleuchtet werden, ob eine salafistische Identität eher Aufgeschlossenheit oder Abkapselung zuneigt.

---

17 Halpern a. a. O.

18 Ebd.; siehe auch Samuel P. Huntington: Who are we? Die Krise der amerikanischen Identität, München 2006 (Arabisch von Husamuddin Khudur).

Tritt man mit dem Anderen ins Gespräch, erkennt man ihn an oder schließt man ihn aus? Inwieweit wird religiöse Toleranz geübt, gibt es einen flexiblen Umgang mit religiösen oder dogmatischen Unterschieden oder nicht? Hier stützen wir uns auf die Beiträge von Soziologen zum Thema Identitätspolitik im Spannungsfeld zwischen Anerkennung und Offenheit einerseits und Abkapselung und Ablehnung bis hin zur Entstehung von Hass und Gewalt andererseits. Hier ist insbesondere die Arbeit von Amartya Sen zu nennen[19]. Auch Charles Taylor widmet sich der weltweiten Wiedererstehung kultureller Identitäten und betont die Notwendigkeit einer Politik der Anerkennung, die sich mit Identität und kultureller Andersartigkeit beschäftigt. Er war der erste, der den Begriff einer »Politik der allgemeinen Anerkennung« verwandte.

Die Idee vom menschlichen Bedürfnis nach Anerkennung baut zudem darauf auf, dass unsere Identitäten sich zu einem gewissen Grad auch durch Anerkennung beziehungsweise Nichtanerkennung herausbilden und dass sie oft durch fehlende Anerkennung geprägt sind. Eine Person oder eine Gruppe wird es als schädlich und verfälschend empfinden, wenn die sie umgebende Gesellschaft sich ein verkürztes oder kränkendes Bild von ihr macht und ihr dies zugleich vorhält[20].

Es war mir ein Anliegen, in diese Untersuchung durch Interviews eine möglichst große Zahl von salafistischen Lebensentwürfen einfließen zu lassen. Dies stieß jedoch dadurch an Grenzen, dass viele Salafisten zu keiner Befragung bereit waren, so dass ich (unter Schwierigkeiten) nur insgesamt 33 Fragebögen ausgefüllt zurückbekam. Alle anderen Befragten weigerten sich entweder aus Sicherheitsbedenken, meine Fragen zu beantworten (obwohl kein Name abgefragt

---

19 Amartya Sen: Identity and Violence. The Illusion of Destiny. New York 2006 (Arabisch von Sahar Taufiq).

20 Siehe Husamuddin Ali Majid: Inbi'ath zahirat al-huwiyat. Qira'a fi manzur al-mufakkir al-kanadi Charles Taylor, http://www.sotakhr.com/2006/index.php?id=18620.

wurde), oder weil sie gegenüber Forschern und Journalisten misstrauisch sind und sie einer »Verschwörung« verdächtigen. Der größte Rücklauf, wenn auch hier begrenzt, kam von »aktionistischen« Salafisten. Dies mag an sich schon illustrieren – wie noch zu zeigen sein wird – wie unterschiedlich salafistische Identitäten sein können.

Am Anfang der Studie steht ein Kapitel über den »salafistischen Charakter« und die Eigenschaften der salafistischen Gesamt- und Teilidentitäten, gefolgt von einem theoretischen Teil, in dem der Salafismus definiert und seine historische Entwicklung, seine heutige Phase und seine aktuellen Richtungen mit ihren jeweiligen Eigenheiten, Ideen und Argumenten beschrieben werden.

Jene großen Kapitel, die die Interviews zusammenfassen, beschäftigen sich mit dem Salafismus in Jordanien und folgen der Unterteilung in die drei salafistischen Hauptrichtungen: dem traditionellen, dem dschihadistischen und dem aktionistischen Salafismus.

Das letzte Kapitel widmet sich schließlich der Entwicklung von Personen, die sich vom Salafismus ab- und anderen Ideen zugewendet haben, seien es islamische oder auch säkulare.

Diese Studie ist ein Versuch, die salafistische Gemeinschaft von innen auszuloten und sie dabei selbst zu Wort kommen zu lassen. Sie stützt sich auf Selbstzeugnisse von Salafisten, die über ihre Erfahrungen sprechen, weil ich glaube, dass man so am besten die Eigenheiten des salafistischen Charakters verstehen kann. Diese Äußerungen geben uns aber zugleich auch die Gelegenheit, die Art und Weise des Denkens großer Teile junger arabischer Muslime zu verstehen, die den »salafistischen Weg« gewählt haben, um ihre Identität angesichts drückender politischer und gesellschaftlicher Krisen zu finden. Denn über die Definition der salafistischen Identität nähern wir uns zwangsläufig auch den Faktoren an, die junge Araber generell dazu bringen, sich dieser oder jener geistigen Richtung zuzuwenden, ideologische Haltungen zu entwickeln und sich zwischen den diversen Ideen, Strömungen und Prinzipien zu entscheiden. Vielleicht liegt hierin sogar der tiefere Sinn dieser Arbeit, ein Phänomen anhand seiner sozialen und realen Bedingungen zu verstehen.

Salafistische Biographien: Identität, Krise und Wandel

Die in diesem Buch vorgestellten Fallbeispiele zeigen unterschiedliche Vertreter unterschiedlicher Typen des Salafismus und beschreiben eine salafistische Identität, die unscharf, ungeordnet, unhierarchisch und unstrukturiert erscheint. Das macht es kompliziert und oft unübersichtlich. Der Salafismus bildet damit ein Gegenstück zu politischen Parteien, aber auch zu vielen anderen islamischen Gruppen. Im Dreieck von Geschichte, Gegenwart und Zukunft tritt der Salafismus gespalten und uneinig auf, jedoch finden sich auch Beispiele moralischer, wissensbegründeter oder auch praktischer sowie traditioneller, indirekter und »unsichtbarer« Autorität, die sich aus Geschichte, Methode und Ideologie und aus der »salafistischen Gemeinschaft« selbst ergeben.

Es geht bei diesen Beispielen also nicht nur um individuelle Identitäten, sondern es ist insbesondere nach der Beziehung der Einzelnen zu ihrer Gemeinschaft und Gruppe sowie nach dem Verhältnis dieser Gruppen zur Gesellschaft beziehungsweise zur *Umma* zu fragen, der weltweiten Glaubensgemeinschaft der Muslime. Hier erweist sich, dass der Fokus allein auf die Ideologie nicht ausreicht, um den Salafismus zu untersuchen; vielmehr ist eine Verknüpfung mit einer »identitätssoziologischen« und kulturellen Analyse vonnöten. Erst diese beiden Ansätze zusammen ermöglichen eine umfassende Sinndeutung dafür, dass Einzelne eine salafistische Identität übernehmen, wenn sie deren Beziehung zur jeweiligen Gruppe und kulturellen Umwelt miteinbeziehen. Denn erst so ergeben sich Rollen, Vorstellungen, Repräsentationen und Verhaltensweisen der Betroffenen, insofern diese auf ihre jeweilige salafistische Zugehörigkeit Bezug nehmen.

Eine soziologische Identitätsstudie könnte die Gründe beleuchten, die eine Person dazu bringen, im Zusammenhang ihrer Suche nach Identität Salafist zu werden, sofern dies im Kontext einer Krise oder eines Ungleichgewichts geschieht, das die Gesellschaft im Zuge ihres Wandels von einer traditionellen zu einer modernen durchlebt. Diese Krise kann politischer, wirtschaftlicher oder geistiger Natur oder Ergebnis einer Konfrontation zwischen lokalen Traditionen oder Identitäten und solchen sein, die unter dem Druck von Modernisierung und Globalisierung entstanden sind.

Zusätzlich zu den vorgestellten Fallbeispielen stütze ich mich auf Fragebögen, die ich in Jordanien unter Salafisten verteilt und zurückbekommen habe. Es geht zwar nur um die relativ bescheidene Zahl von 33 Fragebögen, diese können aber trotzdem aussagekräftig sein, zumal die Antwortenden aus allen drei Hauptrichtungen der Salafiya kamen, der traditionalistischen, aktionistischen und dschihadistischen.

Es ging um folgende Fragen: Warum sind Sie Salafist geworden? Wie sind Sie Salafist geworden? Was bedeutet es für Sie, Salafist zu sein (Frage nach dem Ich)? Wie begegnen Sie Nicht-Salafisten (Frage nach dem Anderen)? Aus den Antworten ergeben sich Befunde für die Repräsentation und Ausdeutung dieser Identität sowie die Grundzüge eines »salafistischen Charakters«, der sich sowohl in der jeweiligen Einzelperson als auch in der salafistischen Gruppe manifestiert. Der Gruppenbegriff harmoniert hier im Übrigen nicht unbedingt mit dem üblichen Begriff von einer organisierten Gruppe, sondern bezieht sich eher in einer traditionellen Weise auf eine Gemeinschaft, in diesem Fall die salafistische, und deren Verhältnis zu ihren Mitgliedern und der Gesellschaft im allgemeineren Sinn.

Zunächst müssen wir grundsätzlich fragen, ob man von einer einheitlichen salafistischen Identität sprechen kann oder ob es multiple salafistische Identitäten gibt, die die Gespaltenheit des Salafismus widerspiegeln. Wollten wir diese Frage anhand der vorgestellten Fallbeispiele, des ideologischen Diskurses des Salafismus und der Fragebögen beantworten, so könnten wir ganz allgemein feststellen, dass die Religion ein Hauptelement bei der Herausbildung dieser Identität und ihrer Spielarten ist. Ein Salafist glaubt, dass der Religion eine entscheidende Rolle bei der Bestimmung seiner religiösen und ideologischen Vorstellungen zukommt und dass sie sein Verhalten und sein soziales Handeln bestimmt. Sie prägt zudem seine moralischen und wertebezogenen Entscheidungen, wobei die »salafistische Identität« sich dieses Merkmal möglicherweise mit anderen islamischen Identitäten teilt, wie bei den Muslimbrüdern oder der *Tabligh*-Gemeinschaft. Wenn dies so ist, wodurch hebt sich die salafistische Identität dann heraus?

Wollten wir uns nur mit den ausgefüllten Fragebögen beschäftigen, um den Merkmalen des salafistischen Charakters beziehungsweise der salafistischen Identität auf die Spur zu kommen, so müsste die Frage lauten: Wo gibt es so etwas wie einen Konsens bei den Antworten der Salafisten?

In Bezug auf die Hinwendung zum Salafismus gaben Salafisten aller Richtungen fast durchweg an, dass das Moschee- und Nachbarschaftsumfeld oder auch der Kontakt zu salafistischen Scheichs entscheidend war. Aber schon bei den Gründen für die Zugehörigkeit zu einer bestimmten salafistischen Richtung gab es unterschiedliche Antworten. Für die Traditionalisten spielten bestimmte Scheichs, bei denen sie lernten, eine ausschlaggebende Rolle, aber auch Pilgerreisen nach Mekka oder religiöse Fernsehsender. Bei den Aktionisten waren oft Sommercamps und Koranzentren wichtige Rekrutierungsorte. Bei den Dschihadisten waren über die Moscheen und Scheichs hinaus auch »private Begegnungen« außerordentlich relevant, was mit der Sorge vor staatlicher Repression zu erklären ist. Diese Begegnungen waren oft der Grundstein für die Bindung einer Einzelperson an diese Strömung. Zudem spielen das Internet und dessen soziale

Netzwerke eine herausragende Rolle für die Anwerbung von Dschihadisten.

Übereinstimmung oder Ähnlichkeiten gab es bei den Antworten zur Definition des angestrebten islamischen Staates. Alle gaben an, ein solcher Staat müsse in allen Lebensbereichen auf der Grundlage der Scharia regiert werden. Manche Aktionisten warfen noch Attribute wie Gerechtigkeit und Redlichkeit ein, während die Dschihadisten zusätzlich meinten, dieser Staat müsse sich grundsätzlich den »Aufruf zum Dschihad« zu eigen machen. Was bei keinem der Befragten im Zusammenhang mit der Staatsdefinition vorkommt, sind Begriffe wie Demokratie und Bürgerrechte.

Wie zu erwarten, spiegeln sich die ideologischen Unterschiede zwischen den verschiedenen salafistischen Gruppen ebenfalls in den Antworten wider, sodass die Haltungen zu politischer Arbeit, Parteien, Demokratie, Pluralismus und Minderheitenrechten unterschiedlich sind. Während Traditionalisten und Dschihadisten politische Arbeit im modernen Sinn und bestehende Parteien inklusive der islamischen ablehnen und sich gegen Demokratie und die Definition von Minderheitenrechten aussprechen, sind die Aktionisten hier gespalten. Die meisten von ihnen würden einiges davon unter bestimmten Bedingungen akzeptieren.

Was Fragen nach dem sozialen Leben betrifft, so ist die übergroße Mehrheit der Salafisten übereinstimmend der Ansicht, dass es in Schulen und Universitäten keine gemeinsame Unterrichtung beider Geschlechter geben dürfe und Frauen und Männer auch nicht gemeinsam arbeiten sollten. Nur eine kleine Minderheit hält das unter bestimmten Umständen für zulässig.

Salafisten hören keine Musik, und es gibt annähernd einen Konsens darüber, dass Musik und Gesang Sünde sei; nur drei von 33 sehen Musik unter bestimmten Voraussetzungen als zulässig an. Eine weitere große Mehrheit hält Kartenspiel, Fußball und Schach ebenso für *haram* (»verboten«), während eine kleine Minderheit Fußball und eine noch kleinere Minderheit auch Schach als bedingt erlaubt ansieht.

Sich den Bart wachsen zu lassen, sehen Salafisten als Pflicht an, manche betrachten es auch als *Sunna* im Sinne einer empfehlenswerten Tradition. Einig sind sich alle darin, dass Frauen schariagerecht gekleidet sein müssten, aber uneins sind sie darüber, ob dies auch bedeute, dass Gesicht und Hände einer Frau bedeckt sein müssten. In vielen Fällen erklären sich diese unterschiedlichen Ansichten aus unterschiedlichen Fatwas der jeweiligen Scheichs.

Fernsehen spielt für die Salafisten im Allgemeinen nur eine begrenzte Rolle. Alle Befragten gaben an, keine Spielfilme und Serien anzusehen. Die einen sehen stattdessen Nachrichtensendungen, andere lieber Wissensprogramme, und wieder andere schalten ausschließlich religiöse Programme ein. Besonders unter den Traditionalisten sehen viele nur solche Sender, die explizit salafistisch in ihrer Ausrichtung sind: *Al-Athar, Wisal, al-Basira, an-Nas, ar-Rahma, ar-Risala, al-Majd, Faur ash-Shabab, Shada al-Hurriya* oder *ar-Raudha*. Nachrichtensender wie *Al Jazeera, Al Jazeera Mubasher, Al Arabiya* und *BBC Arabic* werden von relativ vielen gesehen, eine kleinere Gruppe schaltet auch gerne auf Spartensender wie *National Geographic* oder *Al Jazeera Documentary*. Zudem verfolgen manche gern politische Talkshows auf jordanischen Kanälen.

Bezüglich des Verhältnisses zu den jordanischen Christen meinten alle Befragten, dass man als Muslim christliche Festtage nicht mitfeiern dürfe. Unterschiedliche Ansichten gibt es darüber, ob man mit Christen befreundet sein, politische Kontakte mit ihnen unterhalten solle oder ob man freudige oder traurige soziale Anlässe mit ihnen begehen dürfe.

Bei der Frage nach politischen Zukunftsentwürfen gab es eine Vielfalt an Meinungen. Bezüglich der Scharia wünschen sich die Dschihadisten eine sofortige und komplette Anwendung, während Traditionalisten und Aktionisten eine mittel- oder langfristige Einführung befürworten. Bei den

Körperstrafen (wie dem Abtrennen von Händen, Auspeitschung oder Steinigung) gab es unterschiedliche Ansichten darüber, ob diese noch zeitgemäß seien. Auch darüber, ob Parlaments-, Präsidentschafts- oder Gemeindewahlen wünschenswert seien, gab es keinen Konsens. Einigkeit bestand allerdings darin, dass der Staat Frauen eine schariagemäße Bekleidung verordnen müsse und dass islamische Banken an die Stelle von »Wucherzins«-Banken treten müssten.

So gut wie einig sind sich die Salafisten darin, dass der Krieg in Syrien ein konfessioneller sei. Weniger einig sind sie sich darüber, ob junge Jordanier sich daran beteiligen und in den Kampf nach Syrien ziehen sollten. Die meisten glauben, dass die Revolutionen in der arabischen Welt mit islamischen Regimen enden werden. Im Falle Ägyptens sind sie uneins, ob es richtig war, dass die dortigen Salafisten parteipolitisch aktiv geworden sind. Insgesamt gab es widersprüchliche Standpunkte dazu, ob man demonstrieren und protestieren, ob man politisch arbeiten oder die Medien nutzen solle, um Veränderung zu erreichen.

Auch darüber, ob man friedliche Kompromisse anstreben solle, gab es verschiedene Ansichten. Die meisten Aktionisten und Dschihadisten sind dagegen, die Traditionalisten sind gespalten. In Bezug auf die Bewertung der kurzen Herrschaft der Muslimbrüder in Ägypten gaben die meisten an, diese habe nichts gebracht, eine Minderheit meinte dagegen, sie sei im Ergebnis positiv gewesen.

Diese Befragungsergebnisse scheinen erwartbar und nachvollziehbar, wenn man sie im Zeichen der ideologischen Diskurse des Salafismus insgesamt und der verschiedenen salafistischen Strömungen im Besonderen liest. Sie gehen zudem in eine ähnliche Richtung wie die Äußerungen der befragten Einzelpersonen. Dennoch bleibt die Eingangsfrage bestehen: Begründen die hier festzustellenden gemeinsamen Nenner die Grundzüge einer allgemeinen salafistischen Identität oder reichen sie dazu nicht aus?

Versuchsweise könnte man, um dies zu beantworten, aus den festgestellten Gemeinsamkeiten eine einzige Persönlichkeit bilden und diese betrachten. Das Politische müsste dementsprechend ausgeklammert werden, weil gerade dieser Bereich besonders umstritten ist und der salafistische Charakter lediglich aus religiöser und sozialer Perspektive betrachtet wird. Tut man dies, stellt man fest, dass der Schlüssel zu diesem Wesen in der besonders eifrigen Befolgung religiöser Vorschriften durch die Betreffenden liegt. Der Salafist ist ein frommer Gläubiger, der sich an Riten hält und dem viel an der Einhaltung formaler religiöser Äußerlichkeiten liegt, etwas, das Soziologen zuweilen »phänotypische Züge« nennen. Andere islamische Gruppen oder Parteien messen solch individueller Regelbefolgung weniger Bedeutung bei und legen den Schwerpunkt stattdessen auf die politische Arbeit beziehungsweise die Parteiarbeit im organisierten Rahmen. Für die Salafisten hat dagegen das Rituelle immer oberste Priorität.

Eben dieses Interesse am Rituellen und an der Schariawissenschaft wurde auch in den Fallbeispielen festgestellt. Zudem erwies sich als eine Motivation für die Hinwendung zum Salafismus die Suche nach »religiöser Reinheit«, die ohne Parteien und Politik auskommt.

Ein zweiter Wesenszug besteht darin, dass der Salafist religiösen Texten und Fatwas hohe Bedeutung beimisst – stärker als alle anderen islamischen Gruppen. Mit den religiösen Texten sind der Koran und die prophetische *Sunna*-Literatur gemeint, an die sich die Salafisten möglichst streng und buchstabengetreu halten, was sich wiederum in Kleidung und Auftreten bemerkbar macht, sowie die Hadithe, bei denen sich die Salafisten besonders in der Trennung zwischen echt und unverbürgt hervortun. Allerdings sind die Traditionalisten hierin eifriger als die Aktionisten und diese wiederum eifriger als die Dschihadisten.

Zu den Grundwerten der salafistischen Identität gehört darüber hinaus die Forderung nach Anwendung der Scharia (auch wenn man uneins darüber ist, *wie* dies zu geschehen habe). Und obgleich die Salafisten unterschiedliche Haltungen zu herrschenden Politikern und zu den Methoden haben, wie man Veränderungen erreichen könnte, sowie uneins darüber sind, wie man zu politischer Aktivität oder zum Militärdienst stehen soll, so ist für alle klar: Sie wollen einen islamischen Staat, der nach der Scharia regiert wird.

Salafisten haben eine starke Bindung an das klassische islamische Erbe. Dabei verteidigen sie die sunnitische Konfession gegen alle anderen Gemeinschaften in Vergangenheit oder Gegenwart, seien diese muslimisch oder nicht. Fordert man einen Salafisten auf, seine Ausrichtung zu definieren, kommt er meist sofort auf das Zeitalter des Propheten und seiner Gefährten sowie auf klassische Gelehrte zu sprechen, die seiner Ansicht nach für den richtigen Weg stehen. An vorderster Stelle stehen hier Ibn Taimiya, Ahmad ibn Hanbal und Ibn Qayyim al-Jauziya. Von dieser Linie abweichende Gelehrte werden nur am Rande oder in negativem Zusammenhang genannt, wie zum Beispiel die *Kalam*-Theologen oder muslimische Philosophen wie Ibn Rushd, al-Ghazali, Ibn Sina, die Schule der *Mu'tazila*, die Kharidschiten oder die Schiiten.

Wenn dies alles also die allgemeinen verbindenden Merkmale des salafistischen Charakters sind, so ist nun nach dem Trennenden zu fragen und danach, wie sich dies auf ebenjenen Charakter auswirkt. Salafisten sind im Allgemeinen unsicher im Umgang mit politischen Theorien, aber auch mit der aktuellen politischen Realität. Selbst den erträumten islamischen Staat können sie meist nicht exakt beschreiben, und wie oder wie schnell die Scharia und ob bestimmte Strafen eingeführt werden sollten, ist unter ihnen heiß umstritten.

Noch unklarer wird die Haltung in Bezug auf Wahlen, Bürgerrechte, Menschenrechte und Demokratie sowie andererseits auf politische Betätigung, Parteien und politischen und religiösen Pluralismus. Die einen lehnen Demokratie grundsätzlich ab, andere betrachten sie als »kleineres Übel«, und wieder andere sehen sie als die bestmögliche Lösung. Mit Blick auf Ägypten begrüßen einige, dass die Salafisten sich dort politisch einbringen, für Jordanien halten nur wenige dies für eine Option. Dies alles schwächt die These von einem einheitlichen salafistischen Charakter.

Unentschieden ist der salafistische Charakter auch bei der Festlegung grundlegender Prioritäten. Für die Traditionalisten ist die »Schariawissenschaft« alles; mit ihr wollen sie Veränderung bewirken, und je nach Belesenheit steigt man bei ihnen in der Gruppe auf. Die Aktionisten halten daneben noch missionarische und institutionelle Arbeit für maßgebend, während für die Dschihadisten das Prinzip der *Hakimiya* und des Dschihad im Vordergrund steht. Entsprechend sind für sie oft Haft- und Kampferfahrung Hauptkriterien für die Position in ihrer Gemeinschaft.

Wenden wir uns dem jeweiligen salafistischen Charakter je nach Strömung zu, so stellt sich die Frage, ob wenigstens hier einheitlichere Identitäten feststellbar sind. Die Frage könnte also lauten: Gibt es einheitlich geprägte traditionalistische, aktionistische und dschihadistische salafistische Charaktere?

Fangen wir bei den Traditionalisten als Individuen und Gruppe an. Zusätzlich zu den genannten Prioritäten finden wir hier eine Ablehnung politischer Betätigung. Dementsprechend haben die Scheichs vor allem eine akademische und moralische Autorität; nach ihnen in der Hierarchie kommen die »Wissenssuchenden«, dann die Anfänger beziehungsweise »Schüler«.

Das Wesen des Traditionssalafisten zeichnet sich durch relative Schlichtheit und Entschiedenheit aus. Er räumt den Schariatexten sowie den Fatwas seiner Scheichs höchsten Rang ein. Zu Demokratie und Politik hat er eine klare (ablehnende) Haltung, und bei allen schwierigen Themen stellt er den Verstand hintan. Selbst bei unterschiedlicher Auffassung bezüglich Prophetenüberlieferungen wird nicht der Meinung der Vorzug gegeben, die am rationalsten oder zeitgemäßesten erscheint, sondern es wird lediglich auf die Überlieferungskette geschaut. Bei dieser Art von »Wissenschaft« geht es also um Auswendiglernen, nicht um Analyse und Kritik.

Die traditionalistisch-salafistische Persönlichkeit mag in anderen Lebensbereichen kreativ sein, aber auf religiöser und sozialer Ebene ist sie »exekutiv-konservativ«. Sie hat keine philosophischen Fragen zum Verhältnis von Religion, Gesellschaft, Moderne, Globalisierung und Verstand und nicht einmal zu Religion, Staat und Säkularismus. Solche Fragestellungen gibt es bei den Traditionalisten praktisch nicht, stattdessen sind sie vollauf mit der Schariawissenschaft und ihrer Doktrin beschäftigt. Sie wollen sich mit der Obrigkeit nicht streiten und auf Symposien keine tiefschürfenden Diskussionen um die genannten Themen führen.

Die dschihadistische Persönlichkeit ist konfrontativ in Diskurs, politischer Haltung und sozialem Verhalten. Sie betrachtet die Religion aus einer quasi absoluten Perspektive und verbindet das strenge individuelle Einhalten religiöser Vorschriften mit der Bekämpfung all dessen, was ihr als Abweichung erscheint und befindet sich dementsprechend in einer dauerhaften Konfrontation mit Gesellschaft und Staat. Die gesamte Außenwelt ist der Feind: das soziale Umfeld, das die dschihadistische Sicht nicht teilt, alle arabischen Regime, die Vereinigten Staaten und der Westen, und nicht zuletzt Iran und die Schiiten!

Es sei hier das spätere Fallbeispiel Mu'ayyad at-Tirawi erwähnt, der durch eine persönliche Krise ging, bevor er sich schrittweise aus dschihadistisch-salafistischen Kreisen zurückziehen und entsprechende Verhaltensweisen ablegen konnte. Er hatte verglichen, wie Nicht-Dschihadisten ihren Glauben pflegen und dabei Religiöses und Weltliches in Einklang bringen, wie sie zugleich fromm sind und zivile Organisationen aufbauen, in die sich jeder einbringen kann. Dagegen steht der Dschihadist immer unter (selbstgewählter) Belagerung durch seine Umgebung.

Der tiefe Graben zwischen Dschihadisten und der Gesellschaft führt dazu, dass die Gruppe der Extremisten um inneren Zusammenhalt bemüht ist und enge gegenseitige Beziehungen aufbaut, indem man sich so oft wie möglich trifft und hilft. Deshalb erscheint zum Beispiel bei gesellschaftlichen Anlässen jeweils eine sehr große Zahl von Dschihadisten, die dem Mitstreiter Glück wünschen beziehungsweise Beileid aussprechen. Typischerweise werden auf solchen Versammlungen auch Trauerzeremonien für »Märtyrer« abgehalten, die im Kampf in Syrien oder im Irak ums Leben gekommen sind.

Da für die Anhänger dieser Strömung der als bewaffneter Kampf verstandene Dschihad oberste Priorität hat, begeben sich viele von ihnen, auch Führungsfiguren, häufig tatsächlich in Kampfzonen, die sie aufgrund ihrer ideologischen und psychischen Prägung geradezu suchen. Dies betrifft allein in Jordanien Hunderte junger Männer, die heute in erster Linie nach Syrien drängen.

Dagegen ist die Ausrichtung aktionistischer Salafisten, die zwischen unterschiedlichen salafistischen Modellen schwanken, weniger eindeutig. Sie können sich politisch nicht klar zuordnen und haben keine klare Haltung zu Demokratie und politischer Arbeit. Sie wissen nicht recht, wie der islamische Staat aussehen soll, ob sie bestehende Regime ablehnen oder unterstützen sollen, und sie sind unschlüssig bei der Wahl der Mittel für Veränderung und Reform. Außerdem fehlt ihnen eine klare Haltung zu anderen islamischen und salafistischen Gruppen sowie gegenüber westlichem Gedankengut, der Moderne, der Globalisierung oder anderen Kulturen.

Ein Beispiel für diese Unentschiedenheit und Widersprüchlichkeit des »aktionistischen Charakters« ist die Vereinigung *Jam'iyat al-Kitab was-Sunna*. Von ihr ist noch oft die Rede. Sie wurde 1993 gegründet, um dem aktionistisch-salafistischen Lager eine Stimme zu geben. Aber gerade aus der Mitte dieser Versammlung wandten sich viele Mitglieder entweder den Dschihadisten oder den Traditionalisten zu oder wandten sich vollkommen vom Salafismus ab. Solche Wanderbewegungen waren in keinem anderen salafistischen Lager so ausgeprägt zu beobachten.

Viele Salafisten gaben an, dass der Wunsch nach »religiöser Reinheit« sie zum Salafismus gebracht habe, also der Wunsch nach einer Religion, die unbefleckt ist von politischen Zielen und Parteitaktik. Die Salafisten streben nach einer solchen »Reinigung« der Religion, indem sie Schariawissenschaften betreiben und den Islam dadurch so zu vertreten glauben, wie der Prophet und seine Gefährten ihn ursprünglich einmal verstanden haben. Es geht hier also um die Sehnsucht nach einer »Ursprungsidentität«, die unverfälscht von Einflüssen ist, welche die Religion später in andere »falsche« Bahnen brachte.

Diese »salafistische Antwort« impliziert aber zugleich eine weitere, indirekte Motivation, und in dieser liegt ein Schlüssel zum Verständnis der salafistischen Identität und des seit einigen Jahrzehnten zu beobachtenden Aufstiegs des Salafismus in Jordanien und anderen arabischen Ländern. Dieser weitere Aspekt besteht im Kern in den Herausforderungen der von außen kommenden Moderne und der Verwestlichung sowie der später hinzugekommenen Globalisierung. Zudem befinden sich die arabischen und islamischen Gesellschaften insgesamt in einer Krise. All dies bestärkt bei immer breiteren Gesellschaftsschichten ein Gefühl, dass ihre religiöse Identität, ihre Kultur, ihre Traditionen und ihre Werte bedroht seien, woraus ein Festklammern an der Religion folgt. Und der Salafismus stellt sozusagen die »rechtsextreme« Antwort darauf dar, indem er die bedrohte religiöse Identität vor tatsächlichen oder vermeintlichen Gefahren schützen will.

Aus der Sicht der Salafisten stellen Verwestlichung und Moderne auf vielen Ebenen eine Gefahr da. Zum einen bringen sie Ideologien und eine politische Kultur mit sich, die sich von der islamischen und sonstigen lokalen Traditionen unterscheiden, namentlich Säkularismus, Demokratie, Liberalismus, Kommunismus, Kapitalismus etc. Auf gesellschaftlicher Ebene halten westliche Gebräuche, Werte, Ideen, Techniken und Lebensstile Einzug, die sich mit der Scharia nur schwer in Einklang bringen lassen. Religiöse Kreise sehen darin einen Angriff auf die Identität der Gesellschaft. In der Wirtschaft ist das Banken- und Investitionssystem nicht schariagerecht, und auch in Bildung und Medien und in vielen anderen Bereichen zeigt sich eine Verwestlichung.

Salafisten neigen dazu, zwischen sich und dem »Anderen« eine Grenze zu ziehen, die dem Gefühl der Bedrohung der eigenen Identität folgt. Man könnte insofern auch sagen, es gehe ihnen angesichts der vielfältigen Gefahren, die die arabischen und muslimischen Gesellschaften in ihrer Kultur und ihren Werten bedrohen oder befallen haben, um »Selbstverteidigung«. Salafisten leiden somit, um mit Freud zu sprechen, unter einer »narzisstischen Identitätskränkung«.

Die salafistischen Reaktionen darauf sind unterschiedlich. Die einen sehen in Moderne, Verwestlichung und Globalisierung eine Herausforderung, andere eine Bedrohung. Manche würden sich gerne mit geringstmöglichen Verlusten anpassen, andere beharren introvertiert auf Abschottung, um den Stürmen der modernen Zeit zu entgehen. Was aber die verschiedenen Reaktionen eint, ist die Trennung zwischen dem Ich und dem kulturell, politisch und geistig Anderen, wobei jener Andere einen Feind, einen Gegner oder zumindest eine Bedrohung darstellt. Er ist nicht ebenbürtig und schon gar keine Bereicherung, die neue Werte und Dimensionen erschließen könnte. Die Salafiya ist also trotz unterschiedlicher Reaktionen so etwas wie ein Verteidigungsmechanismus, der sich im Übrigen in erster Linie nach innen, weniger nach außen richtet.

Diese Herausforderungen beziehungsweise Bedrohungen verlangen umso nachdrücklicher nach einer salafistischen Reaktion, je stärker der Andere auftritt. Dessen Stärke äußert sich in Hegemonie, in *hard power* und *soft power* und auf der anderen Seite sehr oft in der Schwäche arabischer und muslimischer Gesellschaften. Dies bringt uns wieder zur Identitätsdefinition, die Dariush Shayegan anbietet und die wir im einleitenden Kapitel zur Methodik vorstellen werden. Ihm zufolge ist diese Identität »eine regressive ideologische Hülle, die sich schwache Gesellschaften im Zeichen weltweiter Veränderungen als Alternative zur universalen Moderne zulegen«, die aber demselben Autor zufolge »ein verfälschtes Selbstbild« erzeugt. Denn wenn man sich weigert, Veränderungen und Umwälzungen in Gesellschaften unter Berücksichtigung des Faktors Zeit wahrzunehmen, so ist dies ein Ausdruck von Schwäche und Flucht in den Versuch, das vermeintlich Goldene Zeitalter einer mittelalterlichen islamischen Zivilisation wiederzuerrichten. Es ist eine Flucht in die Anfänge, mit denen man sich begnügen möchte, wobei man gerne den Illusionen eines »Idealzustandes« erliegt. Man betreibt Nostalgie, statt die Herausforderungen mit geeigneten Mitteln anzugehen, indem man sich der Faktoren der Veränderungen bewusst wird. Das meint Shayegan mit der »Anbetung der Anfänge«, die die Moderne nur als Verschwörung wahrnehmen kann[1].

Das Bedrohungsgefühl für die eigene Identität wird noch verstärkt durch Krisenzustände aller Art, die die Gesellschaft wie auch den Einzelnen befallen. Diese können in militärischen Niederlagen oder wirtschaftlichen, politischen oder psychischen Krisen begründet sein. Historisch lässt sich solches an einer einschneidenden Kriegsniederlage wie der von 1967 gegen Israel ablesen, welche den Aufstieg des Islamismus »als Ausgleich« mitbefördert hat, denn die zuvor dominante Ideologie des arabischen Nationalismus mit all ihren Verheißungen war damit gescheitert.

Zwar geschah der Aufstieg und die Ausbreitung des Salafismus in der Welt auch nicht ganz ohne den Geldsegen, den

1 Daryush Shayegan a. a. O.

insbesondere Saudi-Arabien zur Verfügung stellte, jedoch war dieser Faktor nur ein begünstigender, und er hätte bei weitem nicht die Wirkung gehabt, die sich dann einstellte, wenn es nicht tatsächlich einen fruchtbaren Boden und das passende Klima für diese Ideologie gegeben hätte.

Über die vergangenen Jahrzehnte wuchsen ganze arabische Generationen im Zeichen von militärischen Niederlagen und kollektiven psychischen Rückschlägen auf: Die palästinensische *Nakba* durch die israelische Staatsgründung 1948, die Kriegsniederlage von 1967, die israelische Invasion in Beirut 1982 und die Vertreibung der PLO aus dem Libanon, sowie die drei Golfkriege (Iran–Irak, der Krieg um Kuwait 1991, US-Invasion 2003). All diese Krisen und Niederlagen warfen Fragen nach der Legitimität arabischer Regime auf, die ihren Bürgern weder Freiheit noch Würde noch Gerechtigkeit boten und zugleich jede Möglichkeit einer friedlichen Veränderung verbauten, indem sie politische Betätigung kriminalisierten.

Zugleich setzte Anfang der neunziger Jahre eine Privatisierungswelle in den arabischen Staatswirtschaften ein, in vielen Fällen begleitet von einer Wirtschaftskrise, die Arbeitslosigkeit und Verarmung zur Folge hatte. Die Städte wucherten, es bildeten sich Elendsquartiere. Die Wirtschaftskrise wurde somit zu einem strukturellen Auswuchs der politischen Krise, die diese nur verstärkte. Daneben entwickelt sich eine kulturelle Identitätskrise, die schwierige Fragen für die Gesellschaft und insbesondere für junge Menschen aufwarf, denn einerseits stellten Religion und Tradition ihre Ansprüche, andererseits strömte die westliche Kultur auf sie ein.

Die Reaktionen der geistigen und politischen Elite der arabischen Welt auf diese Herausforderungen fielen unterschiedlich und widersprüchlich aus. War es ein Problem der Gesellschaften oder der Regierungen? Ist die Misere selbst- oder fremdverschuldet? Muss man darauf in erster Linie kulturell, gesellschaftlich, politisch oder durch Parteiarbeit reagieren? Oder mit bewaffnetem Kampf?

Säkularismus konnte die Antwort nicht sein, denn dessen Ruf war bereits dadurch beschädigt, dass die bisherigen progressiven und konservativen arabischen Regime, die versucht hatten, die Religion aus dem öffentlichen Raum zu verbannen, sie staatsfern zu halten oder sie politisch zu instrumentalisieren, gescheitert waren. Insofern schien die »islamische Antwort« den nachfolgenden Generationen, die im Bewusstsein ständiger Notlagen aufwuchsen, einen Ausweg aufzuzeigen.

Die islamische Deutung der Krise sprach die religiösen Emotionen der Menschen an, indem sie alles auf eine »Gottesferne« zurückführte. Der Salafismus war eine Randerscheinung dieser religiösen Antwort, aber gerade weil er in verschiedene Strömungen geteilt war, konnte er sich auch den »gesellschaftlichen Kuchen« teilen: Der traditionalistische Salafismus bekam die friedlich Gesinnten beziehungsweise die, die den Zwängen der politischen und sozialen Realität entfliehen wollten; der dschihadistische Zweig fing radikalrevolutionär gestimmte Jugendliche auf, die in besonderer Weise unter den Verhältnissen litten; und die Aktionssalafisten boten sich jenen an, die nach einem »dritten Weg« zwischen den erstgenannten Lagern suchten.

Aber in Bezug auf den Salafismus selbst stellt sich eine weitere Frage, nämlich warum der aufgeschlossene, reformerische Salafismus vom Beginn des zwanzigsten Jahrhunderts wieder verschwunden ist, der sich mit der Moderne und sozialen, politisch und kulturellen Problemen befasst hatte, vertreten durch Rashid Ridha, den nationalistischen Salafismus der Maghrebländer und den damaligen »syrischen Salafismus«. Warum ist daraus der heutige Salafismus geworden, der so viel weniger aufgeschlossen und interaktiv in Bezug auf die reale Umgebung ist?

Bei der Beantwortung dieser Frage müssen vielerlei miteinander verwobene Faktoren berücksichtigt werden. An erster Stelle ist wohl der »saudische Faktor« zu nennen. Das saudische Königshaus war immer bestrebt, seinen speziellen »Regierungssalafismus« als Gegenpol zu den in den fünfziger und sechziger Jahren in der arabischen Welt noch verbreiteten nationalistischen und linken Ideen zu verbreiten. Dafür wandte der saudische Staat große Mühen auf, sei es durch Geldzahlungen oder durch missionarisch ausgerichtete Institutionen im Inland wie im Ausland, in denen Zehntausende Menschen arbeiteten oder studierten, sowie durch Bücher und Schriften.

Der »saudische Salafismus« war lokal geprägt, eher auf Traditionsbelebung denn auf Reform ausgerichtet und insofern traditionalistisch. Erst später wandten sich auch in Saudi-Arabien einige Gruppen dem dschihadistischen und (unter dem Einfluss der Muslimbrüder) dem aktionistischen Salafismus zu.

Aufgrund der gemeinsamen Grenze mit Saudi-Arabien und der regen Migration aus Jordanien ins Nachbarland und in andere Golfstaaten aus Gründen der Arbeitssuche oder des Studiums war der Einfluss der Arabischen Halbinsel in Jordanien immer relativ stark. Zudem besuchten immer mehr jordanische Pilger die heiligen Stätten des Islam in Mekka und Medina. Anfang der neunziger Jahre mussten dann viele jordanische Gastarbeiter die Golfstaaten wieder verlassen, so dass seitdem ein konservativ-salafistischer Einfluss in Jordanien immer stärker zu spüren war.

Der zweite Faktor, der zur Herausbildung des Salafismus in seiner heutigen Form führte, ist historischer Natur. Der Reformsalafismus des frühen 20. Jahrhunderts trug sich entsprechend den damaligen politischen Umständen mit Gedanken über Renaissance, Reform und Fortschritt und spiegelte damit den Stand der Diskussion unter den arabischen Eliten wider. Als jedoch nach dem Zweiten Weltkrieg Nationalstaaten entstanden und sich neue arabische Regime etablierten, der Kalte Krieg zwischen den Blöcken begann, interne arabische Probleme aufkamen und militärische Niederlagen aufeinander folgten, stellten sich neue Fragen. Sie kreisten in vielen Fällen um Identität und ideologische Auseinandersetzungen, so dass in den meisten arabischen Gesellschaften die Frage nach Modernisierung und Reformen zugunsten einer Debatte um Identität und Wiederbelebung eines verlorenen Erbes in den Hintergrund trat.

Man verfiel in eine Protestreaktion, in der die Herausforderungen und Gefahren, denen die arabischen Gesellschaften gegenüberstehen, in ihren Ursachen kulturell vereinfacht dargestellt wurden. Die frühere Reformschule hatte ja keine simplen, schnellen und absoluten Lösungen in Aussicht gestellt, sondern Selbstkritik geübt. Demgegenüber vertritt der auf Wiederherstellung einer Vergangenheit ausgerichtete Salafismus eine absolute Antwort, die einfach genug ist, dass man sie überall versteht. Es ist ein Unterschied, ob man sagt, der Grund für die Probleme sei die Ferne von Gott und dem wahren Islam, und dies lasse sich lösen, indem man über ein wörtliches Verständnis von Schariawissenschaften oder den Dschihad wieder dorthin zurückfinden könne, oder ob man sagt, die Probleme seien in der eigenen Kultur und Gesellschaft, ja selbst im theologischen Erbe begründet, und man müsse Aufklärung und religiöse Reform anstreben, um wieder auf eigenen Füßen stehen und in Wissenschaft und Technik mit der Welt konkurrieren zu können.

Die Betrachtung dieses historischen Hintergrundes ist unerlässlich, um den heutigen Salafismus im Allgemeinen und in Jordanien im Besonderen zu verstehen, denn dieser ist der Versuch einer Antwort auf die Frage nach Identität und Teil der Selbstsuche arabischer Generationen im Zeichen schwieriger äußerer Umstände. Er ist gleichwohl kein vorübergehendes Phänomen; vielmehr ist der Salafismus noch immer so wirkungsvoll, dass man wohl noch einige Jahrzehnte lang mit ihm rechnen muss. Das Beispiel Hassan Abu Haniya (S. 202 ff.) zeigt dies deutlich, dessen politisches Bewusstsein von Vertreibung und Niederlage geprägt war und ihn so zum Salafismus führte. Nart Khair (S. 202 ff.) ist ein weiterer Beleg:

Sein Bewusstsein erwachte im Zeichen des Golfkriegs von 1991 und des Gefühls, von den Muslimbrüdern und ihrer Siegesgewissheit geblendet worden zu sein, weswegen er bei den Salafisten nach dem richtigen Weg beziehungsweise der »Fehlerquelle« suchte.

Dieser Hintergrund führt uns erneut in die Identitätssoziologie und zu Claude Dubars Verständnis von Max Weber. Dubar meint, dass Identitätskrisen sowie die sie begleitenden Depressionen und Frustrationen, Nostalgie und Introvertiertheit nicht nur rein psychische Ursachen haben, die aus Kindheit und persönlicher Lebensgeschichte resultieren, sondern dass ihnen auch eine soziale Dimension und objektive Ursachen in der modernen Geschichte eigen sind und sich in materiellen Verlusten, gestörten Beziehungen und einer Veränderung im Selbst äußern[2].

Von dieser Warte aus gesehen ist der Salafismus eine Reaktion auf eine »schwierige Situation«, die Gesellschaften oder Individuen durchlaufen, und steht für eine »verlorene Balance zwischen unterschiedlichen Komponenten«. Dabei können die schwierigen Umstände politischer, wirtschaftlicher, psychischer, gesellschaftlicher oder militärischer Natur sein[3].

Dies heißt nicht notwendigerweise, dass man den Salafismus insgesamt als negativ oder als falsche Antwort auf die Herausforderungen und Gefahren begreifen muss, denen sich Gesellschaften oder Einzelne in der arabischen Welt gegenübersehen. Die salafistischen Reaktionen sind ja selbst nicht einheitlich, sondern im Ansatz vielfältig und gehen in der Konsequenz unterschiedlich weit, und die salafistischen Strömungen befinden sich auch selbst im Wandel. Der hier angewandte soziologische Blick sollte ja gerade eröffnen, dass es sich bei den salafistischen Gruppierungen und Individuen nicht um einen starren und einheitlichen Block handelt,

2 Claude Dubar a. a. O.
3 Ebd.

sondern dass man den Salafismus unter Einbeziehung seiner Begleitumstände und mit Blick auf die historische Krise betrachten muss, die ihn hervorgebracht hat. Der Salafismus und sein ideologischer Diskurs sind ohne diese Rahmenbedingungen nicht zu verstehen, ja, sie sind geradezu der Schlüssel zu seinem Verständnis. Beim Salafismus geht es um Selbst- und Identitätssuche inmitten von Krisen, Herausforderungen und ungelösten Fragen, vor denen die arabischen Gesellschaften heute stehen.

Die Semantik des Wortes Salafismus deutet in die Vergangenheit, aus der man Inspiration schöpft und deren Maßstäbe auch für die Gegenwart, ja, für die Zukunft Gültigkeit haben sollen. Die *Salaf*, das sind der Prophet und seine muslimischen Zeitgenossen, die im ersten Goldenen Zeitalter des Islam gelebt haben, und der richtig verstandene Glaube ist der, den sie vorgelebt haben. Daher besteht die Aufgabe nun vor allem darin, den Glauben von allem zu befreien, was ihm an Verfälschungen hinzugefügt wurde und ihn in eine falsche Richtung gelenkt hat. Der Salafist sieht sich, wie weiter vorn beschrieben, als Wiedergänger der *Ahl al-Hadith*, deren historische Aufgabe darin bestand, den wahren Glauben vor falschen und von außen kommenden Ideen zu schützen. Der Salafist von heute nimmt diesen Kampf um die »wahre religiöse Identität« auf, indem er den »Islam in seiner Gesamtheit« vertritt und jede »Abweichung« korrigiert, ob diese nun aus dem späten islamischen Mittelalter stammt, als mehrere Konfessionen sich vom orthodoxen Islam abspalteten, oder aus der Moderne, manifestiert in »gottlosen« Konzepten wie Säkularismus, Kommunismus oder Demokratie.

Daher ist ein Schlüsselbegriff des salafistischen Sprachgebrauchs das Wort *Bid'a*, definiert als »Neuerung ohne religiöse Basis«. Es wird insbesondere im Hinblick auf Praktiken gebraucht, die auf nichtsunnitische Gruppen wie die *Mu'tazila*, die Kharidschiten, die Schia oder die mittelalterlichen Philosophen zurückgehen, aber auch auf solche, die durch sunnitische Bünde eingeführt wurden, wie die Sufis, die *Kalam*-Theologen, die Asch'ariten oder die Maturiden. Die bekannte Wendung *al-Ittiba' la l-Ibtida'* (»Befolgen statt erfinden«) steht für diese salafistische Sichtweise.

Um all diese Neuerungen abzuwehren, begeben sich die Salafisten auf das Feld der *Hadith*-Wissenschaft, in der sie zwischen echten, zweifelhaften und falschen Prophetenüberlieferungen unterscheiden, wobei sie nach dem Prinzip der Verlässlichkeit der Überliefererkette vorgehen. Dies ist das Hauptarbeitsgebiet vor allem der Scheichs der traditionalistischen Salafiya.

Das Doktrinäre ist ein grundlegendes Element der salafistischen Identität. Ob jemand Salafist ist oder nicht, entscheidet sich beispielsweise an der Beantwortung von Fragen wie: »Wo ist Gott?«. Lautet die Antwort: »Im Himmel«, so ist die Frage im salafistischen Sinne richtig beantwortet. Dem schließen sich weitere theologische Fragen an, wie: »Ist der Koran Gottes Wort oder geschaffen? Hat Gott Hände und hört und sieht er, oder ist dies interpretierbar, wie die Asch'ariten sagen?« Jeweils die erste Antwortoption ist die »richtige«, und diese Aussagen bilden im Allgemeinen die Hauptdoktrin der Salafiya. Meinungsunterschiede unter Salafisten gibt es erst, wenn es um politische, also praktische Dimensionen geht. Die Traditionalisten geben hier als Doktrin an, dass es unzulässig sei, gegen einen muslimischen Herrscher aufzubegehren, während die Dschihadisten davon ausgehen, dass die meisten bestehenden Regime gottlos oder im Zustand der Verirrung seien und man deshalb gegen sie vorgehen müsse. Ein Teil der Aktionisten wiederum sieht dies genauso, andere unter ihnen glauben, man dürfe nur dann »ungehorsam« sein, wenn der Herrscher sündig oder ungerecht ist oder keine politische Legitimität hat und man realistische Chancen hat, gegen ihn vorzugehen, wobei das Gemeinwohl entscheidend ist, eine Revolution also nicht zu Blutvergießen und Chaos (im salafistischen Sprachgebrauch:

Fitna) führen darf. An solchen Fragen scheidet sich die jeweilige Identität einer salafistischen Teilgruppe.

Ebenso geteilt sind die Meinungen unter Salafisten, wenn es um die Definition des Ungehorsams gegen einen Herrscher geht. Die Traditionalisten betrachten schon eine friedliche Opposition oder organisierte Parteiarbeit als Auftakt für bewaffneten Aufstand und *Fitna* und bezeichnen dies als »passive Auflehnung«, womit die Betroffenen aus ihrer Sicht Frevler sind. Die Dschihadisten dagegen beschuldigen die Traditionalisten, sie würden Glaube und Handeln voneinander trennen, wenn sie eine Herrschaft, die sich nicht nach der Scharia richtet, *nicht* als ungläubig bezeichnen. Für sie gehört die Einordnung einer Regierung als gläubig oder ungläubig zur Grunddoktrin, und eine Hinnahme der Anwendung menschengemachter Gesetze ist ihrer Ansicht nach eine Versündigung gegen die Religion, weil es nach den Bestimmungen des *tauhid* nur Gott zusteht, Gesetze zu machen.

Bei den Aktionisten wiederum gibt es in der politischen Theorie keinen echten Konsens. Meist überspringen sie daher den Streit um die Haltung zu einer Regierung und zu deren Einordnung als muslimisch oder nicht, weil sie angetreten sind, die Öffentlichkeit zu gehen und politisch zu handeln. Daher sind sie auch offener gegenüber anderen Islamisten als ihre traditionalistischen und dschihadistischen Brüder.

Im Mittelpunkt des dogmatischen Systems der Salafisten steht im politischen und gesellschaftlichen Zusammenhang das Motto *al-Wala' wal-Bara'* (»Allianz und Distanz«), also unbedingte Loyalität zum Glauben einerseits und Aufstehen gegen die »Feinde des Islam«. Wie dies jedoch in der Gegenwart genau zu definieren ist, darüber sind die Salafisten uneins.

Die Traditionalisten verlangen nach ihrer Definition dieses Konzepts nicht nur eine Distanzierung von nicht-sunnitischen Konfessionen, sondern auch von »abweichenden« salafistischen Gruppen, während die Dschihadisten aufgrund ihres Prinzips der *Hakimiya* »Distanz« zu allen arabischen

Regimen samt Verfassungen und Gesetzen sowie zu allen Gruppen halten, die anderen Prinzipien folgen als sie selbst. Für sie ist der Dschihad der einzige Weg, islamische Herrschaft herzustellen. Die Aktionisten ihrerseits gehen flexibler mit dem Konzept von *al-Wala‘ wal-Bara‘* um.

Die nochmalige Anführung der Unterschiede zwischen den salafistischen Lagern ist bedeutsam für die Grenzziehung zwischen dem »salafistischen Selbst« und dem »Anderen« und der Definition der Beziehung zu diesem. Wir haben hier an das grundlegende salafistische Eigenverständnis als der »erretteten Gruppe« zu erinnern, das so etwas wie das salafistische »Kern-Ich« darstellt, welches angetreten ist, die Religion gegen alle Abweichungen und Bedrohungen von außen oder von innen zu beschützen.

Was heißt dies nun konkret für den Salafismus in Jordanien? Beginnen wir mit dem Ich der Traditionssalafiya und ihrer Definition des »Anderen«.

Der traditionalistische Salafist sieht sich als rechtmäßigen Erben der *Ahl as-Sunna wal-Jama'a*, der wahrhaft rechtgläubigen muslimischen Gemeinschaft, während alle anderen diesem rechten Glauben nicht angehören. Identitätssoziologisch gesprochen könnte man sagen: Alle außerhalb der eigenen Gruppe sind »der Andere«. Für die Traditionalisten sind »der Andere« historisch gesehen die aus ihrer Sicht von der wahren Lehre abgewichenen Glaubensgruppen wie die Kharidschiten, die Schiiten und die *Mu'tazila* sowie innerhalb der Sunna die Asch'ariten, die Maturiden und die *Kalam*-Theologen – außerdem alle Muslime, die eine vom Salafismus abweichende Glaubenslinie vertreten.

Auf die Gegenwart bezogen heißt dies, dass »der Andere« ausnahmslos alle sind, die nicht zur Traditionssalafiya gehören, selbst wenn sie sich in anderer Weise als Salafisten bezeichnen: die Muslimbrüder, die Anhänger der *Tahrir*-Partei, die Dschihadisten, Aktionisten, Demokraten, Säkularisten, Kommunisten, Nationalisten, Linken etc.

Kaum anders verläuft die Trennlinie bei den Dschihadisten, die sich als die »Erretteten« ansehen, die die Religion per Dschihad verteidigen müssen, den der ehemalige ägyptische Dschihadist Muhammad Abdussalam Faraj die »verborgene Pflicht« genannt hat.

Dennoch gibt es hier einen grundlegenden Unterschied: Für die Dschihadisten besteht das Ich ausschließlich in den Anhängern der eigenen Gruppe, denn sie haben eine politische Prioritätenfolge: Den »nahen Feind« (die arabischen Regime) und den »fernen Feind« (die USA), mit denen man die Auseinandersetzung sucht, während die Traditionalisten sich damit begnügen, den Kampf geistig, akademisch und missionarisch zu führen.

Die Aktionisten wiederum sind untereinander uneins, wo die Grenze zwischen dem Ich und dem Anderen zu ziehen ist. Sie sind aber insgesamt flexibler in der Definition dessen, wer zu den »Erretteten« gehört, sei es innerhalb der Salafiya oder sogar im breiteren Kreis der sunnitischen Muslime. Gegenüber sonstigen Konfessionen allerdings sind sie weniger tolerant. Schwankend sind sie wiederum bei ihrer Haltung zu modernen Konzepten wie dem der Demokratie.

Die vorstehend geschilderten Ideen und Überzeugungen sind also die »Dogmen« der Salafisten, über die sie ihre Identität definieren. Dies tut im Übrigen jede Gruppe und Gesellschaft, sofern sie auf Identitätssuche ist. Im Falle der Salafiya soll es uns jedoch darum gehen, die Konnotationen und die Folgen dieser Identität für ihr Verhältnis zu Gesellschaft und Politik zu beleuchten: Wie geht ein Salafist mit anderen als den eigenen Ideen um?

Hier steht die Frage im Vordergrund, ob eine salafistische Identität eher Anlass zu Abschottung, Fanatismus und Ausschluss bietet oder im Gegenteil auf der Grundlage gemeinsamer Interessen und des Gemeinwohls zu Offenheit, Toleranz und Interaktion mit anderen. Anders gefragt: Sucht der Salafist bei der Abgrenzung seiner Identität eher nach

Gemeinsamkeiten mit seiner Umgebung oder nach Unterschieden und Konflikten?

Die salafistische Identität ist eine defensive, die auf der Logik beziehungsweise den Mechanismen der »Selbstverteidigung« fußt. Es ist eine nach innen gerichtete Identität, die Unverfälschtheit anstrebt und somit selbstbezogen und auf Isolation bedacht ist. Der Grad dieser Selbstbezogenheit variiert allerdings je nach salafistischer Strömung. Bei den Aktionisten ist dies weniger stark ausgeprägt; auf sie trifft somit eher der Terminus Identität mit Vorbehalt zu. Die salafistische Identität ist intolerant gegenüber dem Anderen. Sie basiert auf der Dichotomie Wahrheit und Irrtum, Gut und Böse, Richtig und Falsch sowie auf dem Eigenverständnis von einer »erretteten Gruppe«. Ähnlich absolut wird das Verhältnis zu Außenstehenden geregelt, welches, wie Amartya Sen sagen würde, nicht auf Anerkennung, sondern auf Ausschluss basiert[4]. Der Andere wird nicht aus der Perspektive von Vielfalt gesehen, sondern als Abweichung, nicht auf der Basis von Kooperation und Interaktion, sondern auf der Grundlage von Angst und Gegnerschaft, zumindest aber von Vorbehalten.

Der salafistische Charakter neigt zu Verkürzung, Oberflächlichkeit und Polarisierung statt zu Weitblick und Aufgeschlossenheit. Dies erklärt wohl auch die »Atomisierung« der salafistischen Szene in Jordanien, denn Salafisten sehen überall nur Unterschiedlichkeit und Andersartigkeit und ziehen dort ihre Grenze zum Anderen.

Nicht alle diese genannten Eigenschaften treffen notwendigerweise in reinster Form auf alle Salafisten zu. Ohnehin haben wir aufgezeigt, dass es einen einheitlichen Salafismus nicht gibt, sondern dieser je nach Lager und Individuen variiert. Zum einen haben objektive soziale, politische und wirtschaftliche Faktoren Einfluss auf die Erscheinungsformen des salafistischen Charakters. Zum anderen existieren Salafismus und

4 Amartya Sen a. a. O.

Salafisten in unterschiedlichen Gesellschaften und treten demgemäß, trotz Gemeinsamkeiten, in unterschiedlicher Form auf.

Wenn wir uns auf die jordanischen Salafisten und deren Identitätssuche beschränken, so lässt sich sagen, dass diese Menschen grundsätzlich von einer ideal verstandenen Vergangenheit angezogen werden, sich abschotten und andere Ideen nicht an sich heranlassen. Ihre Beziehungen zu Gesellschaft und Politik beschränken sie auf das Doktrinäre, wenn auch hier wieder die Aktionisten mehr Flexibilität zeigen als die Traditionalisten und die Dschihadisten.

Salafisten blicken mit den Augen der Vergangenheit in die Zukunft. Das Problematische daran ist nicht, dass sie im Erbe und in einer glorreichen Vergangenheit nach Identität suchen, sondern dass sie diese in der Vergangenheit einsperren. Nur das, was vor langer Zeit einmal religiös begründet wurde, hat für sie Gültigkeit. Es ist klar, dass sich hier schreiende Widersprüche zwischen den Ansprüchen einer solchen Identität und dem erheblichen Wandel auftun, dem Gesellschaft, Politik und Kultur unterliegen und dass sich dies kaum mit den Gegebenheiten unserer Zeit vereinbaren lässt, welche Anpassung und Entwicklung einfordern. Und diese Ansprüche, so könnte man ergänzen, machen auch vor der Religion nicht Halt. Diese müsste sich die Fähigkeit erhalten, realistische Antworten auf den Umgang mit den Herausforderungen der Gegenwart zu bieten.

Aber die salafistische Definition von Religion ist eben kein Versuch, diese so weiterzuentwickeln, dass sie realitätstauglich wird, sondern sie ist eigentlich eine Realitätsverweigerung. Hier liegt der problematische Kern der salafistischen Identität. Sie sieht sich prinzipiell in einem Zustand des Widerstreits mit der Umgebung, begreift aber auch, dass eine Veränderung der Realität und ein Rückzug aus den Erfordernissen der Gegenwart äußerst schwierig sind, wenn man unterstellt, die Realität müsse sich ändern, nicht aber man selbst. Daher bleibt dem Salafisten nur, sich entweder so gut wie möglich anzupassen und sich innerhalb seiner salafistischen Identität ein gewisses Maß an Aufgeschlossenheit zu bewahren, oder sich völlig auf sich selbst und die eigene Gruppe zurückzuziehen. Als dritte, abenteuerliche Alternative bleibt nur der Versuch, eine gewaltsame Veränderung herbeizuführen.

Letztlich verharrt der Salafist in einem Zustand der Zerrissenheit zwischen seiner »fantasierten Identität«, mit der er sich über seine gesellschaftliche Entfremdung hinwegsetzt, indem er sich auf die eigene Gruppe zurückzieht und sich entsprechend verhält und positioniert, wie es der Ansatz des *symbolic interactionism*[5] erklärt, und der Konfrontation mit der modernen Gesellschaft und ihren Ansprüchen, die eine umfassende Herausforderung für die salafistische Weltsicht darstellt.

In den Resümees der Einzelkapitel habe ich immer wieder auf die objektiven Rahmenbedingungen als den entscheidenden Faktor für den salafistischen Charakter und auf dessen Wandlung je nach Zeit und Ort hingewiesen. Als Beispiel führe ich aus, wie sich der Salafismus aufgrund historischer Umstände und veränderter Fragestellungen von einem einst reformistischen Projekt zu dem gewandelt hat, was wir heute unter diesem Begriff vorfinden.

Der Reformsalafismus des frühen 20. Jahrhunderts war grundlegend verschieden vom heutigen Salafismus. Wenn wir nur einmal die Haltung der frühen Salafisten zu modernem Denken, zu Demokratie, Literatur, Kunst und Politik betrachten, wird ersichtlich, wie aufgeschlossen deren Vertreter gegenüber all dem waren. Besonders deutlich wird dies bei Rashid Ridha, Ibn Badis und dem damaligen »syrischen Salafismus«. Der Unterschied zur heutigen salafistischen Haltung ist ungeheuer groß. Ein Religionsgelehrter und Denker wie Rashid Ridha, der als geistiger Vater der Reformsalafiya gelten kann – auch wenn viele Historiker sein Werk als Abkehr von

---

5 Siehe hierzu Ian Craib a. a. O.

seinem Vorgänger Muhammad Abduh betrachten – wollte damals Demokratie und islamische Lehre vereinen, indem er dazu aufrief, man solle sich gesellschaftlich, institutionell und im politischen Leben am Westen orientieren[6].

Ridha wollte eine flexible Reaktion auf die Herausforderungen der Moderne und stellte bei der Lektüre kanonischer religiöser Quellen Verstand vor Tradition. Er war bereit, im Namen der Notwendigkeit Zinsbanken zu akzeptieren[7], sprach sich für *Ijtihad* (»eigenständige Urteilsbildung« in religiösen Fragen) aus, übte Selbstkritik und tadelte die konservativen Religionsgelehrten dafür, dass sie nicht in der Lage waren, islamische Antworten auf Gegenwartsfragen zu finden, weswegen, so meinte er, Regierungen gezwungen seien, menschengemachte Gesetze einzuführen[8].

Aber wir müssen gar nicht so weit in die Geschichte zurückgehen. Wenn wir uns die Haltung der ägyptischen Salafisten zur Revolution vom 25. Januar 2011 ansehen, durch die das Mubarak-Regime gestürzt wurde, können wir feststellen, dass die meisten salafistischen Gruppen in Ägypten ihre politische Haltung aus dem einfachen Grund heraus neu definierten, weil es eine neue politische Situation mit neuen Herausforderungen gab, an die sie sich anpassen mussten[9].

Somit lässt sich feststellen, dass es die real existierenden Umstände mit ihren spezifischen Bedingungen und Zwängen sind, die indirekt, aber effektiv den salafistischen Charakter und seine Erscheinungsformen hervorbringen. Einer der wichtigsten Erklärungsfaktoren ist dabei die Existenz einer Krise. Je nach ihrer Beschaffenheit, ihren Hintergründen und ihren Auswirkungen auf die arabischen und muslimischen Gesellschaften ruft diese Krise unterschiedliche Reaktionen und Anpassungsmechanismen hervor.

---

6 Siehe Mohammad Abu Rumman: Baina hakimiyati llah, S. 70-75.
7 Ebd., S. 186-189.
8 Ebd., S. 201-219.
9 Mohammad Abu Rumman: As-Salafiyun war-rabi' al-arabi, S. 113-127.

Was sind Salafisten?

Dem Salafismus fehlt es im Allgemeinen nicht nur an einem internationalen Organisationsrahmen und einem Aktionsrahmen für den arabischen Raum, vielmehr gibt es auch intern viel Streit darüber, wer sich legitimerweise Salafist nennen darf, und, noch wichtiger, darüber, wie man die politische Realität bewertet, ob man überhaupt politisch sein will und mit welchen Strategien man Veränderungen oder Reformen erreichen will. Manche Gruppen neigen dem Prinzip des *ta'at wali al-amr*, des »Gehorsams gegenüber dem Herrscher« zu, während andere die Haltung der *mufasala* (»Bruch« oder »Trennung«) vertreten, die darauf hinausläuft, die Herrschenden zu Ungläubigen zu erklären, die man deshalb zu bekämpfen habe.

Der Salafismus ist also von seinen Ideologien und Ideen her nicht homogen, sondern im Gegenteil vielfältig, und seine verschiedenen Gruppen und Richtungen befinden sich im Widerstreit miteinander. Der Begriff des Salafismus ist unscharf und wird von verschiedenen Forschern auch unterschiedlich definiert. Daher ist es für jeden, der sich mit ihm befasst, unerlässlich, zunächst eine klare Begriffsbestimmung vorzunehmen[1].

Sprachlich geht der Begriff des Salafismus auf die Wurzel *salaf* zurück. Im arabischen Wörterbuch finden sich unter dieser Buchstabenfolge die Bedeutungen »vorausgehend«, »Vorläufer«, »Vorhut« etc. Konkret gemeint ist mit dem Begriff aber in der Regel das frühe islamische Zeitalter, welches angenommenermaßen für die reine, unverfälschte Seite religiöser Herrschaft und der Anwendung des religiösen

1 Siehe Abdulghani Imad: »As-Salafiya l-jihadiya au al-firqa an-najiya«, in: Ad-Difa' al-Watani, Nr. 36, Januar 2008.

Gesetzes steht[2], gemäß dem überlieferten Ausspruch des Propheten: »Das beste aller Jahrhunderte ist das meine. Die kommenden stehen erst an nächster Stelle«[3].

In politikwissenschaftlichen Publikationen wird der Salafismus oft auch als eine »Reformbewegung« angesprochen, die darauf abziele, einen Zustand geistiger Erstarrung, politischen Niedergangs oder kolonialer Abhängigkeit zu überwinden, indem zu einer Wiederbelegung des islamischen Erbes aufgerufen und darauf hingearbeitet werde, ein unbeflecktes Bild des Islam wiederherzustellen. Dies solle geschehen, indem der Glaube von allem bereinigt wird, was ihm im Laufe der Geschichte durch illegitime Neuerungen und Verstöße gegen den strengen Monotheismus hinzugefügt wurde, um so die ursprünglichen ethischen Werte des Islam wiederherzustellen[4].

Andere definieren Salafismus als »Protestbewegung gegen Entwicklungen auf der geistigen und der gottesdienstlichen Ebene«. Ein solcher Protest hat sich historisch jedoch nie als salafistisch bezeichnet, vielmehr findet man stattdessen die Bezeichnungen der abweichenden Gruppen, gegen die sich der Protest historisch richtete, wie die Schiiten, die Kharidschiten, die *Mu'tazila*- oder die *Murji'a*-Bewegung[5].

Die unterschiedlichen Definitionsansätze für den Salafismus beschränken sich nicht auf Soziologen und Politologen, vielmehr streiten darüber die Anhänger der verschiedenen salafistischen Richtungen auch untereinander. Oft genug debattieren sie sehr kontrovers die Frage, wer dazu legitimiert sei, den salafistischen Diskurs zu vertreten. Die salafistischen Traditionalisten verstehen darunter etwas ganz anderes als

2 Anwar Abu Taha: As-Salafiya – Ittijahat wa-qadhaya sowie Fahmi Jad'an: Al-Madhi fi l-hadhir, Beirut 1997, S. 79-104; sowie sein Aufsatz: »As-Salafiya – hududuha wa-tahawwulatuha«, in: Alam al-Fikr (1988), S. 61-96.

3 Aus der Hadithsammlung Muslim und al-Bukhari.

4 Taha Abdurrahman: Al-Amal ad-dini wa-tajdid al-aql, Beirut 1997, S. 90.

5 Abdulhakim Abu l-Loz: Al-Harakat as-salafiya fi l-Maghrib 1971–2004, Beirut 2009, S. 38.

beispielsweise die Dschihadisten. Für Ali al-Halabi, einen jordanischen Geistlichen salafistischer Ausrichtung, haben al-Qaida und Dschihadisten beim Salafismus überhaupt nichts verloren, weswegen er diesen diese Bezeichnung auch abspricht und sie stattdessen »Takfiristen« (die andere zu Ungläubigen erklären, d. Ü.) und »Nachfolger der Kharidschiten« (eine frühislamische Rebellengruppe, die die Bedingungen für die Herrschaft über die muslimische Gemeinschaft neu definiert hatte, d. Ü.) nennt[6].

Für al-Halabi ist Salafismus ein »Aufruf zum Lernen, zu Gottverehrung und Glaube, zu gutem Verhalten und Umgang, zu Erziehung und Moral.« An anderer Stelle bezeichnet er Salafismus als »zu erhaben, um eine Partei, eine Bewegung oder eine Organisation zu sein, sei diese geheim oder öffentlich«. Damit nimmt er den Salafismus aus jedem aktionsbezogenen und parteipolitischen Rahmen heraus, und er wird noch deutlicher: Der Salafismus sei ebenso »zu erhaben, als dass man ihn auf den Dschihad begrenzt oder seine Energie in Politik zwängt«, womit er Dschihadisten und politische Aktivisten aus seinem Begriff vom Salafismus kurzerhand ausschließt[7].

Muqbil bin Hadi al-Wadi'i, ein Scheich des traditionalistischen Salafismus im Jemen, bietet eine detaillierte Definition für die Missionsarbeit und die diesbezügliche Vorgehensweise der Salafisten an. In seinem Buch *Unsere Mission und unser Glaube* schreibt er unter anderem, dass Salafisten eine bestehende Herrschaft nicht bekämpfen und, mit Blick auf islamistische Parteien, die politische Arbeit meiden sollten[8].

Im Gegensatz dazu schreibt einer der führenden Theoretiker der dschihadistischen Salafisten, Abu Muhammad

---

6 Siehe Ali bin Hussein bin Ali bin Abdulhamid al-Halabi al-Athari: Hadhihi hiya s-salafiya. Da'wat al-Iman wal-amn wal-aman, Amman 2011, S. 12-20.

7 Ebd., S. 39-40.

8 Muqbil bin Hadi al-Wadi'i: Hadhihi da'watuna wa-aqidatuna, Sanaa 2002, S. 9-17.

al-Maqdisi (eigentlicher Name: Issam al-Barqawi): »Die dschihadistische Salafiya vereint als Strömung zugleich den Aufruf zum Monotheismus (*Tauhid*) in seiner Allumfassenheit und zum Dschihad als Mittel zu seiner Durchsetzung. Anders gesagt, strebt sie danach, das Bekenntnis zum einen Gott durch einen Dschihad gegen die Tyrannen durchzusetzen. Dies hebt die dschihadistische Salafiya von anderen Missionsbewegungen ab.« Zudem kritisiert er die Traditionalisten dafür, dass sie angeblich einen »Gräberkult« pflegen und sich vor der Auseinandersetzung mit der politischen Realität drücken, was er polemisch »Palästekult« nennt, womit er die Akzeptanz von Herrschern und Gesetzen meint, die im Gegensatz zur Scharia stehen, sowie eine angebliche Kooperation mit dem Westen, was mit salafistischer Gesinnung unvereinbar sei. Al-Maqdisi weiter: »Manche salafistische Gruppen beschränken ihren Aufruf zum Glauben an den einzigen Gott darauf, dass sie sich gegen Amulette und Gräberverehrung wenden, während sie zugleich in keiner Weise etwas gegen die Verehrung von Herrschern, ihrer Gesetze und Paläste tun. Schlimmer noch, sie arbeiten diesen zum Teil zu und sichern so deren Macht ab. Wieder andere Gruppen beschränken ihren Dschihad auf einen nationalen Rahmen und lehnen es ab, dass dieser über die Grenzen ihres Landes hinaus getragen wird. Die dschihadistische Salafiya steht gegen die erstgenannte wie die letztgenannte Gruppe. Sie ruft zum *Tauhid* in seiner unteilbaren Vollständigkeit und Omnipräsenz auf.«[9]

Diese Verwirrung um den Begriff des Salafismus und seine theoretischen und praktischen Definitionen hat manche Forscher in den vergangenen Jahren dazu gebracht, noch weitere differenzierende Bezeichnungen zu erfinden. Manche geben dem Salafismus heute Prädikate wie akademisch, traditionell, konservativ, schulisch, organisiert, aktionistisch, reformis-

---

9 Siehe Interview mit Abu Muhammad al-Maqdisi, http://www.alsunnah.info/r?i=j37307wg.

tisch, dschihadistisch etc. Andere unterscheiden auch je nach Land, in dem die jeweiligen Salafisten auftreten; in Marokko soll es demnach akademischen und dschihadistischen Salafismus geben, in Algerien nur den akademischen, in Ägypten akademischen und aktionistischen, in Saudi-Arabien den akademischen und den *Madkhaliya*-Salafismus (als Gegenstück zur *Sahwa*), im Jemen einen aktionistischen und den von Muqbil bin Hadi al-Wadi'i geprägten Salafismus usw.

Trotz dieser vielen Verzweigungen, die untereinander wiederum Überschneidungen aufweisen, können wir heute im Allgemeinen zumindest für den arabischen Raum folgende Hauptrichtungen des Salafismus unterscheiden:

Zum einen die Linie eines konservativen beziehungsweise akademischen Salafismus, der sich der Missionierung und der Lehre verschrieben hat und politische Mitwirkung ablehnt. Diese Strömung möchte lediglich dogmatische und lehrbezogene Aspekte »berichtigen« und gegen »Verirrungen« vorgehen, wobei sie sich überwiegend gegen andere muslimische Konfessionen richtet (Schiiten, aber auch Mu'taziliten und Kharidschiten). In der eigenen sunnitischen Konfession predigen die Anhänger dieser Richtung gegen sufistische Ideen und Gruppen sowie gegen Asch'ariten und Maturiden, pflegen also glaubensdogmatische Auseinandersetzungen. In Saudi-Arabien vertreten diese Richtung Abdulaziz Bin Baz und Mohammad Bin Salih al-'Uthaimin, in Marokko der Anführer der Missionsvereinigung *ad-Da'wa ila l-Kitab was-Sunna* Mohammad Bin Abdurrahman al-Maghrawi und in Jordanien Scheich Nasiruddin al-Albani, während ihr in Ägypten die *Jama'at Ansar as-Sunnah al-Muhammadiya* nahesteht.

Die zweite Linie steht politisch rechts von der erstgenannten und lehnt Parteien, auch islamische, noch entschiedener ab. Ihre politische Haltung besteht darin, sich mit bestehender Herrschaft abzufinden und keinerlei Opposition in Wort oder Tat gegen sie zu betreiben. Diese salafistische Strömung stellt sich daher klar auf die Seite der Regierung, auch wenn diese gegen andere islamische Bewegungen oder jede sonstige Opposition vorgeht. Man kann fast sagen, dass diese Salafisten es sich zur Aufgabe gemacht haben, gegen andere Islamisten zu agieren, und zwar insbesondere gegen solche Salafisten, die sich für den Weg der politischen Opposition entschieden haben[10]. In Saudi-Arabien stehen für diese Richtung die Anhänger von Mohammad Bin Aman al-Jami[11] und Rabi' bin Hadi al-Madkhali, im Jemen der genannte Muqbil bin Hadi al-Wadi'i, in Jordanien die Schule von Nasiruddin al-Albani, in Algerien Abdulmalik Bin Ramadan al-Jaza'iri[12], in Ägypten unter anderen Muhammad Sa'id Raslan, Usama al-Qausi, Hisham al-Baili und Tal'at Zahran, und im Libanon Abdulhadi Wahbi und Sa'duddin Kibbi.

Am anderen Ende des Spektrums stehen die dschihadistischen Salafisten. Sie erklären die säkularen arabischen Regime für gottlos und treten, zumindest zeitweise, für radikale Veränderung durch bewaffneten Kampf ein. Der Diskurs dieser Strömung bildet den ideologischen Unterbau des al-Qaida-Netzwerks und verschmilzt mit dessen politischer Linie. Ihre einflussreichsten Vertreter sind in Jordanien Abu Mohammad al-Maqdisi und der Jordanier palästinensischer Herkunft Omar Mahmud Uthman (auch bekannt als Abu Qatada). In Marokko ist der dschihadistische Salafismus durch Mohammad al-Fizazi und Hassan al-Kitani vertre-

---

10 Siehe hierzu As-Salafiya al-Jamiya, aqidat at-ta'a wa-tabdi' al-mukhtalif (Sammelband), Dubai, 2012.

11 Siehe Interviewaufnahmen von Muhammad Aman al-Jami zu Sayyid Qutb und Hassan al-Banna, http://www.eljame.com/mktba/play.php?catsmktba=159 sowie über die Muslimbrüder: http://www.eljame.com/mktba/play.php?catsmktba=157, und zu den Aktionssalafisten: http://www.eljame.com/mktba/play.php?catsmktba=164. Verfügbar in arabischer und englischer Sprache. Online abrufbar unter www.fes-jordan.org.

12 Siehe zur Sichtweise von Bin Ramadan auf den Salafismus seinen Artikel »Al-Marhala adh-dhahabiya lid-da'wa as-salafiya«, http://www.djelfa.info/vb/showthread.php?t=560848.

ten, während Anwar al-'Aulaqi im Jemen und Abu Busair al-Tartusi in Syrien für diese Ideologie stehen. Aus ihr sind auch andere islamistische Gruppen hervorgegangen, die sich aber später vom bewaffneten Kampf distanziert haben, wie *al-Jama'a al-Islamiya* in Ägypten oder die libysche *al-Jama'a al-Libiya al-Muqatila*.

Eine vierte Strömung steht in der Mitte der bisher genannten. Sie vereint das religiös-dogmatische Gedankengut des Salafismus mit aktionsbetonter, organisierter und zuweilen politischer Arbeit. Sie setzt auf Reformen und friedliche politische Veränderung, auch wenn die betreffenden Gruppen in ihrer politischen Analyse oft uneins sind und unterschiedlich zu ihren Regierungen stehen. Alle sind jedoch politisch aktiv und halten eine oppositionelle Betätigung für zulässig, solange Konflikte nicht mit Waffen ausgetragen werden. Zu den bekanntesten Theoretikern dieser Richtung gehören Abdurrahman Abdulkhaliq in Kuwait; Mohammad Bin Surur Zain al-'Abidin (nach ihm ist die »Sururi-Richtung« benannt), die Strömung *as-Sahwa al-Islamiya* in Saudi-Arabien, die Vereinigungen *al-Hikma* und *al-Ihsan* im Jemen, salafistische Vereine in Kuwait und Bahrain, Da'i al-Islam ash-Shahhal im Libanon und Scheich Mohammad ibn Abdulmaqsud in Ägypten.

Trotz dieser großen Bandbreite der politischen Haltungen salafistischer Gruppen und ihrer Veränderungs- und Reformstrategien sind sich die »modernen Salafismen« doch in dogmatischen Fragen, den Islam betreffend, weitgehend einig und stützen sich auch auf dieselben historischen religiösen Quellen, auch wenn sie sie unterschiedlich lesen, angefangen bei den *Ahl al-Hadith* (»die sich auf den Hadith stützen«) im Mittelalter, über die Schriften des Ibn Taimiya bis hin zum Begründer der wahhabitischen Ideologie Muhammad ibn Abdulwahhab in späterer Zeit.

Im Allgemeinen gibt es zwischen den Salafisten, seien sie nun politisch oder nicht, aber doch deutliche Gemeinsamkeiten in Fragen der Glaubensdoktrin, der sie alle gleichermaßen hohe Priorität einräumen, wobei sie historisch für die sogenannte *Ahl as-Sunna wal-Jama'a* (»die sunnitische Gemeinschaft«) oder genauer die *Ahl al-Hadith* stehen, eine Haltung, die sich über die Jahrhunderte in Reaktion auf vermeintliche Abweichler vom rechten Glauben entwickelt hat, insbesondere gegen Schiiten, Kharidschiten, die *Mu'tazila*, Sufisten und Asch'ariten.

Und alle Salafisten halten an der metaphysischen Doktrin fest, dass Gott im Himmel sei und Hände und Augen habe. Sie nehmen diese Aussage wörtlich, während z. B. die Asch'ariten, die ebenfalls zur Sunna gehören, dies für interpretierbar hielten[13].

Bei allen Salafisten steht der *Tauhid*, der strenge Monotheismus, im Mittelpunkt ihres Diskurses. Damit grenzen sie sich nicht nur gegen Nichtmuslime ab, sondern auch gegen alle muslimischen Gemeinschaften, die sie beschuldigen, vom rechten Glauben abgewichen zu sein. Ein großer Teil der salafistischen Literatur kreist um die Ablehnung von Praktiken wie die Verehrung von Heiligen und ihrer Gräber, wie es die Sufis betreiben, oder das Richten von Bittgebeten an den Propheten Muhammad. Dabei widmen die einen dem »traditionellen *Shirk*« (»Gott etwas beigesellen«) die Hauptaufmerksamkeit, andere dem »modernen *Shirk*«, womit sie die Befolgung von Gesetzen und Ideologien meinen, die im Widerspruch zur Scharia stehen beziehungsweise deren Anwendung nicht anstreben[14].

---

13 Den Salafisten wird daher zuweilen der Vorwurf gemacht, sie würden Gott »vergegenständlichen« beziehungsweise ihn seinen Geschöpfen gleichmachen. Andere Muslime sehen die »Hand Gottes« als Metapher für seine Macht und lehnen seine Verortung im Himmel ab, da er orts- und zeitunabhängig existiere. Solche Debatten werden in muslimischen Schriften zur Glaubenslehre häufig geführt.

14 Salafistische Gelehrte sind der Meinung, dass die Anwendung menschengemachter Gesetze und die Nichtbeachtung der Scharia in der parlamentarischen Gesetzgebung beziehungsweise durch Machthaber einen Abfall

»Befolgen, nicht erfinden« ist ein zentraler Begriff aller Salafisten. Für sie geht es dabei darum, dem Beispiel des Propheten zu folgen und sich an das religiöse Verständnis seiner ersten Anhänger, der *Sahaba*, zu halten und keine neuen Glaubenspraktiken zu »erfinden« wie religiöse Gesänge, *Dhikr*-Zeremonien oder die Feier des Prophetengeburtstags bei den Sufis. Deshalb gilt ihr Hauptaugenmerk der *Sunna* (»Lebenswandel, Tradition«) und dem Studium beziehungsweise der Überprüfung der Hadithe, der überlieferten Aussprüche des Propheten.

Zudem gilt für Salafisten das Prinzip »Text geht vor Verstand«, womit sie dem Koran und anderen Texten der sunnitischen Orthodoxie Vorrang geben, wenn ein Widerspruch zwischen einem textlichen Wortlaut und rationaler Plausibilität besteht (obgleich es einen solchen Widerspruch nach Ibn Taimiya gar nicht geben kann). Im religiösen und geistigen Diskurs der Salafisten steht der heilige Text also immer im Mittelpunkt, anders als historisch bei der *Mu'tazila* oder bei Ibn Rushd, die dem Verstand Vorrang vor dem Text gegeben hatten.

Das strenge Festhalten an der Sunna des Propheten bedeutet für die Anhänger des Salafismus höchstes Interesse an den Berichten über den Propheten. Dies äußert sich auch im Erscheinungsbild der Salafisten: Die Männer tragen arabische Langhemden und Vollbart, die Frauen sind komplett schwarz verhüllt. Unterschiedliche Ansichten herrschen lediglich darüber, ob auch das Gesicht und die Handflächen einer Frau verdeckt bleiben müssen, wie es eine entsprechende saudische Fatwa sieht, oder diese davon ausgenommen sind, wie al-Albani urteilt[15].

---

von der islamischen Religion bedeuten, weil der Tauhid Gott das alleinige Recht zur Gesetzgebung zugesteht.

15 Der Streit um die Art der Verschleierung der Frau ist zwar nur ein Nebenaspekt, aber in Saudi-Arabien wird er breit geführt, denn dort existiert durchaus ein säkularer Diskurs und eine Frauenbewegung, die dafür eintritt,

»Die errettete Gruppe« ist ein weiterer Topos, um den das Denken der Salafisten kreist und über den sie schreiben. Die Idee geht zurück auf einen Hadith, demzufolge der Prophet gesagt haben soll: »Die Juden haben sich in 71 Gruppen aufgespalten, von denen alle in die Hölle kommen außer einer. Die Christen haben sich in 72 Gruppen aufgespalten, von denen alle in die Hölle kommen außer einer. Und die Muslime werden sich in 73 Gruppen aufteilen, von denen alle in die Hölle kommen werden außer einer.« Und auf die Frage, welche Gruppe der Muslime die sein werde, die vor dem Höllenfeuer errettet werde, habe der Prophet gesagt: »Diejenigen, die wie ich und meine Gefährten leben.«

Wie früher die *Ahl al-Hadith*, so diskutieren heute die Salafisten ausführlich über den Begriff der »erretteten Gruppe«. Die Traditionalisten unter ihnen sehen ausschließlich sich selbst als die damit Gemeinten an, konkret in ihrer Abgrenzung gegen Schiiten, Kharidschiten, Mu'taziliten, Qadariten, Dschabriten etc., während andere sogar sunnitische Konfessionen wie Asch'ariten und Maturiden aus dem Kreis der Erretteten ausschließen. Dagegen versuchen wieder andere, den Kreis der Erwählten auf alle Sunniten auszudehnen. Diese Debatte führte bei den Anhängern von al-Jami und al-Madkhali dazu, dass diese jeweils ihre eigene salafistische Richtung als einzige zum Kreis der Erretteten gehörig betrachten.

Dazu schreibt Rabi' ibn Hadi al-Madkhali: »Wenn wir die Lage der Muslime, ihre verschiedenen Ausrichtungen und ihre Geschichte betrachten, so lässt sich feststellen, dass die Bezeichnung der erwählten Gruppe [nur] auf diejenigen zutrifft, die sich an den wahren Weg der Salafiya, nämlich Gottes Buch und die Sunna seines Propheten, halten.«[16] Und

---

den strengen staatlich verordneten salafistischen Kurs in Bezug auf Frauen zu lockern.

16 Siehe seinen Vortrag von September 2009, www.rabee.net/show_des.aspx?pid=5&id=268&gid=0.

er kritisiert andere salafistische Richtungen in Saudi-Arabien mit den Worten: »Sie haben unsere rechtschaffene Jugend betrogen und sie als blinde Soldaten für ihren Kampf gegen die Wahrheit missbraucht. Dieses sind die hinterhältigen Methoden derer, die Neuerung betreiben, und die Früchte ihrer bösartigen Pläne, und nur so konnte es so weit kommen. Sie machen aus jungen Menschen, die Soldaten des Islam und unserer Mission sein möchten, Söldner der Ideen von Sayyid Qutb, al-Banna und Maududi, welche Irrlehren vertreten.«[17]

Dagegen sind die dschihadistischen Salafisten der Auffassung, dass zu den »Erretteten« nur jene gehören, die zum *Tauhid* stehen und »die Herrschaft des Islam auf Erden« aufbauen, und zwar durch »Kampfbereitschaft, Dschihad und Verteidigung der Muslime gegen Fremdherrschaft«[18].

Um die Theoriedebatten und Entwicklungen des zeitgenössischen Salafismus bis hin zu den demokratischen Revolutionen des Arabischen Frühlings zu beleuchten, werden wir im folgenden Kapitel historisch die wichtigsten religiösen und geistigen Ideen des Salafismus und ihre Hauptentwicklungsphasen betrachten, so dass wir uns schließlich die Hauptlinien salafistischer Dogmen und salafistischen Denkens vorstellen können.

Ahl al-Hadith: Die Gruppe der Erretteten

Die Bezeichnung »Salafismus« steht für die Orientierung an den *as-Salaf as-Salih* (»die rechtschaffenen Altvorderen«)

17 Ebd.; siehe auch al-Madkhalis Entgegnung auf Salman al-Auda, der andernorts versucht hatte, den Kreise der Erretteten auf die Sunna insgesamt auszudehnen www.rabee.net/show_book.aspx?pid=1&id=376&bid=21&gid=0 Dort sagt er: »Wir glauben, dass es bei Nicht-Salafisten nichts Gutes gibt, das nicht bei den Salafisten noch stärker ausgeprägt wäre.«

18 Siehe Abu Qatada al-Filastini: »Die Kennzeichen der siegreichen Gruppe«, www.tawhed.ws/r?i=jqmdm3ht

als ein Vorbild für die Gegenwart. Gemeint sind mit jenen Altvorderen gemäß salafistischer Literatur die Muslime, die in den ersten drei Jahrhunderten der Entstehung der islamischen *Umma* gelebt haben. Grundlage dieser Orientierung ist wiederum ein Hadith, dem zufolge der Prophet gesagt haben soll: »Die besten Menschen sind die, die in meinem Jahrhundert leben, nach ihnen [im Rang] kommen die, die später leben, und nach jenen wieder deren Nachfolger.«[19]

Die Wurzeln der salafistischen Schule gehen ihrerseits zurück auf das frühe islamische Zeitalter. Das Wort *Salaf* begegnet uns beiläufig zum ersten Mal in den Schriften der sunnitischen Rechtsschulen der Malikiten und der Hanbaliten, und zwar im Kontext theologischer Debatten mit den damaligen Mu'taziliten. Es ging dabei um Glaubensdoktrinen wie den Streit um die Erschaffenheit des Korans, ob man Gott Attribute zuschreiben dürfe und inwieweit das persönliche Schicksal vom Handeln des Einzelnen abhinge.

Was aber noch grundlegender und zentraler für die Identität der Salafisten war und ist, ist ihr Beharren darauf, dass sie die Erben der *Ahl al-Hadith* aus dem zweiten und dritten Jahrhundert des Islam seien, die die Salafisten häufig auch als »Errettete« beziehungsweise »Siegreiche« bezeichnen. Es gibt sogar Namenslisten derjenigen, die zu diesen Erwählten gehört haben sollen, als die muslimischen Schulen und Gruppen in Streit gerieten und die Konservativen den *Ahl al-'Aql* beziehungsweise den *Ahl ar-Ra'y* (»Anhänger der Vernunft beziehungsweise der Ansicht«) in der Frage entgegentraten, wer seit dem Tod des Propheten befugt sei, Koran- und Hadithtexte zu interpretieren.

Die *Ahl al-Hadith* glauben, dass es die *Salaf*, die »rechtschaffenen Altvorderen« aus der Zeit des Propheten waren, denen die größte Berechtigung und Vertrauenswürdigkeit darin zustand, den Koran zu interpretieren und zu erläutern

---

19 Aus der Hadithesammlung Muslim und al-Bukhari.

und dass es den *Khalaf*, den »Nachfahren«, das heißt den späteren Muslimen obliege, dem Beispiel der Älteren zu folgen und sich an ihnen zu orientieren. Die *Ahl al-Hadith* argumentieren, dass die Anwendung von Ansicht und Vernunft nach altgriechischem Vorbild die Grundlagen und das System, auf dem der Islam aufbaut, zerstören könnte. Entsprechend sei alles, was die *Kalam*- und *Ra'y*-Theoretiker sowie die Logiker und Philosophen in Bezug auf eine Neuinterpretation der Religion und die Vereinbarkeit von Religion und griechischer Philosophie erarbeitet haben, als eine Neuerung von außerhalb des Islam anzusehen, der man sich entgegenstellen müsse, um den »ursprünglichen Islam« zu erhalten[20].

Der Salafismus entstand also vor dem Hintergrund religiöser Auseinandersetzungen mit Strömungen wie der *Ra'y* und der *Mu'tazila* in der Zeit des Imam Ahmad bin Hanbal im neunten Jahrhundert. Als die Mu'taziliten unter dem Abbasidenkalif al-Ma'mun behaupteten, der Koran sei ein geschaffenes Werk, entstand der Salafismus. Er war eine Reaktion auf diese wie auf andere rationale Strömungen, die die Interpretation über die unhinterfragte Übernahme des Offenbarten in seiner äußerlichen Form stellten. Ahmad ibn Hanbal, Begründer der bis heute verbreiteten Rechtsschule der Hanbaliten, verwahrte sich gegen die Theorie der Erschaffenheit des Koran und musste dafür mit seinen Anhängern Haft und Folter erleiden, ohne sich jedoch den Mu'taziliten zu fügen. Schon dafür hielten ihn die *Ahl al-Hadith* damals und halten ihn die Salafisten bis heute in Ehren[21].

---

20 Siehe zur Salafiya als Nachgänger der Ahl al-Hadith sowie zu den vielfältigen Bedeutungen dieses Begriffs Mohammad Abu Rumman und Hassan Abu Haniya: As-Salafiya al-muhafiza, Istratijiyat Aslamat al-mujtama' wa-su'al al-alaqa al-multabisa ma'a d-daula, Amman: Friedrich-Ebert-Stiftung, 2010, S. 17-27.

21 Siehe Muhammad Amara: Tayyarat al-fikr al-islami, Kairo 1997, S. 128-161.

Am Ende der Abbasidenzeit, nach dem Fall Bagdads an die Mongolen 1258 kam es zur Herausbildung einer zweiten, reiferen salafistischen Richtung unter Ahmad ibn Taimiya, der die »Neuerer« (die damaligen Jahmiten, Qadiriten, Batiniten, Sufisten und Philosophen) für den Niedergang und den Fall des Kalifats verantwortlich machte. Entsprechend mobilisierten und schrieben dessen Anhänger gegen ihre Widersacher an und gaben damit der salafistischen Doktrin und Theorie in Jurisprudenz, Geistesleben und Politik eine klarere Kontur.

Die Lehren des Ibn Taimiya gelten als wegweisend für die Ausbildung des dogmatischen Rahmens des Salafismus. Zu seiner Zeit, im 13. und 14. Jahrhundert, gab es viel Streit innerhalb des Islam. Die großen Konfessionen (Schiiten, Kharidschiten, *Mu'tazila* und Sunniten) standen sich ebenso unversöhnlich gegenüber wie Gruppen innerhalb der *Sunna* (*Ahl al-Hadith*, Asch'ariten, Maturiden). Daher trat Ibn Taimiya in seinen Schriften klar für die Sunna ein, grenzte sich gegen andere muslimische Gruppen ab und wurde so zu einem bedeutenden Referenzautor der salafistischen Schule[22].

Die Bücher und Fatwas von Ibn Taimiya und seiner Anhänger wie Ibn Qayyim al-Djauziya und Dhahabi ibn Kathir wurden zu so etwas wie einem geistigen Kompass der Salafisten. Seine zahlreichen Schriften richten sich gegen andere muslimische Gemeinschaften wie die Schiiten und Qadariten (so in seinem Werk *Der sunnitische Weg*), aber auch gegen andere Sunniten. Mit Ibn Taimiya war die Basis des Salafismus gelegt, und alle, die sich später dieser Richtung anschlossen, richteten sich nach seinen Abhandlungen[23].

---

22 Zur Rolle Ibn Taimiyas für die Entwicklung des Salafismus siehe Abdulghani Imad: Al-Harakat al-Islamiya fi Lubnan. Beirut, 2006, S. 265-268.

23 Darunter Abu Ja'far at-Tahawi, Ibn Batta al-Akbari al-Hanbali, Abu Bakr Ahmad ibn al-Hussein al-Baihaqi, später auch Abu Shama al-Maqdisi, Ibn al-Qayyim al-Jauziya, Ibn Rajab al-Hanbali und Ibn Abi l-Izz al-Hanafi. Letzterer schrieb das Werk al-Aqida at-Tahawiya, das zu einem Grundlagenwerk der Salafisten wurde.

Später bildete sich zusätzlich der wahhabitische Salafismus heraus, als um die Wende vom 18. zum 19. Jahrhundert Muhammad ibn Abdulwahhab auf der Arabischen Halbinsel auftauchte. Er rief zu einem strengen *Tauhid* auf, welcher die sufische »Einswerdung mit Gott« ablehnt, die Verantwortung des Einzelnen betont und jede vermittelte Anbetung Gottes, zum Beispiel über die Verehrung von Heiligen- oder Prophetengräbern, untersagte. Zugleich erneuerte er die Dogmen von Ibn Taimiya und geriet vor allem zu den Sufisten der Arabischen Halbinsel in einen scharfen Gegensatz.

Abdulwahhabs Buch *at-Tauhid* ist für die meisten Salafisten ein Nachschlagewerk, das die Grundlagen der salafistischen Doktrin und ihre Abwehr gegen andere Glaubensschulen darlegt. Das Buch wird in salafistischen Kreisen und Lehrstätten unterrichtet, und es gibt erläuternde Sekundärliteratur dazu.

Religionsgelehrte in allen Teilen der islamischen Welt beriefen sich von nun an auf die wahhabitische Lehre: Muhammad Nuh al-Ghilati in Medina (1752–1803), Waliuddin al-Dahlawi in Indien (1702–1762), Muhammad bin Ali al-Shaukani im Jemen (1760–1834), Shihabuddin Mahmud al-Alusi im Irak (1802–1854) und Othman bin Fodi in Afrika (geb. 1756)[24]. Der Salafismus wurde so zusammen mit dem Wahhabismus zu einem Begriff, der im Islam für Purismus steht. Der wahhabitische Salafismus sieht sich als eine »reinigende Reformbewegung«, die die Bewahrung einer religiösen Identität anstrebt, in der der reine Text die Richtschnur ist und in seinen glaubensdogmatischen Dimensionen mehr oder weniger buchstabengetreu verstanden wird.

Der wahhabitische Salafismus ging unerbittlich gegen Sufi-Orden und ihre religiösen Praktiken vor, die er als Scharlata-

24 Siehe Albert Hourani: Arabic Thought in the Liberal Age 1798–1939 (Arabisch von Karim Azqul). Vergleiche auch Ahmad al-Katib: Al-Fikr as-Siyasi al-Wahhabi, Kairo 2008, S. 15-43, sowie Muhammad Amara, a. a. O., S. 253-261.

nerie ansah, und forderte die Rückkehr zur reinen islamischen Lehre. Im schließlich entstehenden Königreich Saudi-Arabien teilten sich die Großfamilien Al Saud und Al ash-Shaikh die öffentliche Sphäre, wobei den Al ash-Shaikh der religiöse Bereich zufiel und den Al Saud der politische. Zugleich nahm der wahhabitische Salafismus politisch die Haltung ein, dass den jeweilig Herrschenden Gehorsam geschuldet sei.

Die Verschmelzung des Wahhabismus mit dem saudischen Herrscherhaus spielte insbesondere während des Ölbooms ab den siebziger Jahren des 20. Jahrhunderts eine besondere Rolle, indem beide Seiten einander benutzten. Die Al Saud setzten die Salafisten zur Durchsetzung ihrer Staatspolitik ein, während die Wahhabiten durch die gegenseitige Verzahnung die öffentliche Sphäre so dominieren konnten, dass ihre religiösen Vorstellungen für die Gesellschaft und für die einzelnen Bürger bindend wurden. Und dies blieb nicht einmal auf die heimische Politik begrenzt, sondern strahlte auch außenpolitisch aus, indem Saudi-Arabien salafistische Ideen in vielen Teilen der Welt verbreitete. Der Ölreichtum half dabei, salafistische Aktivitäten, Schriften und Institutionen in der arabischen und der islamischen Welt, aber auch unter Muslimen im Westen zu finanzieren.

Um die Wende zum 20. Jahrhundert hatte sich aber auch noch eine zuweilen reformistisch oder rational genannte Variante des Salafismus herausgebildet. Auch sie war zwar vom wahhabitischen und historischen Salafismus beeinflusst und forderte die Rückkehr zu den Hauptquellen des Islam: dem Koran und der Sunna, und auch sie lehnte religiöse Neuerungen und sufische Weltabgewandtheit ab. Sie stellte sich jedoch gegen ein reines Nachahmen der Vergangenheit und gegen konfessionellen Fanatismus und wollte den sogenannten *Ijtihad* (weiterführende Interpretation von Texten und Traditionen) zulassen.

Das Auftreten dieser Reformer fiel mit dem Zusammenbruch des Osmanischen Reiches und mit der westlichen Kolonisierung großer Teile der arabischen und der islamischen Welt zusammen. Der einsetzende Kontakt mit dem Westen trug dazu bei, dass die Reformsalafisten rationaler und offener auftraten, als es die Wahhabiten nach innen getan hatten. Für die Reformer waren die Problematik von »Fortschritt und Unterentwicklung« und die religiöse Reform zentral. Daher verbanden sie ihre von moderner westlicher Wissenschaft geprägte Bildung mit wahhabitischen Idealen wie strengem Monotheismus und Ablehnung von religionsfremden Praktiken. Zugleich predigten sie die »Bereinigung« der religiösen Texte von konfessioneller Intoleranz als Antwort darauf, dass die meisten zeitgenössischen islamischen Richtungen die Auffassung vertraten, man müsse sich als Muslim für eine der vier sunnitischen Rechtsschulen entscheiden.

Trotz unterschiedlicher Auffassungen darüber, ob Jamaluddin al-Afghani (1838–1897) und Muhammad Abduh (1849–1905), die bekanntesten Vertreter dieser Richtung, als Reformsalafisten bezeichnet werden können (insofern sie nicht dasselbe religiöse Dogma wie frühere Salafisten vertraten), stand beispielsweise ihr Schüler Rashid Ridha (1865–1935) den traditionellen Salafisten bereits wieder näher und bekannte sich später sogar zum Wahhabismus. Was den damaligen Reformsalafisten jedoch gemein war, war die Suche nach einer Antwort auf die Herausforderung der islamischen Welt durch die westliche Moderne. Man wollte die offensichtliche islamische Rückständigkeit überwinden und im Rahmen einer *Nahda* (»Renaissance«) Fortschritt erreichen, während das Problem einer bedrohten islamischen Identität damals noch nicht im Mittelpunkt der Aufmerksamkeit dieser Autoren stand[25].

---

25 Siehe Mohammad Abu Rumman: Baina hakimiyati llah wa-sultat al-umma: Al-Fikr as-siyasi lish-Shaikh Muhammad Rashid Ridha, Amman 2010, S. 9-13.

Den Reformsalafisten ging es um eine Wiedererstehung der islamischen *Umma* (»Gemeinschaft«), und sie sahen es als unumgänglich an, dass man sich dafür westlicher Industrie und Wissenschaften bedienen müsse. Diese seien dem Islam nicht fremd, so ihre Argumentation, und die *Umma* habe gar keine andere Wahl als sie zu übernehmen, um der europäischen Herausforderung zu begegnen. Man begnügte sich also nicht mehr wie bisher mit der Rückkehr zum reinen Glauben und der Stärkung der inneren Front gegen muslimische Abweichler und Sekten, sondern rief dazu auf, muslimischerseits politische und soziale Agenden in Angriff zu nehmen.

Später kam in den Ländern des Maghreb noch ein sogenannter nationalistischer Salafismus dazu. Dieser äußerte sich in Bewegungen, die antikolonialen Widerstand mit einem religiös begründeten Aufruf zum Dschihad gegen ausländische Besatzung verbanden und die sich nach der Unabhängigkeit ihrer Länder für den Aufbau eines jeweils nationalen islamischen Staates einsetzten. Zu deren bedeutendsten Figuren gehörten Abdulhamid bin Badis (1889–1940) und die »Vereinigung Muslimischer Gelehrter« in Algerien, 'Alal al-Fasi (1910–1974) und Scheich Shu'aib ad-Dukali (1878–1937) und Muhammad bin al-'Arabi in Marokko (1880–1964).

In Marokko spielte Muhammad bin al-'Arabi eine herausragende Rolle in dieser Bewegung. Diese beschränkte sich nicht darauf, gegen die schutzmachtfreundliche Haltung der Sufi-Orden vorzugehen, sondern rief zum direkten Widerstand gegen die französische Politik auf. Bin al-'Arabi schloss sich sogar den Widerstandskämpfern im Rifgebirge an und blieb trotz aller Repression durch die Kolonialmacht bis zuletzt ein Vorkämpfer für die nationale Befreiung[26]. Muhammad bin al-'Arabi war es auch zu verdanken, dass

26 Siehe die Übersetzung auf der Website der Harakat at-Tauhid wal-Islah al-Mahgribiya von 2010 www.alislah.ma.

der Salafismus in Marokko sich von einer traditionellen und wahhabitisch geprägten Strömung, die auch das Königshaus vertrat, in eine national orientierte, kämpferische Richtung wandelte, die die ganze erste Generation der marokkanischen Nationalbewegung prägte. Ihre auf Erneuerung gerichteten Bestrebungen und politischen Ideen bildeten einen arabisch-islamischen Unterbau[27].

Trotz des reformorientierten und national gesinnten Salafismus zu Beginn des 20. Jahrhunderts in Nordafrika verlor diese Strömung in den Folgejahrzehnten wieder an Einfluss, und zwar konkret mit dem Auftreten der Muslimbruderschaft und dem Aufkommen dschihadistischer Gruppen ab der Mitte des 20. Jahrhunderts. Die letzten Jahrzehnte dieses Jahrhunderts erlebten schließlich die Rückkehr des alten wahhabitischen Salafismus – und dies hatte viel mit dem Reichtum zu tun, den Saudi-Arabien durch das Erdöl erwirtschaften konnte.

»Gräberkult« oder »Palästekult«?

Seit den siebziger Jahren erleben salafistische Strömungen unter Muslimen erheblichen Zulauf, und Saudi-Arabien spielte dabei eine zentrale Rolle. Dies hatte zum einen mit der dortigen historischen engen Verbindung zwischen Salafismus und Staatsmacht zu tun, zum anderen erlaubten der Ölboom und der damit einsetzende Reichtum dem Königreich, seine politisch-religiöse Ideologie auch dadurch zu verbreiten, indem es Arbeitskräfte anwarb und mit Stipendien muslimische Studierende ins Land holte, die so ihrerseits entsprechendes Gedankengut kennenlernten und es später in ihren Herkunftsländer weitergaben.

27 Siehe zum sogenannten »aufgeklärten Salafismus« bei Muhammad Amara a. a. O., S. 291-296.

Diese während der siebziger und achtziger Jahre sich verbreitende Spielart des Salafismus legt besonderes Augenmerk auf Dogmatik und Mission, will aber politische Arbeit wie die Gründung von Parteien oder oppositionelle Tätigkeiten vermeiden. Man kann diese Richtung als traditionellen, konservativen oder (in Nordafrika) akademischen Salafismus bezeichnen. Der »Rat der Obersten Gelehrten« in Saudi-Arabien unter Führung von Abdulaziz bin Baz und Mohammad bin 'Uthaimin bildete in den achtziger und neunziger Jahren den geistigen Schirm dieser Ausrichtung. Beide Männer standen für die Bewahrung der engen Beziehung zwischen der Herrscherfamilie Al Saud und der salafistischen Idee, einer Beziehung, die zu einer Art Grundpfeiler des saudischen Staates geworden war. Die beiden Scheichs und ihr Rat der Gelehrten sicherten die religiöse Legitimität der Königsherrschaft ab und entzogen diese gleichzeitig jedem, der versuchen sollte, gegen diese Herrschaft zu opponieren oder den Al Saud die Macht streitig zu machen.

Bin Baz und Ibn Uthaimin widmeten sich bei ihrer salafistischen Mission stets der dogmatischen Komponente. Sie verbreiteten ihre Lehre über Universitäten, schrieben Bücher und verfassten Fatwas. Die meisten ihrer Schriften heben auf die streng monotheistische Glaubenslehre ab, erläutern Hadithe und agitieren gegen andere islamische Gruppen. Zudem verlegten sie ältere salafistische Werke neu, unter anderem die von Ibn Taimiya, Ahmad ibn Hanbal und Muhammad Abdulwahhab.

Der Gelehrtenrat hatte immer »Gehorsam gegenüber dem Herrscher« und gegen ein politisches Auftreten der Salafisten gepredigt; Opposition war für ihn »Verirrung«. Dies hielt jedoch eine noch strengere Strömung nicht davon ab, in den achtziger Jahren, und vor allem zu Beginn der neunziger, noch extremer gegen politische Aktivitäten und Parteiarbeit Stellung zu beziehen. Islamische Parteien wurden beschuldigt, außerhalb der Gemeinschaft zu stehen und einem Irrweg zu folgen, und gerade die Begründer des politischen Islam wie Hassan al-Banna und Sayyid Qutb wurden angegriffen. In Saudi-Arabien stand für diese Kampagne Muhammad bin Aman al-Jami, ein Äthiopier, der in den siebziger Jahren in Saudi-Arabien studiert hatte und dort geblieben war. Er wurde schließlich Dozent in der islamischen Universität von Medina[28]. Al-Jami und seine Anhänger – schon bald als die Jami-Schule bezeichnet – wurden als fanatische Verfechter einer salafistischen Idee bekannt, die sich besonders streng gegen politisch-islamistische Gruppierungen positionierte, indem sie Gehorsam gegenüber den Herrschenden in der arabischen Welt verlangte. Oppositions- und Parteiarbeit taten sie als Verstoß gegen die Religion ab[29].

In seinen Predigten und Vorträgen wandte sich al-Jami gegen alle islamistischen Gruppen einschließlich der Muslimbrüder und politischer Salafisten, die Opposition betrieben, und beharrte darauf, dass allein seine salafistische Ausrichtung richtig verstandener Islam sei[30]. Ein bekannter Schüler von al-Jami war Rabi' bin Hadi al-Madkhali aus dem Süden Saudi-Arabiens, der später an der Islamischen Universität lehrte und sich an der Agitation seines Scheichs gegen andere Islamisten und gegen politische Salafisten beteiligte.

Im Jemen wurde diese Linie von Muqbil bin Hadi al-Wadi'i weitergeführt, der ebenfalls in Saudi-Arabien studiert hatte, aber mit Anschuldigung, er habe 1981 an der Revolte der Juhaiman-Bewegung mitgewirkt, in seine Heimat Jemen ausgewiesen wurde – ein Vorwurf, den al-Wadi'i entschieden bestritt.

In Jordanien stand der erwähnte Nasiruddin al-Albani der Linie von Bin Baz und Ibn Uthaimin am nächsten. Entspre-

---

28 Siehe seine offizielle Website www.eljame.com.

29 Siehe als Beispiel dafür www.eljame.com/mktba/play.php?catsmktba=3.

30 Siehe hierzu www.eljame.com/mktba/play.php?catsmktba=120, sowie seine Fatwa zum Kandidieren für Parlamente: www.eljame.com/mktba/play.php?catsmktba=413.

chend bekannt wurde er mit seinem Satz: »Es ist politisch, unpolitisch zu sein«. Seine Anhänger hingen der Lehre von al-Jami, al-Madkhali und al-Wadi'i sogar noch deutlicher an, womit sie sich der jordanischen Regierung stark annäherten und sich gegen andere Islamisten positionierten. Auch al-Albanis Lehre strahlte in andere arabische Länder aus[31].

In den achtziger Jahren entstanden salafistische Richtungen, die traditionelle salafistische Positionen zur Glaubenslehre übernahmen, aber die Forderung nach völliger politischer Enthaltsamkeit sowie die Ansicht, Parteien seien an sich unislamisch, nicht teilten.

Zu einer der bekanntesten Figuren des modernen Salafismus (der später als »aktionistischer Salafismus« bekannt wurde) stieg der Syrer Muhammad bin Surur bin Nayif bin Zainulabidin auf. Er war Mitglied der syrischen Muslimbrüder und kam Ende der sechziger Jahre, als die Partei in Syrien verfolgt wurde, nach Saudi-Arabien. Er arbeitete dort als Lehrer in al-Buraida und ging in den siebziger Jahren nach Kuwait, bis er sich schließlich in London niederließ. Dort gründete er das »Islamic Forum« und gab die Zeitschrift *as-Sunna* heraus, die zur politischen Leitpostille dieser salafistischen Strömung wurde. Besonders während des irakisch-iranischen Krieges um 1991 erfuhr die Zeitschrift große Bekanntheit, und viele arabische Regierungen verboten den Verkauf und die Weitergabe der Publikation in ihren Ländern.

Neben den Anhängern von al-Jami und al-Madkhali gab es nun also die »Sururisten«[32], die die salafistische Idee mit Politik verbanden und deren Haltung sich bis nach Saudi-Arabien verbreitete, wo auch manch berühmter Gelehrter sich zu ihr bekannte. Diese Gelehrten wurden unter der Be-

31 Siehe zu dieser Strömung Abdulghani Imad, a. a. O., S. 273.

32 Vor diesen warnt Muqbil al-Wad'i in einer Tonaufnahme auf www.muqbel.net/sounds.php?sound_id=6, auf die Ibn Surur wiederum antwortet auf www.sudanforum.net/showthread.php?t=72791.

zeichnung *Mashayikh as-Sahwa* (»Scheichs des [islamischen] Erwachens«) bekannt.

In den siebziger, aber mehr noch in den achtziger Jahren des vergangenen Jahrhunderts, gelangte ein weiterer Scheich zu Berühmtheit: Abdurrahman Abdulkhaliq, ein Ägypter, der in Medina studiert und ab Mitte der sechziger Jahre in Kuwait gelehrt hatte. Zusammen mit anderen Salafisten gründete er dort einen »Verein zur Wiederbelebung des Erbes«, der eine neue salafistische Haltung zu Veränderung, Reform und politischer Arbeit entwickelte[33]. In seinem Buch *»Muslime und politische Arbeit«*, das damals noch im Widerspruch zu den meisten anderen salafistischen Spielarten stand, die sich der politischen Arbeit gänzlich verschlossen, sprach sich der Verfasser gegen eine solche Enthaltsamkeit aus. Er betonte ganz im Gegenteil die Notwendigkeit, sich politisch einzumischen und politische Parteien und Vereinigungen zu gründen. Zudem müsse man sich moderner Mittel zur Veränderung bedienen, denn diese seien *masalih mursala* (»freigegebener Nutzen«), auf den zu verzichten man sich nicht leisten könne. Außerdem solle man, wo sie zur Verfügung stehen, demokratische Freiräume nutzen, auch wenn es »keine Garantie« gebe, dass Wahlergebnisse anerkannt würden. Zumindest solange den Islamisten keine anderen Möglichkeiten offenstünden, sollten sie entsprechend vorgehen[34].

Damit hatte Abdulkhaliq den Salafisten den Weg zur politischen Betätigung geebnet, und diese begannen ab den achtziger Jahren politisch zu arbeiten und verwarfen damit das Gebot des Gehorsams gegenüber dem Herrscher. Aber zugleich wandte sich Abdulkhaliq auch gegen Rebellion und sprach sich gegen die Verwendung von Waffen und Gewalt

33 In einer TV-Sendung spricht Abdurrahman Abdulkhaliq über seinen Werdegang: www.youtube.com/watch?v=15SuN8OB9NI&feature=related.

34 Das Buch ist abrufbar auf www.salafi.net. Ihm entgegnet al-Albani in einer Tonaufnahme auf www.youtube.com/watch?v=BUACBaSQwG0.

aus. Seine salafistische Missionierungsarbeit wollte politisch, aber friedlich sein[35].

Obwohl sowohl Bin Surur als auch Abdulkhaliq an politische Arbeit glaubten, Fatwas zum »Gehorsam gegenüber dem Herrscher« verwarfen und Parteiislamisten nicht zu Ungläubigen erklärten, gilt Bin Surur nach Einschätzung von Beobachtern dennoch als einer, der den Salafismus mit der Qutb-Schule verbinden wollte und die Muslimbrüder relativ stark kritisierte, während Abdulkhaliq den politischen Islamisten allgemein offener gegenübersteht[36]. Der Gegensatz zwischen beiden Männern trat unter anderem im Jemen zu Tage, wo die *Ihsan*-Vereinigung, die von Silrurs Ideen inspiriert war, sich von *al-Hikma al-Yamaniya* abspaltete, weil diese Abdulkhaliq nahestand[37].

Die Bedeutung Abdulkhaliqs liegt darin, dass er einer der ersten Salafisten war, die auch die Teilnahme an Wahlen guthießen. Seine Ideen beeinflussten ab den achtziger Jahren Salafisten in Kuwait, Bahrain und Sudan, als die meisten Salafistengruppen noch politisches Engagement ablehnten. Dass Abdulkhaliq sich schon so früh anders positioniert hatte, erklärt wohl auch den großen Empfang, den ihm die ägyptischen Salafisten 2012 bereiteten, als er seine Heimat nach der dortigen Revolution besuchte[38].

Zu Beginn der neunziger Jahre kam es vor dem Hintergrund des damaligen Krieges um Kuwait erneut zu Diffe-

35 Abdurrahman Abdulkhaliq: As-Siyasa ash-shar'iya fi d-da'wa ila llah. Kuwait, 2006, S. 337-405. (Sammelband mit frühen Texten des Verfassers.)

36 Siehe Mushari adh-Dhayidi: »Muhammad ibn Surur ghadara Suriya ba'da nakbat al-Ikhwan«. In Asharq Alawsat, 28.10.2004, Nr. 9466.

37 Usama Shehada erklärt den Zwist zwischen Abdulkhaliq und Surur damit, dass ersterer von Anfang an Salafist war und Surur zunächst ein Qutb-Anhänger bei den Muslimbrüdern war. Anfang der achtziger Jahre begann ein offener Streit, als Abdulkhaliq in einer Fatwa urteilte, dass parlamentarische Arbeit zulässig sei, während Surur damals noch, anders als heute, Demokratie und Wahlen ablehnte. Quelle: Mein Interview mit Shehada vom 23.5.2012.

38 Ebd., sowie ein Bericht vom Besuch Abdulkhaliqs in Kairo: http://alwatan.kuwait.tt/ArticleDetails.aspx?Id=165110&YearQuarter=20121.

renzen unter den Salafisten. Eine neue Richtung rüttelte vor allem die Szene in Saudi-Arabien auf, indem deren Anhänger die Ansicht vertraten, dass eine Zuhilfenahme westlicher Streitkräfte zur Befreiung Kuwaits von den irakischen Truppen Saddam Husseins unzulässig sei. Dies stand in klarem Gegensatz zur Fatwa des saudischen Gelehrtenrates, der ebendieses Eingreifen gerechtfertigt hatte. An der Spitze der Gegenseite standen Safar al-Hawali, Verfasser eines Buches mit dem Titel *Kissingers Versprechen und die amerikanischen Ziele in der Golfregion*, der sich in vielen Vorträgen gegen die internationale Intervention aussprach, Salman al-Auda, A'idh al-Qarni und Nasser al-Umar. Die Vertreter dieser neuen Richtung nannten sie *Tayyar as-Sahwa*, die »Strömung des Erwachens«[39].

Al-Jami und al-Madkhali stellten sich dieser neuen Strömung erwartungsgemäß entgegen. Sie behaupteten, ihre Anhänger seien den Einflüssen durch Bin Surur und Muhammad Qutb erlegen. Letzter war der Bruder von Sayyid Qutb und hatte sich in den achtziger Jahren in Saudi-Arabien niedergelassen, wo er an der Umm al-Qura-Universität von Mekka unterrichtete. Er war Doktorvater von Safar al-Hawali gewesen, der in seiner Dissertation[40] zu der These gelangte, die Scharia stehe über allen anderen Erwägungen und Glaube heiße auch Handeln – dies war implizit eine Kritik an jenem Salafismus, der eine Herrschaft auch dann akzeptierte, wenn sie nicht an der Scharia ausgerichtet war[41]. Vorher hatte al-Hawali bereits eine Magisterarbeit zum Säkularismus vorgelegt[42] und verwies auch in all seinen Vorträgen immer wieder

39 Mahmud ar-Rifa'i: Al-Mashru' al-islahi fi s-Sa'udiya: Qissat al-Hawali wal-Auda, Washington 1995, S. 11-34.

40 Safar al-Hawali: Zahirat al-irja' fi l-fikr al-islami, Dar al-Kalima 1999.

41 Zu den Attacken der Jami-Schule auf al-Hawali und al-Auda siehe Mahmud ar-Rifa'i a. a. O., S. 52-57.

42 Safar al-Hawali: Al-Almaniya. Nash'atuha wa-tatawwuruha wa-ta'thiruha fi l-hayat al-amma, Makka 1982.

darauf, dass der Scharia in jedem Fall Vorrang vor anderen Optionen gebühre[43].

Der Diskurs dieser damals neuen Strömung verband einen Aufruf zur strengeren Umsetzung der Scharia und zur Verteidigung der Identität des Landes gegen die Liberalen mit einem Aufruf zu politischen Reformen, die mehr Freiheit und politische Beteiligung ermöglichen und die im Land verbreitete Korruption eindämmen sollten. Entsprechende Briefe richteten sich an den saudischen König[44].

Das Echo auf die *Sahwa*-Bewegung, jene Strömung des Erwachens, war groß, denn diese entsprang direkt dem saudischen Salafismus, schlug aber in ihrem Diskurs andere Töne an, sowohl was ihre Haltung zum saudischen Königshaus als auch zur politischen Arbeit und zu ihrem Verhältnis zu anderen islamischen Bewegungen betraf. Immer mehr ähnliche Initiativen, die salafistisch oder in anderer Weise islamistisch geprägt waren und Reformen verlangten, entstanden nun in Saudi-Arabien, nicht wenige ihrer Wortführer mussten aber ins Exil nach London gehen, nachdem sie von den saudischen Behörden unter Druck gesetzt worden waren, unter ihnen Muhammad al-Mis'ari and Sa'd al-Faqih. Unterdessen endete die Bewegung von al-Hawali und al-Auda mit ihrer Verhaftung Ende 1994. Der saudische Gelehrtenrat hatte eine Fatwa gegen sie erlassen und die Behörden damit implizit legitimiert, sie ins Gefängnis zu stecken. Sie kamen zwar Ende 1999 wieder frei, aber ihrer Mission durften sie nicht mehr frei nachgehen[45].

Nach der Entlassung von al-Hawali und al-Auda änderte sich deren geistiger und politischer Diskurs zugunsten einer größeren Staatsnähe, denn in derselben Zeit, und besonders

---

43 www.alhawali.com/index.cfm?method=home.ShowContent&ContentID=611&FullContent=1.

44 Mahmud ar-Rifa'i a. A. a. O., S. 59-86.

45 Zur Haltung des Gelehrtenrates zur Debatte um al-Hawali und al-Auda ebd., S. 161-170.

nach dem 11. September 2001, kam es in Saudi-Arabien zum Aufstieg dschihadistischer Gruppen und von al-Qaida. Al-Hawali und al-Auda kritisierten den Diskurs und die Anschläge der Terrorgruppe um Usama bin Laden und verfassten zusammen mit anderen Autoren eine Botschaft mit dem Titel *Worauf unser Zusammenleben gründet*, die ein Echo auf ein entsprechendes Pamphlet amerikanischer Intellektueller unter der Überschrift *What We're Fighting For* sein sollte[46].

Eine Art Landkarte des aktionistischen Salafismus entsteht, wenn man für folgende arabische Länder die jeweils wichtigste salafistische Vereinigung benennt: Kuwait: *Jam'iyat Ihya' at-Turath*. Bahrain: *Jam'iyat at-Tarbiya* (beziehungsweise der ihr angehörende *Asala*-Block). Jordanien: *Jam'iyat al-Kitab was-Sunna*[47]. Libanon: *Al-Muntada al-Islami al-Lubnani lid-Da'wa wal-Hiwar* unter der Führung von Muhammad al-Khidr[48]. Jemen: *Jam'iyat al-Hikma al-Yamaniya* beziehungsweise *Jam'iyat al-Ihsan*. Algerien: Die Anhänger von Muhammad Ali Belhadj, einer Führungsfigur der FIS (*Front Islamique du Salut*). Saudi-Arabien: *As-Sahwa al-Islamiya* mit Safar al-Hawali, Salman al-Auda, A'idh al-Qarni und anderen.

In den neunziger Jahren kam es ein weiteres Mal zu einer engen Verbindung von salafistischen und dschihadistischen Ideen, deren sichtbarster Ausdruck al-Qaida wurde. Sie entsprang der dschihadistischen Strömung des Salafismus, die salafistische Dogmen mit den Ideen von Sayyid Qutb und dessen Fokus auf die sogenannte *Hakimiya* (»Herrschaftsgewalt Gottes«) und die Wahl des Dschihad als effektiven und

---

46 Zum amerikanischen Aufruf (erschienen in The Washington Post, 12.2.2002) siehe Radhwan as-Sayyid: As-Sira' ala l-Islam. Al-usuliya wal-islah was-siyasat ad-duwaliya. Beirut, 2004, S. 47-73. Zur arabischen Entgegnung und der Debatte dazu siehe Muhammad Sulaiman: Risala min Makka. Hadhihi lughat al-hiwar baina l-umam wash-shu'ub. http://alasr.ws/articles/view/2258/.

47 Offizielle Website http://ktabsona.com/index.php?option=com_frontpage&Itemid=1.

48 Umaima Abdullatif: Al-Islamiyun as-sunna fi Lubnan, S. 13.

legitimen Weg zur Veränderung verbindet. Dieser Strömung zufolge muss an zwei Fronten gekämpft werden: an der inneren Front (gegen den »nahen Feind«, d. h. die arabischen Regime) und an der äußeren (gegen den »fernen Feind«, also die USA, Israel und den Westen). Dem liegt die Logik zugrunde, dass die USA und der Westen die arabischen Regime und Israel unterstützen und dass ein Sieg über den Westen und zugleich die Erlangung von Legitimität auf muslimischer Seite es erfordere, die genannten Mächte anzugreifen[49].

Trotz der hier vorgenommenen Einteilung des modernen Salafismus in vier Zweige (traditionell, Jami-Salafismus, dschihadistisch, aktionistisch) ist es schwierig, alle salafistischen Gruppierungen und Strömungen eindeutig einer dieser Richtungen zuzuordnen. Es gibt fließende Übergänge und Überschneidungen zwischen den verschiedenen Gruppen, und die Szene ist so zersplittert, dass man sich ihr jeweils nur teilweise annähern und sie zuordnen kann. Insbesondere ist dies in Ägypten, Libanon und Kuwait zu beobachten[50].

Fazit

Wenn wir von den Details nun wieder zurückkehren zu den allgemeinen Grundlagen der politischen Diskurse der Salafisten, stellen wir fest, dass wir es bei zwei grundlegenden Aspekten mit ebenso vielen Gemeinsamkeiten wie Unterschieden unter den Salafisten zu tun haben: Zum einen bei der Frage eines salafistischen Staates und wie dieser auszusehen hat, und zum anderen bei der Definition der aktuellen politischen Situation und den Strategien zu ihrer Veränderung

49 Mohammad Abu Rumman: Al-Islah as-siyasi fi l-fikr al-islami. Al-muqarabat, al-quwa, al-aulawiyat, al-istratijiyat, Beirut 2010, S. 255-260.

50 Siehe zu Salafisten in Libanon: Imad Abdulghani a. a. O., S. 309-342. Vgl. auch zu deren komplexer Struktur: http://www.nowlebanon.com/Library/Files/ArabicDocumentation/salafist%20arabic2.pdf.

beziehungsweise Reformierung mit dem Ziel, einen salafistisch-islamischen Staat zu errichten.

Alle Salafisten von rechts bis links sind sich darin einig, dass Religion und Politik miteinander verwoben sind. Sie sind zudem der Ansicht, dass die Anwendung der Scharia und die Errichtung eines islamischen Staates untrennbarer Bestandteil des Glaubens an den einen Gott sind, denn ihm allein komme das Recht zu, Gesetze zu machen. Dies erklärt auch ihre Vorbehalte gegenüber der Demokratie, die sie für *Bid'a*, also eine illegitime Neuerung, und eine »westliche Ware« halten, die mit dem Islam unvereinbar sei, wie die Jami-Anhänger sagen, beziehungsweise die sie nur teilweise oder bedingt akzeptieren, nämlich insofern, wie sie islamischen Vorschriften nicht widerspricht und Gott nicht das Recht auf die Erlassung von Gesetzen abspricht. Letztere Haltung wird von den traditionellen Salafisten vertreten.

Der salafistische Staat muss sich gemäß der allgemeinen Vorstellung an die Regeln des Islam und den Wortlaut der heiligen Texte halten. Was im Detail jedoch beispielsweise die Rechte von Minderheiten oder Frauen oder auch die Menschenrechte allgemein, individuelle Freiheit, Kunst etc. angeht, so bestehen zwischen den verschiedenen salafistischen Diskursen Unterschiede, auch wenn sich alle darin einig sind, dass man diesbezüglich zu den Grundlagen der Scharia zurückkehren müsse, um zu Regeln zu kommen.

Trotz der grundsätzlichen gemeinsamen Haltung zu den Konturen des erstrebten islamischen Staates streiten Salafisten jedoch beträchtlich über die Legitimität bestehender Regierungen. Die Jami-Richtung betont den Grundsatz des Gehorsams gegenüber dem Herrscher und vertritt damit einen »Realismus« bei der Akzeptanz einer bestehenden Herrschaft, solange diese aus »Muslimen« besteht – wobei genau über diese Frage, nämlich wer Muslim sei und wer nicht, gestritten wird. Andere knüpfen die Legitimität einer Herrschaft an Wahlen, *Shura* (»Beratung«) oder einen »Pakt des Herrschers mit der *Umma*«. Sie rufen dabei nicht zum Kampf gegen Regierungen auf, aber sie legitimieren diese auch nicht, nur weil sie »muslimisch« sind.

Die Gehorsamsvertreter messen Dingen wie politischer Freiheit, Menschen- oder Bürgerrechten in ihrem Diskurs keinerlei Bedeutung bei. Im Gegenteil, sie lehnen Opposition grundsätzlich ab und möchten den Herrschenden stattdessen allenfalls »Ratschläge« geben. Sie sind gegen politische Parteien, Wahlen und Parlamente, was sie sämtlich für einen Import aus dem Westen halten. Die Reformisten dagegen glauben, dass die Anwendung der Scharia die Gewährung von Freiheiten, die Achtung von Menschenrechten, ein Recht auf Opposition und Meinungsfreiheit impliziert[51].

Die Einforderung von Gehorsam geht zurück auf eine sunnitische Tradition. Nach den ersten vier Kalifen und nach gescheiterten Aufständen gegen die Dynastien der Umayyaden und der Abbasiden, die in Polarisierung und zahlreichen Krisen mündeten, vertraten viele Rechtsgelehrte aus Angst vor Chaos und Blutvergießen die Position, es sei besser, eine gegebene Herrschaft zu akzeptieren als zu ihrem Sturz aufzurufen.

Später, während des zweiten Abbasidenkalifats, kam noch ein anderer Grund dazu, der die Gelehrten geneigt machte, eine etablierte Herrschaft hinzunehmen, nämlich die sich abzeichnende Schwächung der arabischen Kalifen gegenüber persischen, türkischen und mamelukischen Machtansprüchen, die sich aus der Stärke der Soldaten entsprechender Herkunft ableiteten. Aus Angst, die Araber könnten diesen Machtkampf verlieren, beharrten die Gelehrten auf der »Herrschaft des Stärkeren«, wobei sie dies nun an die Bedingung knüpften, dass der Beherrscher der Gläubigen ein Quraischit sein solle, also seinen Stammbaum auf die während des Propheten herr-

---

51 Vgl. dazu eine Fatwa von al-Jami, in der er Parlamente als gottlos beurteilt, da sie Gesetze machen, was nur Gott zukomme: http://www.alhawali.com/index.cfm?method=home.SubContent&contentID=955

schende Familie in Mekka zurückführen könne. Damit war der Schutz der arabischen Identität des islamischen Staates an die Stelle des absoluten Gehorsams getreten – somit wurde eine »juristische Ersetzung« vorgenommen[52].

Ein Echo der Akzeptanz von autoritärer Herrschaft findet sich besonders bei einem Hauptprotagonisten des Salafismus, Ibn Taimiya. Er vertritt einen politischen Realismus, indem er die Legitimität des Herrschers damit verknüpft, dass er die tatsächliche Gewalt ausübt. Damit geht er über die bis dahin von Rechtsgelehrten angeführten Machtbedingungen hinaus, indem er die Notwendigkeit der Durchsetzungsfähigkeit eines Herrschers und seine »Verlässlichkeit« in den Vordergrund stellt[53].

Die heutigen salafistischen Anhänger von al-Jami und al-Madkhali erweitern jedoch das Prinzip der Unterwerfung unter eine Herrschaft, sofern diese muslimisch ist, indem sie zwischen Auflehnung »mit Wort und Schwert« und »passiver Auflehnung« zwar unterscheiden (also zwischen jenen, die gegen einen Herrscher nur politisch vorgehen, ohne zu Waffen zu greifen, und solchen, die einen tatsächlichen Aufstand betreiben); beides wird jedoch gleichermaßen als Auflehnung und Bedrängung des Herrschers eingestuft, und die Jami-Schule sieht sowohl dieses als auch jenes als unzulässig an.

Die aktionistischen Salafisten und jene unter den Traditionalisten, die nicht zur Jami-Schule gehören, unterstützen zwar auch kein gewaltsames Aufbegehren gegen muslimische Herrscher, erklären Oppositionelle aber auch nicht für Abtrünnige und Kritik an Herrschenden nicht für verboten. Sie vertreten das Prinzip der »Förderung des Guten und Verhinderung des Schlechten« und befürworten politische Enthaltung danach, ob sie Vorteile oder Nachteile für die

52 Siehe dazu Mohammad Abu Rumman: Baina hakimiyat illah, S. 86-147.

53 Siehe hierzu Hassan Konakita: An-Nazariya as-siyasiya inda Ibn Taimiya, Riad 2004, S. 87-92.

Gemeinschaft mit sich bringt, nicht aber weil sie Kritik an Herrschenden für unerlaubt halten.

Mögen die Salafisten auch einig darüber sein, dass es notwendig sei, einen islamischen Staat zu errichten und die Scharia anzuwenden, beschrieben sie jedoch zumindest bis zu den arabischen Revolutionen 2011 die politische Realität unterschiedlich und entwarfen unterschiedliche Strategien für Reform und Veränderung auf dem Weg zum salafistischen Staat.

Der überwiegende Teil der überlieferten islamischen Literatur beharrt darauf, dass ein Aufbegehren gegen muslimische Herrscher unzulässig sei, selbst dann, wenn der Herrscher sündig oder ungerecht sein sollte. Diese Regel führte jedoch zu Streit unter Salafisten darüber, ob dies auch für jene arabischen Regime gelte, die nach der Kolonialzeit an die Macht gekommen sind und ob diese als muslimisch oder als *jahili* (»vorislamisch«) anzusehen seien und ob es dementsprechend geboten sei, diese zu bekämpfen oder sie hinzunehmen.

Aber hierin liegt zugleich eine Ironie, denn man stritt sich auch über den Rückgriff auf die Schriften Ibn Taimiyas als eines der wichtigsten Referenzautoren des Salafismus. Die Jami-Anhänger hielten an dessen Ausführungen fest, man dürfe gegen einen Herrscher nicht aufbegehren, »solange dieser das Gebet verrichtet« (was so verstanden wurde, dass er Muslim ist), und an seiner Regel: »Ein ungerechter Herrscher ist besser als dauerhafter Zwist.« Die Dschihadisten und ein Teil der Aktivisten dagegen bezogen sich auf Fatwas desselben Autors, in denen dieser einerseits festschreibt, die Gesetzgebung müsse dem Glauben an den einen Gott entsprechen, und andererseits die Mongolen zu Ungläubigen erklärt (da diese in ihren Gesetzen angeblich Scharia und mongolische Bräuche vermischt hätten). Diese Vorgabe wurde dann wiederum auf die modernen, menschengemachten Gesetze angewandt[54].

54 Ebd., S. 195-201.

Der japanische Wissenschaftler Hassan Konakita stellt fest, dass Ibn Taimiya die dschihadistischen Salafisten von heute insofern beeinflusst, als beispielsweise militante Gruppen in Ägypten dessen monotheistisches Verständnis zum Kern ihrer Ideologie bei ihrem Kampf gegen den Staat gemacht hätten[55]. Und auch wenn es im Falle Saudi-Arabiens weniger eindeutig zu sein schien, da dort die Scharia ohnehin offiziell Gesetz ist und sich die *Sahwa*-Autoren damit begnügten, eine noch strengere und ausnahmslosere Anwendung der Scharia zu fordern, so war doch deren Haltung zu anderen arabischen Regimen, wo die Scharia nicht galt, eindeutig. In einer Broschüre heißt es diesbezüglich bei dem Autor Muhammad bin Ibrahim Al ash-Shaikh: »Es gehört zu den schlimmsten Auswüchsen des Unglaubens, ein fluchwürdiges [menschengemachtes] Gesetz dem gleichzusetzen, was dem Propheten Muhammad offenbart worden ist, der als Warner in klarem Arabisch aufgetreten ist.«[56]

Die Salafisten vertreten bezüglich der arabischen Staaten, die sich nicht an die Scharia halten, folgende unterschiedliche Positionen:

Die Anhänger von al-Jami und al-Madkhali, aber auch die von al-Albani in Jordanien, erklären Staatschefs nicht zu Ungläubigen. Für sie müsste dafür die Bedingung des *Istihlal* erfüllt sein, also die Feststellung, der betreffende Herrscher beabsichtige die Einführung der Scharia gar nicht, und es müssten die Hinderungsgründe für eine Verketzerung wegfallen, also Unwissenheit, Zwang oder fehlende Macht. Die Vertreter dieser Richtung stellen klar, dass insoweit Gehorsam gegenüber den Regierenden erforderlich sei, solange diese Muslime seien, und sie beschränken sich auf die Ermahnung der Herrscher, das zu ändern, was mit der Scharia unverein-

55 Ebd., S. 195-225.

56 Dazu al-Hawalis Ausführungen: www.alhawali.com/index.cfm?method=home.SubContent&contentID=955.

bar sei. Sie haben aber auch schon manche Staatschefs zu Ungläubigen erklärt, wie den iranischen Revolutionsführer Khomeini und den libyschen Staatschef Gaddafi, von denen sie behaupteten, sie betrieben einen offenen »Ketzerglauben«.

Die zweite Ausrichtung, zum Beispiel aktionistische Salafisten in Kuwait oder in Alexandria, stellen arabische Regenten, die nicht nach der Scharia regieren, zwar außerhalb der muslimischen Gemeinschaft, tun dies aber in allgemeiner Form und ohne Staatenlenker beim Namen zu nennen. Sie bezeichnen eine Herrschaft, aber nicht Personen als unislamisch, aber sie fordern Veränderung und Reform.

Die dritte Gruppe, die der Dschihadisten, sieht die arabischen Regenten als Ungläubige und hält eine Revolte gegen sie für unabdingbar, auch mit Gewalt, da diese Herrschenden eben keine echten Muslime seien. Die Theoretiker dieser Linie sehen dafür als Bedingung allenfalls, dass dieser Aufstand auch Aussicht auf Erfolg habe.

Wie wurden Sie Salafist?

In diesem Kapitel lernen wir junge Salafisten kennen, die sich der traditionellen Schule des Salafismus angeschlossen haben, also die, für die in Jordanien die Schüler des Nasiruddin al-Albani stehen. Diese Richtung hat immer betont, dass ihre Ziele rein akademisch, pädagogisch und missionarisch seien, sie trete für »Reinigung und Erziehung« ein, wolle keine politische Arbeit mittels Parteien oder Organisationen betreiben und setze den Schwerpunkt auf die Korrektur des islamischen Glaubens unter salafistischen Vorzeichen. Die Traditionalisten wollen die Religionslehre umarbeiten, wobei sie besonderes Augenmerk auf die Hadith-Lehre richten, wo sie echte von schwächeren Überlieferungen trennen möchten, wie es der geistige Vater der Schule, Nasiruddin al-Albani, dessen Spezialgebiet dies war, vorgemacht hatte.

In den meisten hier untersuchten Fällen stoßen wir auf eine Gemeinsamkeit bei den Motiven für die jeweilige Hinwendung zum Salafismus, nämlich ein grundsätzliches »Verlangen nach Gelehrsamkeit«. Die salafistischen Richtungen zeichnen sich im Vergleich mit anderen islamistischen Schulen dadurch aus, dass sie sich für Schariawissenschaften interessieren, die Echtheit von Hadithen ergründen wollen und sich möglichst umweglos den alten Rechtstexten zuwenden, um die vollendete islamische Haltung zu allen möglichen Geschehnissen und Themen zu finden, seien diese politischer, sozialer oder persönlicher Art.

Das große Interesse der traditionellen (akademischen) Salafisten an den Schariawissenschaften offenbart sich auch an dem zentralen Rang, den das Attribut »Wissenssuchender« unter den Anhängern hat. Es existieren zwar in dieser Spielart des Salafismus kein institutioneller Rahmen und keine hierarchische Struktur für Mitglieder wie bei islamischen

Parteien, aber in den verschiedenen Rängen, die die Salafisten erwerben, wird faktisch eben doch zwischen unterschiedlichen Niveaus unterschieden. An der Spitze steht ein »Scheich«, dann kommen die »Wissenssuchenden« und schließlich die »Lernenden«. Diese Einteilung ist jedoch unscharf, denn die Begriffe sind nicht eindeutig definiert; wer welche Stufe erreicht hat, ist nirgends festgeschrieben, und es kann wegen der fehlenden Strukturen nicht einmal eindeutig geklärt werden, ob jemand überhaupt zu dieser Strömung gehört oder nicht.

Wir werden aber anhand der schriftlichen Befragung feststellen, dass die sinnvollste Zuordnung der Befragten zu den Traditionalisten die ist, dass sie Nasiruddin al-Albani, der diese salafistische Richtung nach seiner Niederlassung in Jordanien Anfang der achtziger Jahre begründete, als obersten Scheich anerkennen. Sein Name erfährt bis heute große symbolische und moralische Wertschätzung und Verehrung, und seine engsten Schüler wurden später ihrerseits zu Gelehrten des Salafismus in Jordanien. Die bekanntesten unter ihnen sind Ibrahim Shaqra, Ali al-Halabi, Mashhur Hassan, Salim al-Hilali, Murad Shukri und Muhammad Musa Nasr[1].

Nach dem Tod des Gründers al-Albani im Jahre 2000 kam es jedoch zum Streit zwischen dem zunächst erwarteten Nachfolger Ibrahim Shaqra einerseits und Ali al-Halabi, Mashhur Hassan und Salim al-Hilali andererseits. Dieser Streit endete mit dem Ausschluss Shaqras aus der Bewegung, und später wurde auch Murad Shukri verstoßen, bis sich schließlich Salim al-Hilali und Ali al-Halabi zerstritten. Nun kam es zur Verbannung von al-Hilali, und die Scheichs Ali al-Halabi und Mashhur Hassan wurden zusammen mit einigen weiteren Scharia-Gelehrten an jordanischen Universitäten zu religiösen und geistigen Referenzinstanzen der Bewegung. Weitere

1 Zur traditionalistischen (beziehungsweise je nach Autor konservativen oder wissenschaftlichen) Salafiya und ihrer Entstehung in Jordanien siehe Mohammad Abu Rumman und Hassan Abu Haniya a. a. O., S. 230-234.

Männer, die es in der Bewegung zu Bekanntheit brachten, waren Bassim al-Jawabra, Ziad al-'Abadi, Muhammad Musa Nasr und Hussein al-'Awaysha[2].

Trotz der Abneigung der Traditionalisten gegen jeden organisatorischen Rahmen, den sie als unreligiöse *Bid'a* verdammten, gründeten die Hauptscheichs der Strömung, al-Halabi, Mashhur Hassan und anfangs auch al-Hilali, das sogenannte Al-Albani-Studienzentrum, das zu so etwas wie einem Sammelbecken der traditionalistischen Bewegung wurde. Dort gab man eine Zeitschrift namens *al-Asala* heraus und richtete Kurse in Schariawissenschaften aus. Dann gingen die Scheichs noch einen Schritt weiter und gründeten den Fernsehsender *al-Athar*, über den sie ihre Predigten ausstrahlten und ihre Linie erläuterten. Dabei wirkten nun auch andere Vertreter ihrer Strömung aus anderen arabischen Ländern mit.

In den vergangenen Jahren kam es jedoch vermehrt zu internen Erhebungen und Abspaltungen in der Albani-Bewegung. Die Verstoßung von Shaqra, al-Hilali und Shukri, die selbst Schüler von al-Albani waren, wurde bereits erwähnt; nun folgten Auflehnungen von aufsteigenden »Scheichschülern«, die mit öffentlich ausgetragenen Streitereien einhergingen. Betroffen waren Gelehrte wie Omar al-Btush und Omar bin Ibrahim Al Abdurrahman alias Abu Talha (zwei ehemalige Schüler von Ali al-Halabi). Weitere Unruhen und Abspaltungen kündigten sich bereits an.

Allerdings kam es zu Meinungsverschiedenheiten zwischen den jordanischen Scheichs, insbesondere zwischen Ali al-Halabi, der als die eigentliche treibende Kraft der Bewegung gilt, und saudischen Gleichgesinnten, wobei auf der Gegenseite Rabi' bin Hadi al-Madkhali zu nennen ist, der zusammen mit den Albani-Schülern als Persönlichkeit gilt, die die salafistische Linie von al-Jami fortsetzt, also jener Schule, die Parteiarbeit meidet, den politischen Islam insgesamt verteufelt und seine

2 Ebd., S. 240-243.

Akteure sogar aus der Gemeinschaft ausschließen will. Für sie gilt Gehorsam gegenüber dem Herrscher und ein Verbot jeder oppositionellen Betätigung; den Herrschenden soll allenfalls »geheimer Rat« erteilt werden. Entsprechend ungnädig gehen sie auch mit allen Salafisten um, die es anders halten, seien es Dschihadisten (die sich zuweilen selbst Kharidschiten und Takfiristen nennen) oder auch nur Aktionisten und Reformisten wie Muhammad Surur, Abdurrahman Abdulkhaliq, Salman al-Auda, Safar al-Hawali oder andere.

Ein weiteres neues Phänomen besteht darin, dass die jüngeren Führungspersonen dieser Salafiyaströmung in Jordanien an Universitäten islamische Scharia studiert haben oder einen solchen Abschluss anstreben. Dies ist insofern überraschend, als die früheren Scheichs sich über Universitätsprofessoren nur lustig gemacht und auf entsprechende Diplome herabgeblickt hatten. Den Jungen dagegen ist an einem akademischen Abschluss gelegen, und wenn man sich die neue Generation führender Salafisten ansieht, stellt man schnell fest, dass viele von ihnen tatsächlich regulär studiert haben, darunter Hamza al-Majali, Muhammad ar-Rimhi, Mu'adh al-Awayisha, Ahmad Abu Saif und Mahmud Mahadin.

Die neuen Akademiker unter den Salafisten der traditionellen Schule haben Voraussetzungen für eine Art sanfter Rebellion gegen die Führungsscheichs geschaffen. Sie wollen zurück zu den Prinzipien ihrer Mission, die auch hohen Religionsgelehrten keine autoritäre Aura zugestehen will – dies war einer der Gründe, die dazu geführt haben, dass Salafisten ein starres Festhalten an einer der vier sunnitischen Rechtsschulen ablehnen. Zugleich sehen die jüngeren Führungsfiguren mit Unwillen, dass viele Anhänger bestimmten Scheichs eine übertriebene Verehrung zuteil werden lassen und sich ihnen blind verschreiben.

Der beschriebene Widerstreit zwischen jungen und alten Traditionalisten erscheint auf den ersten Blick nachvollziehbar. Was die jungen Akademiker aber gerne verschweigen (viele Szenekundige aber bestätigen), ist die Tatsache, dass solche Konflikte und Ausschlussverfahren zwar oft religiös begründet zu sein scheinen, in Wahrheit aber nicht selten einen persönlichen Hintergrund haben. Dahinter mögen Auseinandersetzungen um Finanzen stehen oder auch um unterstellte Fehler in Publikationen von Kollegen – in einer religiös geprägten Gemeinschaft, die sich auf Moral und Werte beruft und Missionierung betreibt, ist dies nach innen wie nach außen sicherlich ein Vorwurf von erheblicher Tragweite.

Insider verweisen hier gerne auf ein Thema, für das höchste Geheimhaltung gilt: die Finanzquellen der Bewegung aus dem In- und Ausland. In der Tat stellt sich die Frage nach dem Verhältnis zwischen den Scheichs der Bewegung und dem jordanischen Staat einerseits sowie ihrer Beziehung zu den offiziellen religiösen Institutionen in Saudi-Arabien andererseits. Doch dieses Thema soll hier nicht vertieft werden, weil unser Hauptaugenmerk nicht ihm gilt. Es wäre auch gar nicht möglich, die Finanzierungsfrage zu vertiefen, weil niemand offen darüber sprechen oder Beweise vorlegen will. An dieser Stelle sei nur angemerkt, dass die Finanzangelegenheiten der Salafisten eine Art schwarzes Loch für die Glaubwürdigkeit ihrer Führung und das Verhältnis ihrer Anhänger untereinander darstellen.

Wenn wir ein etwas genaueres Resümee über die Führungsriege der Salafiyatraditionalisten ziehen, bietet sich folgendes Bild: Da ist zum einen der oberste Scheich Muhammad Nassiruddin al-Albani (1914–2000), der in den achtziger Jahren nach Jordanien kam. Er konnte eine Anhängerschaft um sich scharen, aus der sich ab den neunziger Jahren eine zusätzliche Führungsriege bildete. An ihrer Spitze standen Muhammad Ibrahim Shaqra, Ali al-Halabi, Mashhur Hassan, Salim al-Hilali, Murad Shukri, Hussein al-Awayisha und Muhammad Musa Nasr. Nach al-Albanis Tod verließen jedoch Shaqra, al-Hilali und Shukri (Letzterer schon vorher) die Bewegung, so dass die neue Führung nun aus al-Halabi, Hassan, Ziad al-Abadi und Bassim Jawabra bestand. Al-Awayisha erlangte hohes Ansehen in salafistischen Kreisen, hielt sich aber offensichtlich aus den beschriebenen Meinungsverschiedenheiten und Problemen heraus.

Neben den erwähnten Führungspersonen haben noch weitere Männer Rang und Namen in der Szene der Traditionalisten. Sie schlichten Streitigkeiten und stellen so etwas wie graue Eminenzen dar, die in den Medien weniger sichtbar sind. Diesen Personen liegt nichts an Medienpräsenz, und zudem haben sie weit weniger publiziert als es für Aufsteiger unter den Salafisten sonst üblich ist. Zu ihnen gehören Leute wie Salih Taha (»Abu Islam« genannt), Ra'fat Lutfi (Angestellter in der jordanischen Elektrizitätsbehörde), Abdullah al-Musli (Imam und Prediger in einer Moschee im Gardens-Bezirk in Amman) und Ghalib as-Saqi[3].

Die Führungsriege besteht seit Beginn des neuen Jahrtausends aus einer neuen, akademischen Generation von Salafisten. Hier finden wir Namen wie Hamza al-Majali, Mu'adh al-Awayisha, Muhammad ar-Rimhi, Mahmud Mayadin und Ahmad Abu Saif. Andere junge Aufsteiger wurden von den alteingesessenen Scheichs jedoch hinausgedrängt, wie Omar al-Btush und Abu Talha as-Salafi (beides Imame in staatlichen Moscheen Jordaniens, die Probleme und Streit mit dem Religionsministerium bekamen) sowie Ahmad Qutaishat, der Prediger der Moschee des Kulturzentrums in der Stadt Salt.

Genaue Zahlen zur Größe der hier zur Debatte stehenden Strömung oder zur Zahl ihrer Anhänger sind nicht verfügbar, weil es keinen organisatorischen oder institutionellen Rahmen gibt. Wir haben es hier mit einer Bewegung mit äußerst unscharfen Rändern und Grenzen zu tun. Die Binnenbeziehungen sind lediglich über die Hierarchie »Scheich – Wissenssuchender – Lernender« geregelt. Das Verhältnis der

---

3 Angaben eines Traditionalisten, der anonym bleiben wollte, mir gegenüber am 23.12.2013 in Amman.

Anhänger untereinander ist »moralisch« geprägt, aber nicht durch Verpflichtungen. Das heißt aber wiederum nicht, dass diese moralische Autorität bei wichtigen Themen nicht äußerst wirksam sein kann, denn die Führungsriege hat die Macht, den geistigen Diskurs der Bewegung zu formen beziehungsweise umzuformen, sie kann je nach aktuellen Entwicklungen und Ereignissen Prioritäten setzen und Standpunkte vorgeben, und sie kann bestimmte Personen in Führungspositionen heben und andere ausschließen, wie an den obigen Beispielen erläutert wurde.

Der Salafismus ist heute in vielen Gegenden Jordaniens verbreitet, jedoch am stärksten in der Hauptstadt Amman, und hier insbesondere in den östlich gelegenen ärmeren Stadtteilen, wo viele jordanische Palästinenser leben (Jabal an-Nasr, Hay Nazal, al-Qweisme), ferner in der Stadt Ruseifa in der Provinz Zarqa, etwas weniger in den nördlichen Provinzen (wie in der Stadt Irbid) und noch weniger in Salt und in den südlichen Landesteilen.

Manche Salafisten verweisen auch auf eine neue Entwicklung in der Führungsebene: Während früher fast alle Wortführer der Bewegung palästinensischer Herkunft waren, fällt seit einigen Jahren auf, dass immer mehr »ursprüngliche« Jordanier aus dem Osten des Landes in höhere Positionen aufrücken, wie Mu'adh al-Awayisha, Mahmud Mahadin, Bassim al-Jawabra, Ziad al-Abadi, Omar al-Btush und Hamza al-Majali.

Im Folgenden wollen wir uns beispielhaft einigen dieser Personen nähern und untersuchen dafür vier Fallgruppen: Zunächst betrachten wir eine *Gruppe von Salafisten aus dem Tafayila-Bezirk* in Amman, die Schüler von Ali al-Halabi und Mashhur Hassan waren und überwiegend in den vierziger Jahren geboren wurden. Danach widmen wir uns der *neuen akademischen Generation* anhand des Beispiels Mu'adh al-Awayisha. Dann greifen wir die Entwicklung der *beiden jungen Salafisten Muntasir (»Abu Hud as-Salafi«) und Fathi al-Ali al-Athari* auf und berichten schließlich über *Omar al-Btush*, einen Rebellen gegen die alteingesessenen Scheichs.

Die Salafisten von Tafayila: Den Scheichs in Treue ergeben

In der Wohnung eines Anhängers der salafistischen Missionsbewegung in Tafayila, jenem Stadtbezirk von Amman, der in den vergangen Jahren immer wieder durch Proteste der Bevölkerung und Forderungen nach politischer Reform von sich reden machte, konnten wir neun Salafisten aus dem Stadtteil befragen und ihren Weg zum Salafismus nachzeichnen. Die Fragen kreisten im Wesentlichen darum, weshalb sie sich für diesen Weg entschieden haben, wie dies geschah und wie sie ihre geistige und religiöse Haltung beschreiben würden[4].

Unsere Eingangsfrage, wie stark der Salafismus in Tafayila vertreten sei, wurde dahingehend beantwortet, dass dies schwierig anzugeben sei. Es gebe Leute, die sich an allen Aktivitäten der Gruppe beteiligen, andere übernähmen zwar salafistische Ideen, seien jedoch nicht aktiv in der Bewegung tätig, und wieder andere kämen nur jeweils mit speziellen Anliegen zu den Scheichs der Salafiya, um Fatwas zu erhalten. Es gebe aber keine Organisation oder Verwaltung, die festlegt, wer zur Bewegung gehöre und wer nicht. Die aktive Gruppe, die sich dem Salafismus gänzlich verschrieben hat, an allen Lesungen und Kursen teilnimmt und bei sozialen und missionarischen Veranstaltungen mitwirkt, bestehe aus bis zu zwanzig Personen, die alle aus Tafayila oder umliegenden Stadtbezirken kämen. Wie aus dem Namen des Stadtteils bereits hervorgeht, stammen sie alle ursprünglich aus der jordanischen Provinz Tafila.

---

4 Interview vom 30.11.2013 in Amman.

Das klingt nach einer bescheidenen Zahl, zumal wenn man sich vor Augen hält, dass in Tafayila mehrere zehntausend Menschen leben, aber die Größe einer Bewegung muss auch an ihrer missionarischen und geistigen Ausstrahlung gemessen werden. Hier glauben die Befragten, in den letzten Jahren viel erreicht zu haben. Anfangs sei es noch schwer gewesen, ihre strenge Religiosität und ihr kompromissloses Festhalten an islamischen Vorschriften durchzuhalten, besonders wenn dies mit sonstigen Gewohnheiten im sozialen Umfeld kollidierte. Aber mit der Zeit sei die gesellschaftliche Akzeptanz ihres Verhaltens gewachsen und die Leute hätten heute mehr Vertrauen in die salafistische Mission, so die Befragten.

Die Gruppe war leicht als salafistisch-traditionalistisch einzuordnen. Ihre Anhänger besuchten Kurse der beiden Scheichs Ali al-Halbi und Mashhur Hassan, vertraten dieselben missionarischen und geistigen Grundlagen wie die Gründerväter des Salafismus, befassten sich mit Schariawissenschaften, lehnten jede organisatorische oder parteiliche Struktur ab und wollten ein »falsches Verständnis« der Religion in der Gesellschaft korrigieren. Auf die Frage nach anderen islamistischen Gruppen im Bezirk sprachen die Interviewten von einer deutlich wahrnehmbaren Aktivität der Muslimbrüder, die überall versuchten, Unterstützer für ihre oppositionelle Haltung zur Regierung zu finden. Zudem sei der Einfluss dschihadistischer Salafisten auf junge Bewohner des Viertels zu bemerken; diese seien jedoch nicht wirklich aktiv. Dschihadistische Salafisten würden ihnen jedoch Onlinedebatten zu politischer Arbeit und Opposition beziehungsweise über den Kampf gegen die Regierung liefern. Genau hier aber verläuft ja die Trennlinie zwischen den beiden salafistischen Strömungen.

Einerseits hängen die Salafisten des Viertels also der Traditionsströmung des Salafismus an. Sie treffen sich regelmäßig mit den einschlägigen Scheichs und besuchen Predigten des gerade bekannter werdenden Ahmad Abu Saif, wenn dieser zuweilen in einer Moschee in Jabal at-Taj unweit von Tafayila spricht. Andererseits aber geben sie an, dass sie sich um Konflikte, die in ihrer Bewegung seit dem Tod al-Albanis aufgetreten sind, »nicht kümmern«. Sie begnügen sich mit den Vorträgen von Masshur Hassan und Ali al-Halabi und vermeiden es angeblich strikt, strittige Themen anzusprechen, von denen sie meinen, sie gingen sie nichts an.

Das bringt uns zurück zu der Frage: Wie kamen diese Menschen zum Salafismus?

Hier ließ sich deutlich der Einfluss eines Mannes aus der Gruppe erkennen: Zaid Awwad (»Abu Usama«), Mitte vierzig (wie die meisten anderen Gruppenmitglieder auch), Angestellter im öffentlichen Dienst, Mitbegründer der Gruppe und offensichtlich eine Schlüsselfigur bei der Verbreitung salafistischer Ideen in Tafayila. Aus diesem Viertel kamen alle Gruppenmitglieder, seien sie alteingesessen oder zugezogen, und in ihrer sozialen Stellung waren sie sich ebenfalls ähnlich; sie gehörten zur unteren Mittelschicht und entstammten konservativen Familien aus Tafila. Ihre persönlichen Erfahrungen und Lebenswege waren jedoch unterschiedlich.

Einige hatten früher den Muslimbrüdern nahegestanden oder sich an deren Aktionen beteiligt, andere neigten der sogenannten *Tabligh* (»Verkündigungs«)-Gruppe zu, und wieder andere waren früher gar nicht religiös gewesen. Alle aber gaben an, dass sie sich zuvorderst deshalb von der salafistischen Idee hätten begeistern und überzeugen lassen, weil die Salafisten so sehr auf die Scharia rekurrieren und das Religiöse in den Mittelpunkt stellen. Die salafistische Botschaft sei leicht zu verstehen, zumal sie sich immer auf den »Schariabeweis« berufe, also alles aus dem Koran und der *Sunna* des Propheten herleite. Zudem sei die Frömmigkeit der Salafisten echt und werde auf korrekte Art und Weise gepflegt, indem man möglichst ergründe, wie echt ein prophetischer Hadith jeweils sei. Außerdem halte sich der Salafismus von Parteistreitigkeiten fern und vermenge Religion nicht mit Politik oder persönlichen politischen Ansichten – ganz anders als bei den islamistischen Parteien, die jedoch kein wirkliches Interesse an schariabezogenen Anliegen hätten und sich in ihren Ideen und ihrem Handeln auch nicht auf die islamische Rechtslehre bezögen. Sie vermengten politischen Fanatismus mit Religion, und oft stellten sie Parteiinteressen über religiöse und theologische Erwägungen.

Einer aus der Gruppe gab an, bei verschiedenen Aktionen für die Muslimbrüder tätig gewesen zu sein. Er habe aber festgestellt, dass diese kaum Interesse für Schariawissenschaften und -Urteile gezeigt und nicht an Gemeinschaftsgebeten in der Moschee teilgenommen hätten. Er habe dies als »Nachlässigkeit« empfunden und deshalb an der Ernsthaftigkeit ihrer Frömmigkeit Zweifel bekommen. Parteiangelegenheiten seien für die Muslimbrüder wichtiger gewesen als religiöse Aspekte. Ganz anders dagegen die Salafisten: Sie richteten sich nach den Schariagesetzen, seien streng religiös und hielten sich aus Politik- und Parteiangelegenheiten heraus.

Ähnliches führte ein Mann an, der sich in den achtziger Jahren mit der *Tabligh*-Gemeinschaft eingelassen hatte. Er hatte die Gruppe in verschiedenen Regionen Jordaniens in Moscheen begleitet, habe dabei aber feststellen müssen, dass die *Tablighis* sich nicht für die Frage der Echtheit von Hadithen interessierten und von Schariawissenschaft nichts verstünden. Sie hätten den Islam darauf verkürzt, »von Gott zu künden«. Er habe daraufhin anderswo ein anderes Religionsverständnis gesucht, es bei den Muslimbrüdern aber auch nicht gefunden, bis er schließlich bei den Salafisten landete.

Der erste konkrete Kontakt zu diesen erfolgte über Scheich Zaid Awwad, der seinerseits durch Ra'fat Lutfi zum Salafismus gekommen war. Awwad, ein Angestellter in der jordanischen Elektrizitätsbehörde, wurde über die Jahre zu einem bekannten Protagonisten der traditionalistischen Salafiya, und er war es, der den Kern der Salafistengruppe in Tafayila aufbaute. Diese wuchs nach und nach, wobei ihr

Zusammenhalt auch dadurch gestärkt wurde, dass viele von ihnen miteinander verwandt beziehungsweise Nachbarn waren. Sie trugen die Botschaft der salafistischen Mission weiter, nahmen regelmäßig an Seminaren und Kursen von Mashhur Hassan und Ali al-Halabi teil und hörten sich Predigten von Ahmad Abu Saif an, wenn dieser in Moscheen im Umkreis des Viertels auftrat.

Der Bildungsstand der meisten befragten Anhänger lag zwischen Abitur und Diplom, und manche studierten noch Scharia an Privatuniversitäten. Alle legten jedoch Wert darauf, sich in Schariawissenschaften fortzubilden, indem sie Vorträge von Salafiyascheichs besuchten oder aber salafistisches Fernsehen sahen, insbesondere die Sender *al-Athar*, der für die jordanischen Traditionalisten steht, sowie *al-Basira* und *ar-Rahma*. Manche gaben auch an, dass sie gerne Spartensender wie Discovery-TV sähen.

Die Salafisten von Tafayila haben also eine ganz andere Haltung als die politischen Islamisten, die Reformen und Veränderungen einfordern, demonstrieren und protestieren, möglichst radikale Parolen verbreiten und häufig verhaftet werden. Aber trotz dieser Unterschiede stellen sich die Salafisten auch nicht offen gegen die Islamisten. Sie begnügen sich damit zu sagen, was sie über sie denken und halten sich ansonsten an die Sichtweise der Traditionalisten, die grundsätzlich nicht demonstrieren gehen und keine Opposition betreiben. Auch wenn Opposition heute noch nicht bedeute, so einer der Befragten, dass man Waffen gegen die Regierung in die Hand nimmt, werde es doch morgen eben dazu führen.

Die Salafisten halten also Proteste und Demonstrationen für falsch[5]. Zaid Adwan sagte dazu: »Vielleicht sind wir zuweilen der gleichen Meinung wie die Protestbewegung,

---

5 Siehe dazu Mohammad Abu Rumman: Salafiyu l-Urdun wa-thaurat ar-rabi' al-arabi. Vortrag in Markaz al-Jazira lid-dirasat, abrufbar unter: http://studies.aljazeera.net/ResourceGallery/media/Documents/20122/22/7/.012722105741145580Jordanian%20Salafia.pdf.

und womöglich hätten wir auch Lust, gerade angesichts der schwierigen Wirtschaftslage bei ihren Protesten mitzumachen. Aber wir halten uns an die Vorschriften der Scharia, und diese untersagen Auflehnung.« Und ein anderer kommentierte: »Die meisten Demonstrationen haben diesseitige Anliegen und sind nicht wirklich religiös motiviert. Viele der jungen Protestierenden sind keine strengen Muslime. Warum sollten wir uns an so etwas beteiligen?«

Meine salafistischen Interviewpartner zitierten außerdem Prophetenhadithe, die zum Gehorsam mahnen und vor Auflehnung warnen, da dies zu *Fitna* (»Anfechtung, Zwist«), Blutvergießen und Chaos führen könne. »Diese Hadithe sind doch eindeutig als Verbot von Protest zu sehen«, meinten sie.

Auch die Entscheidung der ägyptischen Salafisten, sich mit einer Partei am politischen Leben in Ägypten zu beteiligen und bei Wahlen zu kandidieren, lehnten meine Gesprächspartner ab. Sie bezogen sich dabei auf Äußerungen von Scheichs wie Ali al-Halabi und Mashhur Hassan. Letzterer soll gesagt haben, als die ägyptischen Salafisten ihren Schritt in die Politik vollzogen: »Sie werden damit scheitern.« Und einer meiner Befragten fügte noch hinzu: »Und die Entwicklungen [in Ägypten] haben ihm Recht gegeben.«

Mu'adh al-Awayisha: Die neue akademische Generation

Eine weitere Begegnung brachte mich mit Dr. Mu'adh al-Awayisha und weiteren Salafisten zusammen, die höhere Studien absolvieren und dabei einen Doktortitel in Schariawissenschaften anstreben. Wir trafen uns in der Wohnung al-Awayishas, die an eine Moschee, die *Masjid al-Hijra* im an-Nasr-Viertel in Amman, angegliedert ist[6]. Hier war eine

6 Interview vom 3.12.2013.

neue Generation von Salafisten versammelt: Akademiker mit neuen Ideen und einem kritischen Blick auf ihre Strömung in Jordanien – anders als die Gruppe in Tafayila, die die Ansichten und Gedanken der traditionellen Scheichs vollumfänglich vertrat.

Al-Awayisha wurde 1975 geboren und hat seit kurzem einen Doktortitel in Schariawissenschaften von der al-Yarmuk-Universität. Zuvor hatte er einen Magister an der Jordan University gemacht; seine Bachelor-Prüfung hat er an der »Fakultät für Mission und religiöse Grundlagen« (heute Teil der al-Balqa-Universität) abgelegt. Er ist seit langem Imam und Prediger der Moschee, neben der er wohnt. Al-Awayisha wurde in Saudi-Arabien geboren, hat seine Kindheit dort verbracht und ist auch dort zur Schule gegangen. Sein Vater war Arabischlehrer und hatte ebenfalls salafistische Neigungen. Während des zweiten Golfkrieges 1991 kam al-Awayisha, damals in der neunten Klasse, mit seiner Familie nach Jordanien und lebt seitdem in Jabal an-Nasr. Seine letzten Schuljahre hat er in Jordanien absolviert.

In seiner ersten Zeit in Jordanien nahm er wahr, wie viele verschiedene islamische Bewegungen es in den Moscheen gab, aber auch an seiner Schule, einer staatlichen Schule in Jabal an-Nasr. Der palästinensische Aufstand in den von Israel besetzten Gebieten warf damals noch seine Schatten auf Jordanien, einzelne Anhänger der Muslimbrüder verübten in der Westbank Anschläge, und die Predigten von Imamen, die den Muslimbrüdern nahestanden, verzeichneten großen Zulauf.

Angesichts dieser verwirrenden Vielfalt von Bewegungen war der Einfluss seines Onkels Husni al-Awayisha wichtig – ein bedeutender Scheich der Salafisten in Jordanien mit einem großen Netzwerk, der auch Kontakte zum Großscheich der Salafisten, Nasiruddin al-Albani, besaß. Letzterer hatte ebenfalls in Jabal an-Nasr gelebt.

In diesem Umfeld traf Mu‘adh schon früh sowohl privat als auch bei öffentlichen Lesungen, mit den führenden Scheichs der Salafiya zusammen. Er stieß zur Gruppe um al-Albani, lernte bei al-Halabi und Mashhur Hassan und besuchte regelmäßig auch die Kurse seines Onkels. So bewegte er sich schon in jungen Jahren in führenden salafistischen Kreisen. Er lernte die Grundlagen der islamischen Scharia und schrieb sich nach dem Abitur für ein entsprechendes Studium ein, wodurch er weitere salafistisch eingestellte Studenten kennenlernte.

In derselben Zeit, in den Neunzigern, traten Meinungsunterschiede unter Salafisten (Traditionalisten, »Sururisten« und Aktionisten) zutage. Auch zwischen Ali al-Halabi und der Kommission für Schariaforschung im Gelehrtenrat Saudi-Arabiens kam es zu Streit und scharf geführten Debatten.

Mu'adh war zu Beginn der Neunziger vom Diskurs der saudischen Salafisten um Safar al-Hawali, Salman al-Auda und Nasser al-Omar beeinflusst. Seinen Angaben zufolge interessierte ihn besonders deren Missionsgedanke, den er über Tonkassetten, wie sie damals in Jordanien unter Salafisten kursierten, mitbekam. Diese übten einen starken Einfluss auf viele Islamisten aus. Aber die genannten Prediger bekamen schon bald Probleme mit der saudischen Staatsmacht, und auch die Traditionalisten in Jordanien begannen, sie zu kritisieren, denn sie wurden immer politischer, indem sie den sogenannten *Fiqh al-Waqi'* betrieben, eine »aktualitätsbezogene Rechtslehre«, die auf die aktuelle politische Lage Bezug nahm. Sie kamen dafür ins Gefängnis, und der Gelehrtenrat, konkret Abdulaziz bin Baz und Ibn Utahimin, urteilten in einer Fatwa, dass ihre Lehren fortan nicht mehr gehört werden dürften. Dieselbe negative Haltung zum Diskurs der genannten Prediger übernahmen auch die Traditionssalafisten in Jordanien.

Mu'adh blieb immer Traditionalist, und als »Wissenssuchender« nahm er selbst immer mehr Einfluss auf diese Schule des Salafismus. Auch nach seinem Studium blieb er ihr treu, entwickelte aber ihren geistigen Horizont auch kritisch weiter. Nach dem Tod al-Albanis verfestigte sich diese Tendenz, während es zu Spannungen zwischen den Scheichs der traditionalistischen Strömung kam und die politischen Ereignisse sich überschlugen.

Mu'adh und seine Schüler sprechen selber nicht offen von »Kritik«, aber den Worten des Gelehrten ist zu entnehmen, dass seine neue Linie vor allem den Personenkult um bekannte Scheichs auf Kosten von Methode und Ideen ablehnt. Für al-Awayisha steht in allen Dingen der »Schariabeweis« im Vordergrund, und er verwirft jede fanatische Zuordnung zu einer der vier Rechtsschulen der Sunna, zu einem bestimmten Scheich oder zu einer Partei. Vor allem unter Salafisten kam es immer wieder zu Personenkult durch die große Verehrung, die sie ihren Gelehrten zuteilwerden ließen.

Kritik äußern Mu'adh und seine Schüler auch daran, dass dem Bildungsaspekt in der Strömung der Traditionalisten zu wenig Aufmerksamkeit zukommt. Der Gründer al-Albani hatte zwei Dinge zur Grundlage der erstrebten Veränderung erklärt: *Tasfiya* (die »Bereinigung« der Schariawissenschaften von falschen Vorstellungen und Informationen) und *Tarbiya*, (»Bildung, Erziehung«). Den ersten Aspekt hatten viele Salafisten aufgegriffen, den zweiten jedoch hatten sie vernachlässigt, und dies wollte al-Awayisha korrigieren. Er überschritt insbesondere damit eine der »roten Linien« der alten Scheichs, indem er die nachdrückliche Ablehnung jedes kollektiven und institutionellen Handelns infrage stellte. Er sah darin einen Grund dafür, dass die Bewegung schwach, zerstreut und trotz ihrer Größe ohne Einfluss auf das öffentliche Leben blieb. Wäre sie besser und effektiver organisiert, al-Awayisha, so könnte sie viel mehr bewirken.

Aus dieser Haltung heraus gründete al-Awayisha *Manar al-Huda* (»Leuchtturm der Rechtleitung«), einen Verein, der sich der Wohlfahrts- und Sozialarbeit sowie der Missionierung verschrieben hatte. Dies war indirekt ein Affront gegen die führenden Scheichs der Bewegung wie Ali al-Halabi und

Mashhur Hassan, die jede Organisierung ablehnten. Und auch wenn es auch zu keinem offenen Streit zwischen der neuen Generation und den Scheichs kam, so war den Salafisten im Allgemeinen doch bewusst, dass es diese Unterschiede gab. Überdies waren die Alten selbst untereinander zerstritten und bekriegten sich mit dem erwähnten Rabi' bin Hadi al-Madkhali, sodass sie einem zusätzlichen Konflikt mit den Jüngeren lieber aus dem Weg gingen. Man sprach also fürs erste nicht darüber, und jede Seite arbeitete auf ihre Weise ohne Konfrontation mit der jeweils anderen Gruppe.

Mu'adh sagt offen, dass er nichts gegen politische Parteiarbeit habe, wenn dies von allgemeinem Nutzen sei und dem islamischen Projekt zugute komme. Er hat seine Haltung zur Demokratie damit weitgehend jener der ägyptischen Salafisten angenähert, die zwischen Demokratie als Mechanismus (Wahlen und Machtwechsel) und als westliches Wertesystem unterscheiden. Gegen Letzteres hat al-Awayish Vorbehalte. Er setzt als seine Priorität für die kommenden Jahre, dass er dazu beitragen möchte, möglichst viele akademisch gebildete Salafisten mit höheren Abschlüssen zu versammeln, um der Bewegung mehr Präsenz und Aktivität im öffentlichen Raum und in der Gesellschaft zu verschaffen. Noch ist nicht abzuschätzen, ob er und seine Anhänger dieser Vision nähergekommen sind, ob dies eine Konfrontation mit den alten Scheichs bedeuten wird oder ob dadurch eine neue Generation von Salafisten die Führung übernehmen und die Bewegung in eine neue Richtung führen wird.

Fathi al-Ali: Neue Rollenmodelle für die Jungen

Im ersten Beispiel soll es um Fathi al-Ali gehen. Er ist Jahrgang 1978, wohnt in Zarqa, ist unverheiratet und stammt aus einer konservativen Familie der Mittelschicht. Sein Vater ist Ingenieur, seine Mutter ist an Kultur und Literatur interessiert. Seine Brüder haben einen mittleren Bildungsstand, während er selbst ein Diplom in Schariawissenschaften erworben hat[7].

Fathi kam schon früh, mit etwa 14 Jahren, zum Salafismus. Vorher hatte er den *Tablighis* nahegestanden, bis er eines Tages an einer Debatte zwischen einem Salafisten und einem *Takfiri* (also einem Dschihadisten) teilnahm. Ihm gefiel, wie der Salafist mit Schariaargumenten konterte und alles »wissenschaftlich belegen« konnte. Er erfuhr, dass dieser Diskutant ein Schüler von Ali al-Halabi war, der in der Al-Bukhari-Moschee (später in der Omar-Moschee) in Zarqa Schariawissenschaften unterrichtete. Der junge Mann ging von nun an regelmäßig zu den Vorträgen des Scheichs und studierte vier Jahre lang Schariawissenschaften bei al-Halabi und anderen Gelehrten. Er war ein eifriger Schüler und stand in der Salafiyabewegung bald den großen Scheichs nahe. Er konnte nun einerseits die kompliziertesten Fragen beantworten und erfuhr andererseits, wer von den Salafisten sich mit wem worüber stritt und auch, welche persönlichen Gründe jeweils dahinter steckten.

Der Befragte erklärte, der Salafismus habe ihn persönlich am meisten angesprochen. Er selbst habe immer nach Wissen gestrebt und Interesse auch an sehr spezifischen Details der Wissenschaft gehabt, und das sei auch der salafistischen Praxis eigen. Er führt seinen Wissensdurst auf seine Sozialisation zurück, denn er wuchs in einer Familie auf, die Wissen und Wissenschaft hoch schätzte und in der man die tagespolitischen Nachrichten ebenso verfolgte wie man sich in Literatur und Kultur auskannte. Zudem gab Fathi an, dass die Politikferne der Traditionssalafiya ihn angezogen habe, zumal in den zurückliegenden Jahren, als islamistische Bewegungen wie Muslimbrüder und Dschihadisten zunehmend die Konfrontation mit arabischen Regimen und den Vereinigten Staaten

7 Interview in seiner Wohnung am 4.12.2013.

gesucht hatten. Als einer, der lieber keine Probleme mit den Sicherheitsbehörden hat, habe er daher auch Ausschau nach einer islamischen Strömung gehalten, die solchen Auseinandersetzungen aus dem Wege geht.

Der dritte Grund bestand für Fathi darin, dass die Salafisten den Einzelnen im Allgemeinen nicht drängen, sich zu organisieren oder bestimmte Ideen zu übernehmen, wie es bei anderen islamischen Gruppen der Fall ist – wobei Fathi bestätigt, dass es auch bei den Salafisten »Personenkult« gebe und »Parteikrankheiten in den letzten Jahren auch bei der Salafiya Einzug gehalten« hätten, was beim Aufbrechen von Konflikten unter den führenden Scheichs und der »Verbannung einiger Personen« aus der Bewegung besonders deutlich geworden sei.

Nachdem Fathi 2007 sein Diplom abgelegt hatte, empfahlen ihn mehrere Salafisten für die Arbeit im engeren Kreis um Scheich Salim al-Hilali. Er verwaltete daraufhin die Webseite des Scheichs und half ihm bei der Neuedition klassischer Autoren der Salafiya. Gerade in dieser Zeit entsponn sich aber der große Streit zwischen al-Hilali und al-Halabi, der auch in den Medien ausgetragen wurde. Für Fathi war dies fatal, denn er hatte lange Jahre bei al-Halabi studiert und gerade angefangen für al-Hilali zu arbeiten.

Fathi (der sich in salafistischen Kreisen Abu Mut'ib nennt) blieb dennoch noch fast vier Jahre für al-Hilali tätig und lernte dabei viel dazu. Dabei erlangte er auch Kenntnisse über die persönlichen Motive, die dem Streit unter den Scheichs zugrunde lagen. Fathi gefiel diese Zerstrittenheit nicht, und er trat die Flucht nach vorn an, indem er nach Saudi-Arabien ging. Dort kam er in Kontakt mit Schülern von Scheich al-Madkhali, einem Vertreter der al-Jami-Richtung, die jeder Art von politischer Betätigung und jeder Form von Organisierung strikt abgeneigt war. Gehorsam gegenüber der Regierung war ihr Credo, und damit bezog die Schule auch gegen anderen Islamisten und sogar Salafisten Stellung, wie jene der *Sahwa*-Bewegung um Safar al-Hawali, Salman al-Auda und Nasser al-Omar.

Fathi al-Athari wurde in den Kreis um al-Madkhali aufgenommen. Allerdings war der Konflikt zwischen diesem und seinem ehemaligen Lehrer al-Halabi auch hier schon angekommen. Und da der junge Mann in Saudi-Arabien Arbeit und damit ein Aufenthaltsrecht bekommen wollte, ließ er sich auf die Bitte von al-Madkhali-Schülern ein, einen Artikel gegen seinen früheren Scheich al-Halabi zu schreiben. Offenbar hatte er sich während seiner Arbeit bei al-Hilali bereits an die abschätzige Sprache gewöhnt, in der Salafisten miteinander umgingen. Jedenfalls schrieb er einen Artikel mit der Überschrift »Ali al-Halabi – einer der schlimmsten Häretiker«, und, so al-Ali, »gerade dieser Artikel fand größte Verbreitung in salafistischen Seminaren«, was er als Ironie empfand, denn die Überschrift war nichts anderes als ein Zitat von al-Madkhali gewesen.

Er selbst konnte jedoch keinen Nutzen aus seinem Artikel ziehen und musste kurze Zeit später nach Jordanien zurückkehren. Dort versprach ihm ein einflussreicher palästinensisch-jordanischer Salafist, Usama Ataya, er würde ihm eine Aufenthaltsgenehmigung für Saudi-Arabien vermitteln. Zugleich legten die Salafisten ihren internen Streit bei, woraufhin Fathi wieder Aufnahme bei Scheich al-Halabi fand. Dieser sah sogar über den Schmähartikel seines Schülers hinweg.

Während er für Scheich al-Hilali Webseiten verwaltete, arbeitete er zugleich auch für Webseiten von Usama Ataya, obgleich Letzterer mit allen anderen jordanischen Scheichs im Streit lag. Al-Ali lehnte es jedoch ab, bei Ataya unter Pseudonym zu schreiben und begann schon bald, Letzteren in Artikeln hart anzugehen, wobei er denselben verletzenden Stil benutzte, der in salafistischen Kreisen bei Meinungsverschiedenheiten üblich geworden war.

Fathi ist jetzt in seinem vierten Lebensjahrzehnt und noch immer aktiver Salafist. Er steht den Traditionsscheichs nahe und schreibt regelmäßig in den Foren von al-Halabi. Er sieht aus erster Hand, welche Debatten und Streits in der Bewegung entstehen, wer aufsteigt und wer verstoßen wird. Er kennt den Salafismus als Methode und Wissenschaft, er weiß, wie er nach außen hin auftritt und was er verbirgt, und dies alles liegt vor allem daran, dass er schon so früh zur Bewegung stieß.

Muntasir: Der »loyale« Salafist

Muntasir ist unser nächstes Beispiel. Er ist Ingenieur, 1987 geboren und wohnt in al-Jandawil im Westen Ammans. Er unterrichtet unregelmäßig und trägt sich mit dem Gedanken, ein Aufbaustudium in Ingenieurwissenschaften anzuhängen, nachdem er das Regelstudium an der al-Balqa-Universität bereits abgeschlossen hat. Er stammt aus einer konservativen Familie der Mittelklasse[8].

Muntasir, der sich Abu Hud al-Athari nennt, kam nach dem Abitur mit dem Salafismus in Berührung. Er hatte sich vorher in seiner Freizeit als Sänger und Trommler betätigt, aber gegen Ende der Gymnasialzeit begann er fromm zu werden und betrieb das Musizieren nun auf eine volkstümlich-sufistische Art. Er sagte: »Statt gewöhnlicher Lieder trug ich nun religiöse Gesänge vor, statt der Trommel schlug ich nur noch Tamburin. Aber einen wirklichen Wandel in meinem persönlichen Leben und Denken hat dies nicht bewirkt.«

Aber schon bald lernte er an der Universität salafistische Studenten kennen und geriet zunächst unter den Einfluss eines Surur-Anhängers (eines Aktionisten), der bei Salman al-Auda in Saudi-Arabien studiert hatte, und diskutierte mit ihm über Scharia und Tagespolitik.

8 Interview vom 16.11.2013 in Amman.

Zur gleichen Zeit traf sich Muntasir regelmäßig mit dem Muezzin einer Moschee in seinem Wohnviertel, der ebenfalls salafistische Ansichten hatte. Diese Kontakte bewogen ihn, mehr über die Salafiya und ihre Gelehrten in Erfahrung zu bringen. Er nahm daraufhin an Kursen von Scheich Mashhur Hassan teil, las Bücher von Muhammad bin Abdulwahhab, al-Albani und Ibn Uthaimin und tauchte immer tiefer in salafistische Kreise ein. Zunächst ging es ihm dabei noch eher darum, mehr über die Gedankenwelt des Salafismus zu erfahren als sich ihm anzuschließen. Doch mit der Zeit hörte er immer mehr Vorträge und las immer mehr Bücher dieser Richtung, so dass er deren Ideen nach und nach übernahm, was sich auch auf seinen Lebenswandel auswirkte. Er kleidete sich nun anders, lebte seinen Glauben konsequenter und vertrat striktere Haltungen zu aktuellen Themen und zu den verschiedenen islamischen Bewegungen.

Abu Hud antwortete auf die Frage, warum er den Salafismus gewählt hat, ganz ähnlich wie andere: Er habe Interesse an Schariawissenschaften gehabt. Und auch hier haben wir das Grundmuster, dass Muntasir schon immer wissensdurstig war und die Salafisten dem entgegenkamen, indem sie großen Wert auf religiöse Bildung legen und beispielsweise Hadithe nach echt und schwach sortieren – anders als Bewegungen wie die Muslimbrüder, die stattdessen politischen Aspekten größere Bedeutung beimessen.

Abu Hud vertiefte sich nun in das Studium der Schariawissenschaften und nahm an Kursen teil, die die großen Scheichs des Salafismus anboten, unter ihnen Mashhur, al-Halabi und Abu Islam. Darüber hinaus hörte er die Freitagspredigten von Hamza al-Majali, einem Aufsteiger in der Salafiya, und las systematisch salafistische Bücher über Glauben und Scharia.

Muntasir vertritt dieselben Standpunkte wie wir sie von den Scheichs der Traditionalisten kennen, insbesondere in Bezug auf Politik. Auch er will sich politisch und in Parteien nicht engagieren, und auch er ist gegen Proteste und

Demonstrationen, weil die Scharia sie nicht zulasse, weil sie zu Chaos, Zwist und Problemen führten, weil sie weltlichen statt religiösen Zielen dienten und, selbst wenn sie zunächst friedlich seien und friedliche Ziele vorgäben, doch irgendwann zu Kampf und Gewalt führen würden.

Demokratie, so der Befragte, sei ein unscharfer Begriff. Das Wort bedeute Volksherrschaft, im Islam komme die Macht jedoch dem Koran und der Sunna zu. Die ägyptischen Salafisten hätten einen Fehler gemacht, indem sie sich auf Parteiarbeit eingelassen hätten. Sie seien bei Wahlen angetreten und in die Politik gegangen, obwohl Politik weitgehend gegen das islamische Gesetz verstoße. Er glaube nicht, dass die Salafisten in Ägypten greifbare Resultate oder echte Veränderung bewirken könnten. Nicht einmal die Muslimbrüder hätten dies vermocht, obwohl sie schon seit Jahrzehnten als Partei politisch aktiv gewesen waren.

Muntasir meint, Änderungen könne es nur geben, wenn man die Basis, also die Gesellschaft verändere. Man müsse deren Glauben und religiöses Verständnis ändern, für den richtigen Weg werben und Bildung und Erziehung anbieten, bis die Gesellschaft sich an die islamischen Vorschriften halte und Wucherzins und andere verbotene Dinge verwerfe. Nur so könne man allmählich zu Reformen und Veränderung kommen und nur so stehe einem tatsächlich der Weg offen, wieder nach islamischem Gesetz zu leben. Muntasir selbst gestand zu, dass dies ein »Traum« sei, dessen Verwirklichung in absehbarer Zeit schwierig sei. Aber zu versuchen, Reformen oder auch nur Schadensbegrenzung zu erreichen, sei besser als herumzusitzen oder »die falschen Wege der Veränderung und des Handelns« zu wählen.

Auch in Bezug auf Opposition folgt der Befragte den Scheichs seiner Strömung. Statt sich öffentlich gegen die Regierung zu stellen, müsse man dem Herrscher »geheimen Rat« erteilen. Die Aktionisten unter den Salafisten, wie Safar al-Hawali und Salman al-Auda, hätten den salafistischen Ansatz mit parteipolitischem Engagement à la Muslimbrüder vermischt, was ihre Bewegung in große Schwierigkeiten gebracht habe, ohne sie voranzubringen. Die Dschihadisten hingegen wollte er nicht einmal als Salafisten anerkennen. Sie seien »Takfiristen« und stünden außerhalb des Salafismus. Ohnehin seien die gängigen Einteilungen in verschiedene Strömungen des Salafismus falsch. Eigentlich sei einzig der traditionalistische Salafismus der wahre Weg, alle anderen Schulen seien Abweichungen und Verirrungen.

Muntasir nahm auch gegenüber al-Madkhali dieselbe Haltung ein wie die Salafiyagelehrten. Al-Madkhali sei »zu weit gegangen bei seiner Verurteilung von Personen, die anderer Meinung waren als er. Und seit einiger Zeit geht er nicht mehr nur gegen Häretiker vor, sondern gegen andere Salafisten, auch solche, die gestern noch seine Freunde waren«, so der Befragte.

Auf die Frage, was er sich für die Zukunft wünsche, antwortete Muntasir: »Dass unsere Gesellschaft dem richtigen Weg und der Frömmigkeit näher kommt, dass die wahre Schariawissenschaft herrscht und sich die Menschen an die religiösen Vorschriften halten.« Er persönlich wünsche sich außerdem, dass er seine Arbeit als Ingenieur mit einem Aufbaustudium im selben Fach verbinden könne, dass er zugleich aber ein Gelehrter der Schariawissenschaften werde, der Wissenssuchende in diesen unterrichten könne.

Das Privatleben des Befragten steht in Einklang mit seinen salafistischen Ideen. Wie seine Freunde auch, trägt er einen Bart und hält sich an die religiösen Vorschriften wie das Gemeinschaftsgebet in der Moschee, nimmt an religiösen Seminaren teil, vermeidet es nach Möglichkeit, mit Frauen zusammenzutreffen und meidet außerdem alles, was er nach islamischer Vorschrift für nicht erlaubt hält. Selbst Musik ist für ihn *haram*, und im Fernsehen sieht er nur den Kanal al-Athar und Wissenssender. Ansonsten verbringt er einen großen Teil seiner Zeit mit Gebet und Schariastudien.

Omar al-Btush: Absage an die traditionelle Ideologie

Omar al-Btush, 1977 geboren, stammt aus Kerak, ist verheiratet und hat Kinder. Er leitet momentan das Al-Imam ibn Amir-Zentrum für Scharia- und Koranstudien. Er wurde schon früh zu dem, der er heute ist. Sein Vater war Prediger in den jordanischen Streitkräften und gab islamischen Religionsunterricht im al-Amir al-Hassan-Institut für Militärwissenschaft, wo er Imame für ihre Arbeit in Kasernenmoscheen ausbildete. Da das Institut in Zarqa liegt, wuchs Omar in eben jener Stadt auf und besuchte dort die Schule bis zur Mittelstufe. Dann verließ sein Vater die Armee[9], nahm eine Stelle im Zementwerk von Aqaba an und die Familie zog dorthin um. Omar war jetzt 15 Jahre alt, und in dieser Zeit fand er zum Salafismus.

Sein Vater war eine bekannte Figur in der Gruppe *at-Tabligh wad-Da'wa*, die »von Gott Kunde geben« will. Die Anhänger dieser Gemeinschaft ziehen von Dorf zu Dorf, von Stadt zu Stadt und manchmal von Land zu Land, wobei sie wegen ihrer Mission oft tagelang in derselben Moschee bleiben. In Aqaba änderte sein Vater seine religiöse Orientierung und bekannte sich seither zur Salafiya. Er hatte schon in Zarqa einschlägige Literatur gelesen und sich mit salafistischen Scheichs angefreundet, darunter Murad Shukri, Wafiq Naddaf und Ali al-Halabi. Er war sogar mit dem Gründervater Nasiruddin al-Albani zusammengetroffen, wodurch er eine starke Beziehung zu dessen Strömung entwickelte.

Omar erinnert sich, dass sein Vater einmal einen bekannten ägyptischen Salafisten namens Abdul'azim Badawi, der in Jordanien lebte, nach seiner Meinung zu den *Tablighis* gefragt hatte. Dieser habe ihm erwidert: »Es sind gute Leute, aber sie stehen nur für eine Phase, der weitere folgen müssen.« Dies habe seinen Vater zum Salafismus gebracht.

---

9 Interview in seiner Wohnung in Amman am 5.1.2014.

Die Entscheidung seines Vaters in Aqaba für die Salafiya fiel zusammen mit einer Suche nach klarerer religiöser Orientierung bei Omar. Er selbst beschreibt dies so: »Meine Religiosität und Sinnsuche fiel mit der Hinwendung meines Vaters zur Salafiya zusammen. An diesem Punkt trafen sich unsere Wege. In seiner Büchersammlung fand ich salafistische Literatur, die ich bereitwillig las, da ich ohnehin gerne las, während meinem Vater sehr daran gelegen war, mich religiös zu unterrichten. Er hatte zudem Kontakte zu salafistischen Scheichs und Gelehrten, so dass ich mich diesen Kreisen und den dort geführten Debatten immer stärker näherte.«

Der Vater unterstützte seinerseits die religiösen Neigungen seines Sohnes und seinen Wissensdurst, und er erstellte für ihn ein Arbeitsprogramm aus Glaubenslehre und arabischer Grammatik, so dass Omar sich schon nach wenigen Jahren ein umfangreiches religiöses und allgemeines Wissen angeeignet hatte.

Sein Vater gab ihm eine breit angelegte Einführung in die Scharia, unterrichtete ihn in Glauben, Hadith und Rechtslehre, während ein Freund des Vaters die Arabischstunden übernahm. Zu den ersten Büchern, die der junge Omar las, gehörten *Usul al-Fiqh* von Muhammad Sulaiman al-Ashqar, *Mustalah al-Hadith* von Mahmud at-Tahhan sowie *an-Nahw al-Wadhih*. Dazu kam laufend Unterricht in Lektüre und Auswendiglernen des Korans.

Omar machte Abitur und arbeitete anschließend in der Religionsbehörde als Imam, wofür er durch seine Schariastudien qualifiziert war. Später schrieb er sich am selben Institut in Zarqa ein, an dem sein Vater gelehrt hatte, und studierte von 2002 bis 2004 regulär Schariawissenschaften. In der Militärgeistlichkeit war seit deren Aufbau durch Scheich Nuh al-Qudah die sufistische Schule der Asch'ariten prägend, deren Sichtweisen die Salafisten nicht teilen. Aber Omar al-Btush fand sich auch dort schnell zurecht, indem er sich an das Motto seines Vaters hielt: »Sei nicht fanatisch, sei aufgeschlossen und flexibel gegenüber Menschen mit anderer Meinung und bewahre dir die Fähigkeit, andere Sichtweisen anzuhören.«

Nach Abschluss seines Scharia-Studiums fand er über die Religionsbehörde erneut eine Anstellung als Imam, zunächst in der *al-Mazar-al-Janubi*-Moschee in Kerak und ab 2006 in der Hauptstadt Amman. Zugleich betrieb er seine Studien weiter, bis er den Wunsch verspürte, auch selbst etwas zu veröffentlichen. Dies ist typisch für die traditionalistischen Salafisten; sie vollziehen mit dem Abfassen von Werken den Schritt vom Lernenden zum Wissenssuchenden, wodurch sich zugleich ankündigt, dass eine neue Persönlichkeit in die höheren Ränge dieser Salafiya aufsteigt.

Im Jahr 2007 legte Omar ein Buch mit dem Titel *Die gefährlichen Ideen der al-Qaida* vor, also genau in der Phase, in der die Terrorgruppe im Irak eine Blütezeit erlebte. Btushs Buch war so etwas wie die offizielle salafistische Erwiderung auf die Linie, die al-Qaida verfolgte. Und weil insbesondere Saudi-Arabien über den Terror dieser Organisation äußerst beunruhigt war und die vom dortigen Königreich kontrollierten und finanzierten Medien offensiv dagegen warben, wurde auch Btush zu einem entsprechenden Fernsehprogramm eingeladen. Sein Gastgeber war Turki ad-Dakhil, Moderator einer der bekanntesten Talkshows (*Idha'at*) im saudischen Fernsehen, der ihn zu seinem Buch befragte. Dies war insofern außergewöhnlich, als Btush erst Anfang dreißig war und die Gäste dieser Sendung sonst überwiegend aus älteren prominenten Personen, Denkern und Politikern bestanden.

Das Echo auf die Sendung war wesentlich größer als Btush erwartet hatte. Kurz nach seinem Auftritt bekam er einen Anruf vom saudischen Königshaus, in dem ihm mitgeteilt wurde, der König persönlich wolle ihn treffen, denn auch diesem hatten seine Thesen gefallen. Das Treffen fand tatsächlich statt, zudem wurde Btush an führende Politiker und Prinzen des Königreiches weitergereicht und stand in Saudi-Arabien mehrere Tage lang im Mittelpunkt des Interesses.

Al-Btush nahm in Jordanien sein Amt als Imam wieder auf. Aber was er in Saudi-Arabien erlebt hatte und wie bekannt er dort geworden war, ermutigte ihn, weitere Bücher mit ähnlicher Zielsetzung zu schreiben. Daraus entstand das Buch *Der Großmut und die Gerechtigkeit des Islam und seine Warnung vor Terror und Verbrechen*, das vom jordanischen Kultusministerium verlegt und in Umlauf gebracht wurde. Das nächste Werk trug den Titel *Die Botschaft von Amman*, und diesmal war es Prinz Ghazi, der mit Unterstützung des jordanischen Königshauses für das Buch warb, indem es als Ausdruck eines jordanischen Islamverständnisses dargestellt wurde, das gerade nach den Anschlägen, die 2005 in Amman verübt worden waren, für Vielfalt und Toleranz unter den Konfessionen und Religionsgruppen stehen sollte. Die Provinzverwaltung der Hauptstadt brachte schließlich sein Buch *Erläuterungen zur Botschaft von Amman* heraus.

Aber al-Btush wollte seinen Erfolg noch weiter ausbauen. Er war bereits Autor mehrerer Bücher, war in den Medien präsent und eine Größe in salafistischen Kreisen, und 2010 war es ihm schließlich vergönnt, ein eigenes Zentrum für Scharia- und Koranstudien zu gründen. Es wurde unter dem Namen Imam ibn al-Amir ash-Shami-Zentrum im Stadtviertel Tabarbur eröffnet, ganz in der Nähe jener Moschee, in der er selbst das Gebet leitete und predigte.

Bis zu diesem Punkt verlief sein spirituelles, geistiges und akademisches Werden in den klaren Bahnen des traditionalistischen Salafismus. Er war vom Lernenden zum Wissenssuchenden und schließlich zum gelehrten Autor aufgestiegen. Zudem hatte er gute Beziehungen zum Staat, wo man seine Bücher als die offizielle Linie des Landes begriff und verbreitete.

Es lässt sich nicht genau sagen, was die hohen Scheichs der Traditionalisten über die schnelle Karriere des Omar al-Btush dachten, der nun nicht mehr nur Bücher schrieb, sondern ein ganzes Zentrum gegründet hatte. Weder kam es zu öffentlicher Zustimmungsbekundung oder einer Art offizieller Krönung des neuen Sterns am salafistischen Himmel von Seiten des Rates der Salafiyascheichs noch bekundeten sie Feindseligkeit. Es gab eher eine Art Duldung und zuweilen den Versuch einer Vereinnahmung, weil al-Btush nicht nur prominent geworden war, sondern auch ausgeprägte Beziehungen zu Regierungskreisen hatte.

Wer heute die Facebook-Seite von Omar al-Btush liest, erkennt unschwer, dass er mittlerweile ganz anders denkt als damals. Er äußert sich sehr vernehmlich zur politischen Situation in der arabischen Welt und zu der Veränderung, die er auf salafistischer Seite erwartet. Er spricht von der Notwendigkeit von Opposition und politischer Betätigung und definiert eine Haltung zu bestimmten Regimen. Doch wie kam es zu diesem Wandel?

Er selbst sagt, er denke schon seit vielen Jahren so, seit er erstmals begonnen habe, seine traditionell-salafistischen Haltungen zu überdenken, allerdings habe sich erst seit kurzer Zeit eine reife Überzeugung daraus entwickelt, und diese äußere er seither über Facebook.

Was mit dazu beigetragen haben mag, dass er seine neue Haltung nun öffentlich machte, war vielleicht auch ein Streit, den er mit dem Religionsministerium hatte. Er verneint jedoch, dass beide Dinge etwas miteinander zu tun gehabt hätten.

Angefangen hatte alles mit einem Streit mit der Leitung der Moschee in Tarbabur, wo er arbeitete, und in dem sich das Ministerium auf die Seite der Moscheeleitung stellte, weil dem Minister die salafistische Einstellung von al-Btush nicht behagte. Abdussalam al-Abadi, so hieß der Minister, wollte ihn daher an eine andere Moschee versetzen, was al-Btush jedoch ablehnte. Er verlor damit seine Anstellung beim Staat und verließ die Moschee, in der er so viele Jahre lang vorgebetet und gepredigt hatte.

Für Omar al-Btush, der in der Traditionssalafiya so weit aufgestiegen war, dass er in der zweiten Reihe hinter den

Scheichs stand, war es nicht leicht, seine politischen Überzeugungen von seinen religiösen zu trennen. Beides war gleichsam organisch miteinander verbunden, denn die Politik sollte sich nach der Scharia, der Rechtslehre und den Fatwas ausrichten. Es war das Politische, das in al-Btushs Umorientierung deutlich wurde, aber er hatte auch in manchen theologischen Fragen eine andere Meinung als von der traditionalistischen Salafiya vorgegeben. Dies machte er zunehmend klar, und zum Zeitpunkt des Interviews war er sogar damit beschäftigt, einen ganzen Band mit Kritik an mehreren Fatwas des Begründers seiner eigenen Schule, Scheich al-Albani, zu verfassen. Die Überschreitung der »roten Linien« war offensichtlich.

Die Revolutionen des Arabischen Frühlings ab Beginn des Jahres 2011 trugen das Ihre dazu bei, dass al-Btush bisher von ihm vertretene Standpunkte hinterfragte. Die zentrale Frage war damals, wie man zu diesem oder jenem arabischen Regime steht. Der Befragte sagte dazu: »Die traditionalistische Salafiya verlangt Gehorsam gegenüber dem Herrscher und dass man eine oppositionelle Haltung zumindest nicht laut ausspricht. Man solle dem Herrscher allenfalls ›geheimen Rat‹ erteilen, wenn man Fehler und Abirrungen bei diesem erkennt. Wenn man aber realistisch ist, dann ist die einzig mögliche Methode, solchem Fehlverhalten entgegenzuwirken, zivile und friedliche politische Betätigung. Denn es gibt keine wirkliche Möglichkeit, den Herrschenden ›Rat‹ zu erteilen; damit erreicht man weder Veränderung noch kann man damit Einfluss nehmen.« Seine Schlussfolgerung lautete daher: »Politische Betätigung ist heute eine Notwendigkeit, und dies entspricht auch meinem Verständnis der salafistischen Methode, die politische Arbeit nicht ausschließt. Im Gegenteil, politische Betätigung kann dazu beitragen, dass man Schaden begrenzt und Wohl fördert.«

Und zu der salafistischen Behauptung, Demokratie sei unreligiös, sagt al-Btush: »Warum sollten wir nicht politisch arbeiten, wenn wir damit Schädliches mindern?« Auch al-

Albani, so der Befragte, habe eine andere Haltung vertreten als die, die in heutigen Fatwas von Salafisten zum Ausdruck komme. Er zitiert al-Albanis Antwort, die er einmal gegeben haben soll, als er nach seiner Meinung zu den Parlamentswahlen gefragt worden war: »Wenn ein rechtschaffener Muslim sich zur Wahl stellt, dann sollten wir für ihn stimmen, um Schädliches zu mindern.«

Wenn manche Salafisten aufgrund dieser Fatwa heute den Standpunkt vertreten, man solle zwar wählen, aber nicht kandidieren, so geht al-Btush noch einen Schritt weiter (womit er sich wiederum noch weiter von den Traditionalisten entfernt) und sagt, man müsse auch die Ablehnung der Parteiarbeit überdenken, denn seiner Ansicht nach hätten die Salafisten zwei Dinge miteinander vermengt, den Parteienzwist im Sinne von Fanatismus, Spaltung der Umma und inneren Konflikten, und die politische Betätigung im Rahmen von Parteien, mit der man eine Gesellschaft und das Gemeinwohl organisiert voranbringen könne. Dies sei sein Fazit aus der Lektüre der Bücher der Muslimbrüder, welche ihr politisches und parteiliches Handeln ja ebenfalls aus theologischen Grundlagen herleiten. Er sei sich insoweit mit den Muslimbrüdern bei der Unterscheidung beider Arten von »Parteilichkeit« einig.

Aber auch dabei blieb al-Btush nicht stehen. Seine Ansichten hatten sich so gewandelt, dass er einem Bruch mit dem Mainstream des traditionalistischen Salafismus zumindest sehr nahekam. Er war nun der Ansicht, die arabischen Völker seien in der Lage, eigenständig Veränderungen zu bewirken und ihre Rechte und Freiheiten zu verteidigen, was der arabische Frühling bewiesen habe. Was sie bis anhin daran gehindert habe, seien »jene Theorien und Fatwas, die Gehorsam gegenüber dem Herrscher vorgeschrieben und die Meinungsfreiheit und Initiative für politische Reform eingeschränkt haben.«

Womit er aber die Anhänger des traditionalistischen Salafismus gänzlich verprellte, was heftige Debatten in salafistischen Foren auslöste und dazu führte, dass andere salafistische Gelehrte sich ihm offen entgegenstellten, war folgende Haltung, die er selbst so umreißt: »Opposition gegen den Herrscher gilt im traditionellen salafistischen Denken als Sünde und Unglaube. Gerechtfertigt wird diese Haltung damit, dass sonst großes Unheil drohe. Das große methodische Problem dabei ist aber, dass diese salafistische Sicht einen Konsens unter den sunnitischen Religionsgelehrten, Theologen und Gläubigen zur Voraussetzung hat. Dies geht aus den salafistischen Dogmen und ihrer modernen Rechtsliteratur klar hervor. Einen solchen Konsens gibt es aber nicht. Die Gelehrten streiten im Gegenteil darüber, also haben wir es mit einem strittigen Thema zu tun, nicht mit einem, das gemäß salafistischer Doktrin entschieden wäre. Und wenn man, wie ich es getan habe, diese Meinungsverschiedenheit darlegt, dann fördert man damit Vielfalt unter Sunniten und Salafisten.«

Omar al-Btush weiß, dass diese Äußerung bei den Traditionalisten »ein Erdbeben ausgelöst« hat, obgleich er betont, er sei noch immer gegen ein Aufbegehren gegen den Herrscher, sehe dies aber nicht als eine Doktrin an, sondern als Thema, bei dem man unterschiedlicher Meinung sein könne. Zudem unterscheidet er zwischen zivilem, friedlichem Vorgehen und militanter Opposition. Für die Scheichs der Traditionsschule ist beides jedoch ein und dasselbe. Für sie sind bewaffnete Aufständische *Khawarij* (»außerhalb der Gemeinschaft stehend«) und friedliche Oppositionelle »*Khawarij* im Sitzen«, d. h. sie sehen diese alle nicht mehr als Teil der sunnitisch-muslimischen Gemeinschaft.

Al-Btushs öffentliche Vertretung solcher Standpunkte führte nicht nur zu Aufruhr in salafistischen Foren, auch führende Geistliche verurteilten seine Äußerungen, distanzierten sich von ihm und versuchten nun, ihn aus dem Kreis der Salafiya auszuschließen. Entsprechend äußerte sich öffentlich Scheich Abul Yusr, und ein weiterer Salafist berichtete mir, er habe al-Btush davor gewarnt, die Scheichs könnten gegen ihn so vorgehen wie sie es mit anderen Abweichlern gemacht hätten[10].

Es gab Versuche von Seiten der Scheichs, den Rebellen wieder einzufangen, und einige Anhänger der Strömung erklärten sich bereit, ein Treffen zwischen al-Btush und den führenden Scheichs zu organisieren, um dort seine Thesen zu diskutieren. Aber al-Btush lehnte ab, weil er der Ansicht war, dass ein solches Gespräch »nur zum Ziel hatte, mich unter Kontrolle zu bekommen«, nicht aber wirklich akademisch zu debattieren.

Als man ihn in Foren persönlich anzugreifen begann, schickte al-Btush ein erbostes Schreiben an die Scheichs, die diese Webseiten betrieben, und drohte ihnen mit rechtlichen Schritten beziehungsweise einer Stammesschlichtung, woraufhin die Angriffe zunächst aufhörten. Aber als Anhänger der traditionalistischen Salafiya kann man al-Btush angesichts seiner Thesen sicherlich nicht mehr bezeichnen.

Ein großer Teil seiner Schüler hält bislang zu Omar al-Btush, und sie werden von ihm weiterhin in die Schariawissenschaften eingeführt. Es handele sich bei ihnen, wie ihr Lehrer sagt, um eine Elite, und ohnehin sei für ihn immer Qualität vor Quantität gegangen. Auch von anderen salafistischen Wissenssuchenden erhalte er Briefe, in denen diese ihm ihre Zustimmung zu seinen Thesen ausdrücken; sie räumen aber zumeist auch ein, dass es ihnen an demselben Maß an Mut mangele, solche schariabezogenen politischen Standpunkte offen kundzutun.

Al-Btushs neue Haltung hat aber nicht nur zur Distanzierung der Traditionssalafiya von ihm geführt. Auch die jordanischen Behörden – so fürchtet der Befragte – würden möglicherweise bald nachziehen, weil sie gute Beziehungen zu den Traditionalisten unterhielten. Für diesen Fall erwartet

10 Interview mit anonymem Salafisten am 5.12.2013.

er, dass viele seiner bisherigen Freunde zu weiteren Gegnern werden.

Heute ist Omar al-Btush mit sich im Reinen. Er glaubt auch, dass er in Einklang mit den Prinzipien seiner Erziehung steht, die Fanatismus, Abschottung und Aufwiegelung gegen andere ablehnt. Er sieht sich als jemanden, der Pluralismus akzeptiert, Meinungsverschiedenheiten aushalten und daher freier denken kann, ohne sich von Vorurteilen anderer beeinflussen zu lassen.

Fazit

Lässt man die beschrieben Beispiele für Traditionssalafisten Revue passieren, erkennt man einige grundlegende gemeinsame Nenner und natürlich auch einige Unterschiede. Die wichtigste Gemeinsamkeit ist wohl der »Drang nach Wissen«. Der Hauptgrund, der die erwähnten Personen zur Salafiya gebracht hat, war jeweils die hohe Wertschätzung und das zentrale Interesse der Salafisten an »Schariawissen«, also an allem, was man über die islamische Religion, ihre Regeln und Gesetze in Erfahrung bringen kann. Deshalb werden Salafisten auch in Lernende, Wissenssuchende und Scheichs eingeteilt und bekommen nicht, wie in islamistischen Parteien, Ränge und Posten zugeteilt.

Bei den Salafisten gibt es so etwas wie »Macht durch Wissen«. Unter den Anhängern herrscht ein starker Wettbewerb darum, wer mehr religiöses Wissen erwirbt als der andere und dadurch in der Gruppe aufsteigt. Zudem ist Schariawissen so etwas wie eine Alternativmacht zu politischer, sozialer und finanzieller Macht. Während ein Politiker politische, ein Reicher finanzielle und ein Clanchef soziale Macht besitzt, hat ein Salafist stattdessen »Wissensmacht«. Dies mag auch erklären, dass zumindest anfangs die meisten Salafisten palästinensischer Abstammung waren, begrenztes Einkommen hatten und in einfachen Wohngebieten lebten. Wenn man einer solchen Schicht entstammt, mag man in der »Macht durch Wissen« eine Art Entschädigung dafür finden, dass einem andere Machtmittel nicht zur Verfügung stehen und auch in absehbarer Zeit nicht zugänglich sein werden.

Die Befragten gaben jeweils auch noch weitere Gründe dafür an, warum sie sich der Traditionssalafiya angeschlossen haben, zum Beispiel, dass es ein Wesensmerkmal dieser Strömung sei, sich ganz aufs Religiöse zu konzentrieren. Sie stehe für individuelle und kollektive Frömmigkeit und sehe das Religiöse als etwas Unverfälschtes außerhalb aller politischen oder parteibezogenen Erwägungen an.

Letzteres störe viele Menschen, die darin eine Verunreinigung ihrer Religiosität sähen, deshalb wendeten sie sich der Salafiya zu, die für das rein religiöse Wissen in Form von Glaubens- und Rechtslehre und Hadithbewertung stehe. Dies schlage sich auch im persönlichen Verhalten nieder. Salafisten haben eine »Urfrömmigkeit« und halten sich zumindest nach außen an die Scharia, was die Teilnahme am Gemeinschaftsgebet, die Orientierung am prophetischen Vorbild, die Kleidung oder die Lebensweise betrifft. Insofern verkörpert der Salafist eine eindeutige religiöse Identität und soziale Werte, was sich in seinen politischen Ansichten ebenso widerspiegelt wie in seinem Privatleben. All das baut für ihn auf der Scharia auf, die wiederum zurückgeht auf *an-Nass*, »den Text«, also den Koran und die Sunna-Literatur beziehungsweise die Auslegung dieser Texte durch muslimische Religionsgelehrte.

Aus der Untersuchung ergab sich auch, dass ein großer Teil der Rekrutierung von Anhängern über Moscheen erfolgt. Dort hielten auch die heute bekannten Scheichs der Salafiya ihre Kurse; genannt wurden immer wieder Namen wie Nasiruddin al-Albani, Ali al-Halabi und Mashhur Hassan, die heute als übergreifende Referenzen der Traditionalisten gelten, große moralische Autorität besitzen, die Ausrichtung der Gemeinschaft bestimmen und über die Rolle beziehungsweise die

Aufnahme oder den Ausschluss von Personen entscheiden. Zuweilen werden solche internen Konflikte aggressiv ausgetragen und unliebsame oder aufmüpfige Personen von den Scheichs niedergemacht.

Die große Rolle, die die führenden Scheichs spielen, ist vielleicht so etwas wie ein Ersatz für den fehlenden parteilichen oder sonst wie organisatorischen Rahmen, den die Salafisten mit dem Argument ablehnen, er führe zu Spaltung und Zerwürfnis. Aber viele junge salafistische Aufsteiger finden heute, dass die »Krankheit des Fanatismus« eben wegen der herausgehobenen Stellung der Traditionsscheichs auch in ihrer Bewegung Einzug gehalten habe und dass die moralische Macht der Oberen gegen die Anhänger repressiver sei als dies in jedweder politischen Organisation der Fall ist!

Was viele zum traditionellen Salafismus gebracht hat, war auch die Tatsache, dass man dort keine Konfrontation mit dem Staat zu gewärtigen hat. Man muss, anders als Anhänger vieler oppositioneller islamistischer Gruppen, nicht befürchten, sein Einkommen oder seine Arbeit zu verlieren. Der Traditionssalafist kann seine Frömmigkeit leben, indem er in der Moschee betet oder dort Scharia-Kurse besucht, und er kann sein religiöses Verhalten zur Schau stellen, ohne sich vor Sicherheitsbehörden fürchten zu müssen, denn durch die Fürsprache seiner Scheichs hat er in zweierlei Weise einen Freibrief: Einerseits gehört er zu einer unpolitischen und offensichtlich friedlichen Gruppe, und zum anderen hat seine Schule entschieden, dass Gehorsamkeit gegenüber der Obrigkeit religiöse Pflicht ist. Man betreibt daher keine Opposition, beteiligt sich nicht an Protesten und schließt sich keiner Partei an. Insofern ist die »salafistische Mentalität« an sich schon eine Art Plazet gegenüber Staat und Behörden.

Der geistige und spirituelle Hintergrund, auf den man in traditionalistisch-salafistischen Kreisen trifft, ist geprägt von einer Schlichtheit und Klarheit, die man vielleicht auch Seichtheit nennen könnte. Die von mir Interviewten hatten zuvor keine feste geistige, politische oder kulturelle Zuordnung gehabt. Die meisten waren entweder schon früh zum Salafismus gestoßen oder waren in anderen islamischen Gruppen. Mir ist kein Fall bekannt, dass ein ehemaliger Linker, Liberaler oder Intellektueller zum Traditionssalafisten geworden ist. Das Vorleben der Interviewten war nicht komplex oder vielfältig; im Gegenteil handelte es sich um Personen, die sich klar für diese Identität entschieden hatten und die unter keinen Spannungen aufgrund sonstiger widersprüchlicher Erfahrungen litten. Es gab auch keine herausragenden politischen oder persönlichen Ambitionen bei den Befragten. Ganz überwiegend beschränkten sich die abgefragten Zukunftsvorstellungen auf den vorgegebenen Rahmen: in der Gruppe zum Wissenden aufsteigen beziehungsweise sich akademisch und spirituell weiterzuentwickeln.

Die Begrenztheit des spirituellen und geistigen Hintergrunds entspricht einem dominierenden Element im salafistischen Denken, nämlich der Verehrung des heiligen Textes, dem Festhalten an seinem Wortlaut und dem Kleinreden des Vernunftdenkens bei allem, was mit religiösem Wissen zu tun hat. Salafisten sind stolz darauf, dass sie vermeintlich Wiedergänger der *Ahl al-Hadith* sind, und sie spotten über rationalere Strömungen des Islam wie die *Mu'tazila* oder die *Ash'ariya*. Selbst in der Glaubensdoktrin begnügen sie sich mit der überlieferten Formulierung der Texte und vermeiden jede weitere Sinndeutung.

Die Dominanz des Äußerlichen und Formalen schlägt sich auch im alltäglichen Verhalten von Salafisten nieder. Größte Bedeutung wird dem Erscheinungsbild zugemessen (Vollbart und Langgewand), es wird Hocharabisch gesprochen (auch wenn viele dieses nicht beherrschen!) und Schüler imitieren ihre Scheichs in Gestik, Ausdruck und Gewohnheiten. Aber diesem großen Interesse am Äußerlichen steht keine Tiefe bei der Suche nach der tatsächlichen Bedeutung und dem eigentlichen Zweck des Religiösen und Spirituellen gegenüber.

Die Anhänger der salafistischen Richtung sind organisatorisch nicht fest miteinander vernetzt und in dieser Hinsicht recht flexibel. Sie mobilisieren sich gegenseitig durch intern verbreitete Botschaften über salafistische Informationskanäle wie den Fernsehsender *al-Athar*, Symposien und Kurse, die bekannte Scheichs anbieten. Wenn führende Persönlichkeiten etwas auszutauschen haben, so beauftragen sie damit oft Leute aus der zweiten Reihe, die die einschlägigen Kommunikationskanäle kennen. Zuweilen treffen sich auch die führenden Scheichs, Wissenssuchende aus den verschiedenen Provinzen nehmen daran teil, und anschließend geben sie entsprechende Botschaften weiter.

Auch wenn die Gruppe somit nach außen ein einfaches Bild vermittelt, so leidet sie doch, wie angedeutet, innerlich seit einigen Jahren an zum Teil heftigen Krisen. Die großen Konflikte zwischen den Scheichs der Traditionalisten, die oft mit Finanzangelegenheiten und angeblichen Plagiaten zu tun hatten, minderten die Glaubwürdigkeit der Scheichs. Große Namen mussten gehen, und dazu kam, dass der Konflikt zwischen den Scheichs und Rabi' bin Hadi, dem Erben der Jami-Schule, öffentlich ausgetragen wurde.

Noch nachhaltiger aber, auch wenn dies heute noch nicht voll sichtbar geworden ist, wird die Erschütterung sein, die durch nachrückende junge Gebildete ausgelöst werden könnte. Die neue Generation murrt über die Bevormundungsmentalität, die sich die Traditionsscheichs angewöhnt haben, und sie würden manche alten Dogmen der Traditionssalafiya gerne verändern. Gerne hätten die Jüngeren auch eine glaubwürdigere und kompetentere Führung ihrer Gemeinschaft. Schon gibt es Fälle offener Rebellion, aber auch davon abgesehen glimmt ein Feuer, das neue Orientierungen vorbereitet. Je reifer die neue aufbegehrende Generation werden wird, umso stärker werden die alten Scheichs in Bedrängnis geraten.

Der dschihadistische Salafismus

Die dschihadistische Salafiya tauchte in Jordanien zuerst in den neunziger Jahren des 20. Jahrhunderts auf, als das Klima für das Gedeihen solcher Gruppen aus verschiedenen Gründen günstig war. Dschihadistische Ideen waren bis dahin in islamistischen und kleineren nationalistischen Gruppen vertreten, die sich besonders für die palästinensische Sache stark machten. Ihnen fehlte jedoch ein einigender politischer und ideologischer Rahmen[1].

Mehrere Faktoren begünstigten den Aufstieg der dschihadistischen Salafisten im Jordanien der neunziger Jahre. Zum einen waren die »jordanischen Afghanen« zurückgekehrt, jordanische Staatsbürger, die den Mudschahedin in Afghanistan in ihrem Kampf gegen die sowjetischen Besatzer geholfen hatten und die nun im Gefühl, über eine Großmacht gesiegt zu haben, in ihr Land zurückkamen. Nun wollten sie auch in Jordanien die Scharia einführen und die Zustände mit Waffengewalt verändern. Gleichzeitig intervenierte eine US-geführte Koalition im Irak gegen Saddam Hussein, was zu Debatten über westliche Truppen am Arabischen Golf führte. Viele junge Menschen radikalisierten sich dabei, während zugleich die Demokratisierung in Jordanien Rückschläge erlitt, nachdem ein neues Wahlgesetz den politischen Einfluss der Muslimbrüder mindern sollte. Zu alldem kam, dass Jordanien und die PLO umstrittene Friedensverhandlungen mit Israel führten.

Es entstanden gewaltbereite islamistische Gruppen unklarer Ausrichtung, die sich »Jordanische Afghanen« oder »Armee Muhammads« nannten. Zudem bildete sich eine

---

1 Siehe auch Mohammad Abu Rumman, Hassan Abu Haniya a. a. O., S. 113-382.

militante Gruppe namens »Islamischer Kampf« (*Nafir Islami*), für deren Unterstützung die beiden Parlamentsabgeordneten Laith Shbeilat und Ya'qub Qirresh angeklagt wurden. Auch andere Anklagen gegen Islamisten (nicht aber dschihadistischen Salafisten) waren anhängig, wie die wegen der Anschläge von al-Mujib und Ajlun 1996, und es wurden juristische Verfahren im Zusammenhang mit illegalen Gruppen wie *at-Tajdid al-Islami* eingeleitet.

Währenddessen wuchs die dschihadistische Salafiya, gestärkt durch die im Zuge des zweiten Golfkrieges erzwungene Rückkehr tausender jordanischer Gastarbeiter aus den Golfstaaten, unter ihnen viele, die dort von salafistischen Ideen beeinflusst worden waren.

Der dschihadistische Salafismus bildete sich also im Zeichen spezifischer historischer Umstände heraus, und diese wurden zu Beginn der neunziger Jahre bei vielen Gruppen junger Männer, insbesondere jordanischen Studenten, wirksam. In Salt entstand eine Gruppe um Scheich Abdulfattah al-Hayari, der sich plötzlich zum Radikalislamisten gewandelt hatte und nun ein Anhänger der Hakimiya-Idee war, derzufolge die Scharia unbedingt einzuführen sei und jeder Herrscher, der nach anderen Gesetzen regiere, zum Ungläubigen erklärt werden müsse. In Zarqa erschien ein Scheich namens Abu Khaled, der 1997 wegen der Gründung der Gruppe *al-Islah wat-Tahaddi* angeklagt wurde und in die USA auswanderte. Im Palästinenserlager von Irbid hörte man von einem Adnan al-Mansi, der einige Männer um sich scharen konnte, und auch in Amman gab es hier und da kleinere Zirkel von Dschihadsalafisten[2].

Zwar gab es keine direkten organisatorischen Verbindungen zwischen diesen verschiedenen Gruppen, aber sie verband eine geistige Gemeinsamkeit. Zum einen waren sie grundsätzlich salafistisch und von den Ideen des Sayyid Qutb

---

2 Interview mit Hassan Abu Haniya in Amman am 21.11.2013.

geprägt. Von ihm übernahmen sie insbesondere das Motiv der Hakimiya und des Takfir (»für ungläubig erklären«) gegen die arabischen Regime. Zudem galten für sie das Prinzip der mufasala, also der Weigerung, sich in das politische System zu fügen, die Ablehnung der Demokratie sowie die absolute Pflicht, einen islamischen Staat aufzubauen und in diesem die Scharia einzuführen.

Der eigentliche Wendepunkt kam mit dem Auftauchen von Issam al-Barqawi (alias Abu Muhammad al-Maqdisi), auch er ein Golfrückkehrer, und der Aufdeckung einer Geheimorganisation namens *Bay'at al-Imam* (»Huldigung des Imams«) durch die jordanischen Behörden im Jahr 1995. Dieser Gruppe soll al-Barqawi angehört haben sowie auch Ahmad Fadhil al-Khalayila (bekannt als der spätere Topterrorist Abu Mus'ab az-Zarqawi), Abdulhadi Daghlas, Khaled al-Aruri (al-Qassam) und andere.

Al-Maqdisis Bücher hatten zuvor schon heimlich in Jordanien zirkuliert und wurden von radikalisierten Anhängern dschihadsalafistischer Gruppen gelesen. Ihre Titel lauteten *Abrahams Gemeinde und die Methoden der Tyrannen, sie zu verunstalten* oder *Beweise für den Unglauben des saudischen Staates*. Solche Schriften waren der ideologische Kitt all dieser verstreuten Kleingruppen, deren Mitglieder später die neue Strömung des dschihadistischen Salafismus schufen.

Die Ideen al-Maqdisis vereinten die Strömung unter der Parole »Tauhid und Dschihad«, womit das Konzept der *Hakimiya* mit dem *Tauhid*, dem strengen Monotheismus, verknüpft wurde. Ein Hauptbegriff dabei war *at-Taghut* (»der Tyrann«), ein Attribut, mit dem all jene Regierenden belegt werden, die sich nicht nach der Scharia richten. Der Dschihad galt ihnen als der einzig mögliche Weg zu Veränderung, womit alle sonstigen islamischen Konzepte für ungültig erklärt werden.

Al-Maqdisi saß zwar zwischen 1995 und 1999 mit seinen Gefährten im Gefängnis, aber die Bewegung, die sich auf ihn bezog, breitete sich dennoch aus, und seine Schriften und Fatwas gelangten sogar ins Ausland. Währenddessen gab es weitere Gerichtsverfahren gegen Anhänger der Bewegung, so gegen Abu Khaled (der später von Zarqa in die USA übersiedelte), Abu Qatada al-Filastini (der im Ausland lebte) und mehrere andere junge Männer, die vom jordanischen Staatssicherheitsgericht zunächst verurteilt, vom Kassationsgericht aber wieder freigesprochen wurden.

In den neunziger Jahren passierte viel, was dschihadistischen Gruppen in Jordanien Zulauf bescherte. Zum einen erlebte das Land eine Wirtschaftskrise und eine Privatisierungswelle. 1992 beendete das algerische Militär zudem einen Demokratisierungsprozess, durch den die islamistische FIS in Algerien an die Macht gekommen wäre, und in Bosnien, Kosovo und Tschetschenien gab es Massaker an Muslimen. All diese über die Medien vermittelten Ereignisse weckten religiöse Emotionen bei vielen jungen Muslimen und stärkten ihre Überzeugung, dass die Zeit des Dschihad gekommen sei.

Zeitgleich mit dem Aufstieg al-Maqdisis wurde auch Abu Qatada al-Filastini (eigentlich Omar Mahmud Abu Omar) bekannt. Er stammte aus dem Bezirk Ra's al-Ain in Amman und galt zunächst als Vertreter der aktionistischen Salafiya, wie Hassan Abu Haniya angibt. Während verschiedener Aufenthalte im Ausland wandelte Abu Qatada sich zum Dschihadisten und wurde in London schließlich zu einem der bekanntesten radikalen Prediger der arabischen Welt. Seine Zeitschrift *al-Minhaj* (»Die Methode« oder »Der Weg«) und seine Bücher fanden über junge Dschihadisten den Weg zurück nach Jordanien. Dort hielt sich ein weiterer führender Kopf der Dschihadsalafisten auf, Abdulmun'im Halima (alias Abu Basir at-Tartusi), den die jordanischen Behörden allerdings bald auswiesen.

Der zweite Wendepunkt war die Übersiedlung des erwähnten Abu Mus'ab az-Zarqawi von Jordanien nach Afghanistan und dann in den Irak. Infolge einer königlichen

Amnestie 1999 reiste er mit dschihadistischen Anhängern aus, und schon bald kannte man seinen Namen im Irak als Führer der dortigen al-Qaida und als einen der von den USA meistgesuchten Terroristen. 2005 war er Auftraggeber des bis dahin größten Terroranschlags in Jordanien, verübt von irakischen Anhängern seiner Gruppe, 2006 starb er bei einem amerikanischen Luftangriff im Irak.

Seitdem blicken die jordanischen Dschihadisten zunehmend ins Ausland und gehen in Kampfgebiete wie Irak, Jemen, Afghanistan und heute zunehmend ins Nachbarland Syrien, das zu so etwas wie einem Mekka für jordanische Dschihadisten geworden ist. Dort kämpfen in al-Qaida-nahen Organisationen wie *Jabhat an-Nusra* und dem »Islamischen Staat« schon über 500 Jordanier, häufig in hohen Rängen, und annähernd einhundert von ihnen ließen dort bisher ihr Leben.

In den letzten Tagen az-Zarqawis 2006 kam es zum Zwist zwischen ihm und al-Maqdisi, der ihm eine Art offenen Brief schickte, Titel: *»Az-Zarqawi: Unterstützung und Ratschlag«*. Nach dem Tod des Erstgenannten spaltete sich die Strömung in zwei Lager, eines unter Führung al-Maqdisis, das zweite machte im Geiste az-Zarqawis weiter. Al-Maqdisi wandte sich gegen Gewaltanwendung in Jordanien und führte diesen Ansatz später in einem Aufruf unter der Überschrift »Die Friedlichkeit der Mission« weiter, worin er sich gegen Selbstmordattentate stellte, die zur Haupttaktik der Zarqawi-Gruppe im Irak geworden war, aber auch gegen Auswüchse des *Takfir*. Das andere Lager wurde von Omar Mahdi Zaidan in Irbid übernommen, der es ablehnt, Jordanien von der Kampfzone des Dschihad auszunehmen und auch sonst am Erbe az-Zarqawis festhält. Zugleich beschuldigt er al-Maqdisi, sich von den Ideen des dschihadistischen Salafismus verabschiedet zu haben[3].

---

3 Zum Streit zwischen al-Maqdisi und az-Zarqawi siehe Mohammad Abu Rumman, Hassan Abu Haniya a. a. O., S. 113-223.

Der Streit vertiefte sich mit dem Beginn des Arabischen Frühlings. Al-Maqdisi war mittlerweile wegen sicherheitsrelevanter Vorwürfe in Haft, und eine große Gruppe seiner Unterstützer forderten auf Demonstrationen und Sit-ins seine Freilassung – ein Präzedenzfall in der Geschichte dieser Strömung. Dies wiederum lehnten die Widersacher um Zaidan ab, aber es waren dessen Anhänger, die zu Hunderten festgenommen wurden, nachdem sie sich im April 2011 in Zarqa mit der Polizei Straßenschlachten geliefert hatten.

Die Spaltung ging ab 2013 mit einem Zwist zwischen der Nusra-Front und dem IS in Syrien einher. Aiman az-Zawahiri, der Führer der Mutterorganisation der al-Qaida, neigte dabei dem Chef der Nusra-Front, Abu Muhammad al-Jaulani, zu. Auch al-Maqdisi und Abu Qatada (der mittlerweile von Großbritannien nach Jordanien ausgeliefert worden war und dort vor Gericht stand) brachten über Botschaften ihre Unterstützung für Nusra und gegen den IS zum Ausdruck. Omar Mahdi dagegen hat sich für den IS entschieden[4].

Auf den folgenden Seiten beschäftigen wir uns mit drei Fallbeispielen. Im ersten Fall geht es um einen aktiven dschihadistischen Salafisten, den jordanischen Arzt Munif Samara. Sodann stellen wir mit Na'im at-Tilawi einen Vertreter einer ehemaligen palästinensischen Dschihadorganisation vor, die versucht hatte, den Diskurs der dschihadistischen Salafisten rationaler zu gestalten, sich aber, als dies nicht gelang, von diesen abwandte, bis daraus schließlich *Tayyar al-Umma* (»die *Umma*-Strömung«) entstand. Die dritte Person ist Mu'ayyad at-Tirawi, der in Salt jahrelang ein Sympathisant der dschihadistischen Salafiya war, bis er auf eine andere Linie einschwenkte, die zwischen den aktionistischen Salafisten und den Muslimbrüdern liegt.

---

4 Siehe dazu den Zeitungsbericht von Tamir as-Samadi in Al-Hayat vom 14.1.2014.

Neben diesen Lebensläufen werden wir auch die Entwicklungen anderer Personen episodisch beleuchten, die sich im Rahmen dieser Untersuchung, sei es aus persönlichen oder aus Gründen der Sicherheit, nicht umfänglich zu ihren Lebenswegen äußern mochten.

Munif Samara: Die langsame Entwicklung zum dschihadistischen Salafismus

Munif Samara lebt in Zarqa. Er ist Allgemeinarzt, und seine Praxis liegt in einem einfachen Viertel von Hay Wadi al-Hajar. Das Gebäude macht einen bescheidenen Eindruck, weist nur minimales Dekor auf und ist auch technisch nur einfach ausgestattet. Aber seine Freunde und auch mit ihm bekannte Ärzte bestätigen, dass seine Praxis immer großen Zulauf an Patienten hat, denn Samara hat einen guten Ruf, arbeitet geschickt und zuverlässig und nimmt nur wenig Geld von seinen Patienten. Ärmere Familien behandelt er sogar kostenlos[5].

Seit einiger Zeit scheint Samara den Großteil seiner Zeit der Nothilfe für syrische Flüchtlinge in Lagern auf jordanischem Boden zu widmen. Er behandelt sie nicht nur kostenlos, sondern bemüht sich auch, ihnen andere Ärzte zu vermitteln. Er verhehlt auch nicht seinen Unwillen darüber, dass viele seiner Kollegen nur sehr zurückhaltend Hilfe für diese mittellosen Vertriebenen leisten.

Anders als andere Anhänger des Dschihadsalafismus äußert Samara frei und offen seine Meinung und spricht über das, woran er glaubt. Er bekennt offen, welcher Ideologie er anhängt, und ist in der Öffentlichkeit, in der Presse und selbst in politischen Kreisen als Vertreter der erwähnten salafistischen Strömung bekannt. Allerdings bekennt er sich für

5 Interview in seiner Praxis in Zarqa am 27.11.2013.

Jordanien auch unmissverständlich zur friedlichen Arbeit und begründet dies mit der Unterscheidung zwischen *mumkinat* und *wajibat*, also dem was im Umgang mit Gesellschaft und Staat »möglich« und dem was »Pflicht« ist.

Samara hat zwei Ehefrauen: eine von den Philippinen und eine weitere mit französischer Staatsbürgerschaft. Er sagt frei heraus, dass er auch seine Kinder im Geist des dschihadistischen Salafismus erziehen will. Dabei vertritt er jedoch eine andere Ansicht als al-Maqdisi, der in einem seiner Bücher dazu aufruft, Kinder nicht an öffentliche Schulen zu schicken. Samara hält dagegen, auch die Kinder von Salafisten sollten einen Schulabschluss machen und sich nicht von der Gesellschaft isolieren. Die Argumente, die gegen die Einschulung von Kindern vorgebracht werden, überzeugen ihn nicht. Er glaubt nicht, dass es möglich und sinnvoll ist, sich als Anhänger der dschihadistisch-salafistischen Bewegung von allen Aspekten des gesellschaftlichen Lebens zu separieren.

Samara wurde 1964 in Jenin geboren. Sein Vater war Offizier in der jordanischen Armee, die damals noch die Westbank verwaltete, in der Jenin liegt. Nach der arabischen Niederlage gegen Israel im jahr 1967 zog er mit seinen Eltern nach Zarqa in Jordanien, wo sein Vater weiter für die Armee tätig war, bis die Familie in die Vereinigten Arabischen Emirate umzog. Von dort ging es wieder zurück nach Jordanien, diesmal nach Shobak im Süden des Landes, wo Samara Abitur machte. 1984 ging er zum Studium auf die Philippinen, wo er 1989 einen Abschluss in Biologie erreichte. Anschließend studierte er Medizin. Damit begann auch sein salafistischer Werdegang. Vorher war Samara in keiner islamischen Gemeinschaft aktiv und war nicht einmal besonders fromm gewesen. Nun aber hörte er auf den Philippinen Vorträge von Predigern, die dort in muslimischen Studentenkreisen recht aktiv waren. Sie betrieben Wohlfahrtsprojekte, Katastrophenhilfe und Missionierung. Mit Beginn der neunziger Jahre wurde so aus dem Medizinstudenten Samara ein frommer Muslim.

Die Hinwendung zur Frömmigkeit auf salafistischem Weg erfolgte hier also durch die intensive Werbung, die entsprechende Prediger damals auf den Philippinen machten. Dabei wiederum spielte saudisches Geld eine Rolle. Und so wurde für den Medizinstudenten der saudische Gelehrtenrat um Ibn Baz und Ibn Uthaimin zum ideologischen Bezugspunkt; in Jordanien trat an diese Stelle später Nasiruddin al-Albani, den Samara in religiösen Fragen brieflich oft um Rat bat.

Bevor er religiös wurde, war Samara noch Vorsitzender des Ausschusses für arabische und ausländische Studenten an der philippinischen Staatsuniversität gewesen, an der er Medizin studierte. Danach gründete er an derselben Universität einen islamischen Studentenverein, der auch außeruniversitär missionierte und Nothilfe leistete. Dadurch kam er in Kontakt mit einer Reihe weiterer salafistischer Personen, aber auch mit solchen, die zu den Muslimbrüdern gehörten.

Die internen salafistischen Konflikte hatten damals noch nicht begonnen, aber einige innerislamische Debatten, die in arabischen Ländern geführt wurden, bekamen auch die Islamisten auf den Philippinen mit. Doch zunächst stand im Vordergrund, dass die Mudschahedin in Afghanistan ihren Sieg über die Sowjetunion auskosteten. Der Dschihad war in aller Munde, und arabische Aktivisten wollten diesen auch in ihre Länder oder andere Weltgegenden tragen.

Munif Samara erlebte nun Debatten zwischen jenen, die dem dschihadistischen Salafismus anhingen, einschließlich solcher, die den *Takfir*-Gedanken (»des Unglaubens bezichtigen«) vertraten, und jenen, die sich den Muslimbrüdern zurechneten.

Großen Einfluss auf Samaras Denken hatte das Buch von Muhammad al-Maqdisi *Klare Beweise für den Unglauben des saudischen Staates*. Er selbst gibt an, es habe ihn darauf gebracht, »dass jener Staat, der angeblich nach salafistischer Weise den Islam lebt, anders als wir immer gedacht hatten, gar kein wirklich muslimischer Staat ist«.

Munif überspringt im Interview die Einzelheiten jener Phase, aber die dschihadbegeisterten Afghanistanrückkehrer erwähnt er. Außerdem sei das Stichwort *Hakimiya* (womit die Pflicht zum Widerstand gegen unislamische Herrschaft gemeint ist) in aller Munde gewesen und habe die salafistische Szene entzweit. Die einen beharrten darauf, dass man die arabischen Regime, die sich nicht an die Scharia halten, als gottlos einzustufen habe, die anderen lehnten ebendies ab. Je nach Entscheidung für den einen oder den anderen Standpunkt ergab sich daraus jeweils eine ganze Reihe von Konsequenzen in Bezug auf das Verhältnis zu Regierung, Armee und Polizei und auf die Art und Weise, wie man Veränderung anstrebt.

1994 wurde Munif kurz vor der Beendigung seines Medizinstudiums von den Philippinen ausgewiesen und musste nach Jordanien zurückkehren. Der Grund war sein enges Verhältnis zu einem der wichtigsten Koordinatoren islamischer Wohlfahrts- und Missionsarbeit auf dem Inselstaat, Muhammad Jamal Khalifa, einem Schwager von Usama bin Laden. Im selben Jahr wurde Samaras Landsmann, der Jordanier Hadi al-Ghul, auf den Philippinen festgenommen. Ihm wurde unterstellt, mit Ramzi Yousef, einem Kuwaiter pakistanischer Herkunft, zu tun gehabt zu haben. Letzterem wurde vorgeworfen, 1993 den ersten Anschlag auf das New Yorker World Trade Center mitorganisiert sowie mehrere Terroranschläge auf den Philippinen und in Pakistan geplant zu haben.

Bei seiner Ankunft in Jordanien wurde Samara vom Flughafen weg verhaftet. Die Behörden untersuchten seine Verbindungen zu dem ebenfalls inhaftierten Jamal Khalifa und verhörten ihn eine Woche lang zu dschihadistischen Gruppierungen auf den Philippinen und zur Gruppe um Ramzi Yousef. Dann wurde er entlassen und unternahm sofort alles, um ausstehende Kurse und Praktika nachzuholen, die er zur Erlangung des Medizinabschlusses noch benötigte.

Samara hatte seine Bindung an die traditionalistische Salafiya noch nicht gekappt, und schon bald nach seiner Rückkehr stattete er Ali al-Halabi einen Besuch ab. Außerdem stand er in Kontakt zu Muhammad Musa Nasr, auch dieser ein führender Kopf der Traditionalisten in Jordanien. Munif Samara erinnert sich noch, welch hitzige Debatten sich damals in der Salafiya unter anderem zwischen Muhammad Abu Rahim und Ali al-Halabi entspannten und wie die Gemeinschaft sich infolgedessen in Traditionalisten, Aktionisten und Dschihadisten aufspaltete.

Samara gibt an, damals noch keine ausgeprägten Beziehungen zu den Dschihadisten gehabt zu haben. Seinen Äußerungen ist jedoch zu entnehmen, dass er zumindest gut Bescheid wusste über alles, was sich in der islamistischen und salafistischen Szene tat und dass er die Debatten recht genau verfolgte. Er las auch, was al-Maqdisi schrieb und kannte das Buch *al-Wala' wal-Bara'* (sinngemäß »Allianz und Distanz«) von Muhammad Sa'id al-Qahtani. Dieser Buchtitel wurde zu einer Art Grundformel der dschihadistisch-salafistischen Denkweise. »Allianz« beziehungsweise Loyalität sollten die Muslime Gott gegenüber erweisen, und »Distanz« sollten sie zu Ungläubigen und Heuchlern wahren. Für die Dschihadisten hieß dies darüber hinaus, eine »Allianz« mit jenen zu bilden, die der *Hakimiya* und dem Dschihad zuneigen, und alle Brücken zu Regierungen und Regimen abzubrechen, die unter dem Stichwort »Tyrannen« zusammengefasst werden (Letzteres wurde bei al-Maqdisi zum Schlüsselbegriff[6]).

Samara berichtet auch von seinem ersten Zusammentreffen mit der Führungsriege der Dschihadsalafisten. Er arbeitete mittlerweile als Arzt im Krankenhaus von Zarqa und war bekannt für seine strenge Frömmigkeit, als ihn eines Tages Abdulhadi Daghlas, Khaled al-Aruri und Abu Mus'ab az-

6 Zur Ideologie des dschihadistischen Salafismus siehe Mohammad Abu Rumman und Hassan Abu Haniya: Al-Hall al-islami a. a. O., S. 743-823.

Zarqawi besuchten! Sie waren soeben aus der Haft entlassen worden und suchten nun für sich und ihre Familien einen »gläubigen und verlässlichen Arzt«.

Damit war eine Verbindung zwischen dem Arzt und führenden Dschihadisten hergestellt. Man sprach und diskutierte miteinander, und die Besucher entdeckten, dass sie es nicht nur mit einem frommen Arzt zu tun hatten, sondern dass dieser in vielen Dingen einer Meinung mit ihnen war, dass er auf den Philippinen bereits in islamischen Kreisen aktiv war und dass er wie sie ein Anhänger der *Hakimiya*-Idee war. Kurz gesagt, er war im Grunde ein Unterstützer des dschihadistischen Salafismus!

Nachdem die Genannten aber nach Afghanistan weitergezogen waren, baute Dr. Samara seine Beziehungen zu den Dschihadisten nicht weiter aus. Er war zu beschäftigt mit seiner ärztlichen Arbeit und dem Aufbau seiner eigenen Praxis; allenfalls behandelte er einschlägig eingestellte Patienten oder beteiligte sich an internen Debatten. Zugleich wurde Samara aber auch von Zeit zu Zeit verhört oder von den Sicherheitsbehörden für kurze Zeit inhaftiert.

Als al-Maqdisi aus der Haft freikam, vertiefte Samara seine Beziehung zu ihm und diskutierte mit ihm regelmäßig über aktuelle Ereignisse. Dass al-Maqdisi in jener Zeit zur Option der »friedlichen Missionsarbeit« fand, führen manche Salafisten auch darauf zurück, dass Munif Samara ihn entsprechend beeinflusst habe. Für Samara war es wichtig, dass Salafisten, auch die Dschihadisten unter ihnen, mit der Gesellschaft in Verbindung blieben, nicht zuletzt, um den Verfolgungsdruck durch die Sicherheitsbehörden zu mindern. Zudem vertrat er, wie beschrieben, die Unterscheidung zwischen dem, was der Stärke der Bewegung gemäß in Jordanien »möglich« und dem, was »Pflicht« war.

Diese Linie brachte ihm unter dschihadistischen Salafisten nicht nur Freunde ein, und schon bald bezeichneten ihn die extremsten unter ihnen als Verräter an der Sache. Doch im Interview tat er diese Vorwürfe ab, indem er sagte: »Die Mehrheit der Dschihadsalafiya wird letztlich auf diese Linie einschwenken.« Die Differenzierung zwischen fundamentaler und pragmatischerer Linie sei heute beispielsweise in Syrien klar erkennbar, wo *Da'ish* (»Islamischer Staat« beziehungsweise IS) gegen die *Nusra*-Front steht. Ohne dass Samara auf Details eingehen wollte, wurde aus dieser Äußerung doch ersichtlich, dass er Sympathien für die *Nusra*, nicht aber für den IS hat.

Aber auch, wenn Samara an Verstand und Realismus appelliert und trotz seines besonnenen Handelns in Krisenzeiten zwischen Staat und Dschihadisten bleibt er dennoch der Idee des dschihadistischen Salafismus als dem Weg der »erwählten Gruppe« fest verbunden. Ebenso unverbrüchlich steht er zur *Hakimiya* und zur Verketzerung der arabischen Regime. Er lehnt Verfassungen ab, die nicht von der Scharia abgeleitet sind, akzeptiert die Demokratie als Grundidee nicht und ist gegen die Gründung politischer Parteien, ja, gegen jedes Engagement innerhalb einer vorgegebenen politischen Ordnung.

Aber der »Deal«, den Samara anbietet und den andere Dschihadisten in der Salafiya als Verschwörung und Verrat ansehen, garantiert auch, dass der dschihadistische Salafismus in Jordanien nicht zu Gewalt greift, um den Staat zu stürzen oder Konflikte auszutragen. Das Regime ist insoweit durch eine Fatwa eines der prominentesten Vertreter dieser dschihadistischen Schule weltweit, Abu Muhammad al-Maqdisi, vor Gewalt und Terroranschlägen geschützt, und im Gegenzug erlaubt der Staat diesen Dschihadisten, sich friedlich zu betätigen und für sich zu werben, solange sie keinen Konflikt mit dem System suchen. Samara stellt allerdings auch klar, dass diese Option eine rein taktische und temporäre sei und nur in der Situation in Jordanien begründet liege. Sie bedeute nicht, dass der dschihadistische Salafismus Waffengewalt ablehne, denn diese sei einer seiner Grundpfeiler!

Heute befasst sich Munif Samara in der Hauptsache mit Syrien. Er glaubt, dass die dortigen Entwicklungen für die

Zukunft der ganzen Region entscheidend sein werden und dass sie der Haltung und dem Handeln der dschihadistischen Salafiya, auch auf den bewaffneten Kampf bezogen, Recht geben werden.

Samara streitet auch nicht ab, dass Hunderte jordanischer Dschihadisten aus seiner Gruppe nach Syrien gegangen sind und etwa zweihundert von ihnen allein aus Zarqa und der Nachbarstadt Ruseifa stammen. Er bestätigt sogar, dass viele weitere Hundert gerne nach Syrien fahren würden, um sich dort dschihadistischen Gruppen anzuschließen und dies nur aufgrund äußerer Umstände bisher nicht vermochten.

Diese Angaben können, was Zarqa und Ruseifa betrifft, nicht verwundern, wenn man weiß, wie stark dschihadistische Salafisten in den dortigen einfachen Wohnvierteln verankert sind. Al-Maqdisi und az-Zarqawi, aber auch andere Schlüsselfiguren dieser Bewegung stammen von dort. Zum anderen sind viele Anhänger dieser Richtung, die zum Kämpfen nach Syrien gegangen sind, heute Kommandeure der mit al-Qaida verbundenen *Nusra*-Front, während andere sich dem IS angeschlossen haben. Abu Anas as-Sahaba und Abu Jleibib (beziehungsweise Lyad at-Tubasi) sind zum Beispiel *Nusra*-Kommandeure, und sie kommen beide aus solchen Wohnvierteln, während Sami al-Uraidi, der in Jordanien in Schariawissenschaften promoviert worden ist, als religiöse Bezugsfigur in der *Nusra*-Front fungiert. Auch er hat sich ihr in Syrien angeschlossen.

Na'im at-Tilawi: Die *Umma*-Strömung im Dschihadismus

Na'im at-Tilawi, unser zweiter Interviewpartner, stammt ebenfalls aus Zarqa, wurde aber 1962 in Nablus, Palästina, geboren. Sein Vater war Offizier in der jordanischen Armee, und auch seine Familie zog nach der Niederlage von 1967 nach Jordanien um. Die Eltern waren konservativ und fromm. At-Tilawi ging in Jordanien bis zum Gymnasialabschluss zur Schule[7]. 1980 erlangte er die Hochschulreife und ging zum Studium in die Türkei. Dort stieß er zur *Sulaimaniya*-Gruppe. Über diese lernte er weitere islamistische Gruppen in der Türkei kennen, die zum Teil der Muslimbruderschaft nahestanden.

Sein politisches Bewusstsein bildete sich durch drei Themenfelder: Frömmigkeit und politischer Islam, ohne dass er einer bestimmten islamistischen Richtung angehört hätte, ferner Dschihad und schließlich Palästina. Unter den verschiedenen islamischen Gruppen in der Türkei suchte er nach solchen, die dschihadistisch eingestellt waren, die Palästina als ein Hauptanliegen ansahen, in Gegnerschaft zur zionistischen Politik Israels standen und die dadurch auch in Palästina selbst Fuß fassen würden. Unter Palästinensern fand er damals keine Gruppe, die seinen Vorstellungen entsprach, während die Islamisten in Palästina selbst nicht ausreichend präsent und aktiv waren.

Während er in der Türkei zu studieren begann, kam es in Syrien zu Zusammenstößen zwischen den Muslimbrüdern und dem Baath-Regime.

Als Islamist und Sympathisant der Muslimbrüder in der Türkei interessierte ihn dieser Konflikt in Syrien sehr, und er wollte die dortige »kämpfende Avantgarde« unterstützen. Tatsächlich lernte er in der Türkei einige führende Personen der syrischen Muslimbrüder kennen. Zugleich las er Sayyid Qutb, den zentralen Autor der Bewegung der Muslimbrüder, und ließ sich von seinen Ideen inspirieren. Er übernahm Qutbs Idee von der *Hakimiya*, der politischen Arbeit, dem Dschihad und dessen Philosophie, die auf der Beseitigung der »Tyranneien« aufbaute, welche aus seiner Sicht der islamischen Mission, der Befreiung des Menschen und der ausschließlichen Anbetung Gottes im Weg standen.

7 Interview vom 11.12.2013 in Amman.

At-Tilawi erläutert sein Dschihad-Konzept und sein Verständnis von Sayyid Qutb: Es gehe ihm nicht darum, wie dschihadistische Salafisten diesen Dschihad theologisch begründen, sondern um einen politisch fundamentierten Dschihad, dem eine umfassende Vision zugrunde liege und der ein konkretes strategisches Ziel habe.

In jener Zeit, als at-Tilawi in Kontakt mit der »kämpfenden Avantgarde« in Syrien stand, entwickelte er seine politisch-islamische Position auf der Grundlage von Sayyid Qutb, Abul-A'la Maududi, Malik bin Nabi und anderen islamischen Denkern und debattierte mit Islamisten aller Art. Er lernte dadurch eine Vielzahl an verschiedenen Denkschulen kennen. Dann wandte er sich den Palästinensern zu, suchte aber auch in anderen arabischen Ländern Gruppen und Personen, die seine Auffassung teilten: den islamisch begründeten Dschihad und das Bewusstsein für die palästinensische Sache.

Er fand einige Gruppen, die dieser Sichtweise nahekamen, darunter die palästinensische Dschihad-Bewegung *Harakat al-Jihad al-Islami* unter Fathi ash-Shaqaqi. Letzterer hatte damals in seinem Buch *Khomeini und die islamische Lösung* seine Beeinflussung durch die iranische Revolution zugegeben. Dann lernte er in Ägypten die Gruppe *al-Jihad al-Islami* kennen, aber auch ehemalige linke und maoistische palästinensische Intellektuelle, und 1983 gründete er mit Palästinensern, die das dschihadistische und islamische Projekt mit nationaler Befreiung verbinden wollten, die Gruppe *Saraya al-Jihad* (»Dschihad-Kampfverbände«). Die Hamas gab es damals noch nicht, sie wurde erst 1988 gegründet, und die *Jihad*-Bewegung hatte noch nicht mit Anschlägen begonnen. Dieses Vakuum füllten somit damals die *Saraya al-Jihad*.

Die Gründer dieser Gruppe entschieden sich dafür, der Palästinensischen Befreiungsorganisation PLO beizutreten, um Finanzierung und Ausbildung zu erhalten und eigene Ausbildungslager zu errichten. Zu den bekannteren Mitgliedern der Gruppe gehörten Munir Shafiq (der ursprünglich ein Christ war!) und Walid Saif.

Danach ging at-Tilawi zurück in die Westbank, um in Hebron weiterzustudieren. Dort baute er die *Saraya*-Gruppe weiter aus, aber nach dem Anschlag auf das Bab al-Maghariba 1986 und nachdem die israelischen Behörden ihm auf die Spur gekommen waren, ging er nach Ägypten. Dort lernte er eine Gruppe des *al-Jihad al-Islami* kennen, die gerade aus dem Gefängnis entlassen worden war und sich nun dem Dschihad in Afghanistan anschließen wollte. Sie nannten sich »Die der Hölle Entkommenden«. Er versuchte, ihnen bei der Ausreise und der Finanzierung ihres Unterfangens zu helfen.

Doch die ägyptischen Behörden wurden auf ihn aufmerksam und steckten ihn ins Turra-Gefängnis. Er traf dort Saif al-Adl, einen der führenden Köpfe des Dschihad, der später Militärchef bei al-Qaida werden sollte. Er führte mit ihm und anderen Dschihadisten Debatten unter anderem darüber, ob der Kampf gegen den »nahen Feind« (die arabischen Regime und Israel) Priorität habe oder aber der gegen den »fernen Feind« (die USA, welche die genannten Regime stützen). Zudem diskutierte at-Tilawi mit al-Adl über die Palästinafrage und ihre zentrale Bedeutung für den islamischen Dschihad.

Nach neun Monaten wurde er gerichtlich freigesprochen und reiste von Ägypten nach Malta. Dann half ihm Munir Shafiq dabei, nach Tunesien weiterzureisen, wo sich damals, nach der Vertreibung der palästinensischen Kämpfer aus dem Libanon, der Sitz der PLO befand. At-Tilawi konnte seinem Aufenthalt dort aber nichts abgewinnen. Er sah mit eigenen Augen, in welcher Krise die PLO steckte, blieb deshalb nur sechs Monate in Tunesien, reiste nochmals in die Türkei und weitere neun Monate später nach Amman. Er wurde dort bei seiner Einreise festgenommen und blieb drei Monate in Untersuchungshaft beim Geheimdienst. Mittlerweile schrieb man das Jahr 1989.

Naim kam frei und wollte sein Projekt *Saraya al-Jihad* weiterführen, an das er nach wie vor glaubte. Zu seiner Überraschung musste er jedoch feststellen, dass eine ganze Reihe führender Personen sich mittlerweile von seiner Organisation losgesagt hatten. Einige hatten sich den Muslimbrüdern angenähert, unter ihnen Munir Shafiq, insbesondere nachdem die Hamas sich gegründet hatte und nun ihrerseits für den bewaffneten Dschihad in Palästina stand, während andere zu Autoren beziehungsweise Schriftstellern geworden waren, wie Walid Saif, und so zerfiel die Organisation zusehends.

At-Tilawi wollte dennoch nicht von seinem Projekt lassen und beteiligte sich an der Gründung einer militanten Gruppe in Jordanien, der »Armee Muhammads«, der sich mehrere hundert junge Islamisten anschlossen und deren Hauptziel war, den Dschihad nach Palästina zu tragen und sich mit anderen dschihadistischen Gruppen in der arabischen Welt zu vernetzen. Jedoch flog schon bald eine Untergruppe der »Armee Muhammads« auf. Ihre Mitglieder wurden festgenommen und wegen der Gründung einer terroristischen Vereinigung verurteilt. Na'im at-Tilawi gibt zwar an, die Gruppierung sei sehr viel größer gewesen, aber die frühe Entdeckung jener Gruppe bedeutete, dass das Projekt schon kurz nach seiner Gründung wieder einging.

1994, so at-Tilawi, habe er Usama bin Laden kontaktiert (der damals im Sudan lebte) und ihn für die Idee eines »Weltdschihad« zu gewinnen versucht! Aber der spätere Anführer der al-Qaida war damals noch nicht so weit, es auf eine Konfrontation mit den Vereinigten Staaten anzulegen; zu groß schien ihm die dafür erforderliche theoretische und politische Umstellung. Wenige Jahre später aber vollzog er diesen Schritt: 1998 rief Bin Laden die »Weltfront zum Widerstand gegen Kreuzfahrer und Juden« ins Leben.

1995 kam at-Tilawi erneut in Haft, diesmal wegen der Gruppe *at-Tajdid al-Islami* (»Islamische Erneuerung«). Mitangeklagt waren Sabir Muqbil, Khaled Adwan und Azmi al-Jayyusi. Auch diese Gruppe wollte den Dschihad als politisches Projekt nach Palästina tragen. Ein Gericht sprach at-Tilawi jedoch später frei.

In den neunziger Jahren änderte sich die politische Szenerie in der arabischen Welt grundlegend. Die Friedensverhandlungen mit Israel mündeten in das Osloer Abkommen, die palästinensische Autonomiebehörde wurde gegründet und die PLO verzichtete auf die Option des bewaffneten Kampfes. Zugleich begann der Aufstieg des dschihadistischen Salafismus in arabischen Ländern, insbesondere in Jordanien. Ab Beginn der neunziger Jahre stand Naim at-Tilawi in Kontakt mit den führenden Figuren dieser neuen Bewegung, die er überwiegend während seiner Haft kennengelernt hatte.

At-Tilawi versuchte, auf die Ausrichtung der Strömung Einfluss zu nehmen. Seiner Meinung nach war ein Haupthindernis, dass dem Projekt Dschihad ein politischer Rahmen fehlte, mit dem man die Energien der Bewegung bündeln könnte. Zugleich wollte er seine eigene Vision vom Dschihad bei den Salafisten verankern und mit einem umfänglichen politisch-islamischen Konzept verbinden, in dessen Mittelpunkt der Kampf um Palästina stehen sollte. Er war deshalb auch diesmal bestrebt, den Dschihad nach Palästina zu tragen und in der Westbank und in Gaza entsprechend ausgerichtete Gruppen zu gründen.

Seit einigen Jahren versucht at-Tilawi mit anderen Islamisten, sein altes Projekt wiederzubeleben. Sein Dschihadkonzept basiert auf der Idee der *Umma* und einem gestuften politischen Plan, bei dem Palästina immer im Mittelpunkt steht. At-Tilawi stellte fest, dass er mit den dschihadistischen Salafisten nicht vorankam, und gründete daher Ende der neunziger Jahre mit Hakim al-Mutairi, einem bekannten salafistischen Prediger aus Kuwait, *Tayyar al-Umma*, die *Umma*-Strömung. Ihre Ausrichtung war antiimperialistisch und antizionistisch, und sie strebte den Aufbau eines islamischen Staates an. In mehreren arabischen Ländern entstanden aus dieser Initiative daraufhin Parteien, die denselben Namen trugen und dieselben Ideen vertraten.

2013 veranstaltete die *Umma*-Strömung in der Türkei eine große Konferenz, an der mehrere hundert Persönlichkeiten aus dem islamistischen Spektrum teilnahmen, und das zentrale Thema des Kongresses war Syrien. Na'im at-Tilawi zufolge wurden bei dieser Gelegenheit Kampfverbände gegründet, die sich in Syrien am Kampf gegen die Armee des Assad-Regimes beteiligen sollten. Heute unterstütze seine Organisation eine Vielzahl islamischer Kampfgruppen in Syrien, darunter die Gruppe *Ahrar ash-Sham*[8].

Na'im at-Tilawi bestreitet zwar, dass er jemals Teil der eigentlichen dschihadistischen Salafiya war, aber wenn wir seine religiöse und geistige Entwicklung betrachten, in der der Dschihad immer im Mittelpunkt stand, ergibt sich daraus auch, wie er selbst in den neunziger Jahren auf salafistische Gruppen einwirkte, damit diese seine Ideen übernehmen. Diese Versuche blieben aber offenbar ergebnislos, weil man die politische Situation unterschiedlich einschätzte. Infolgedessen gründete at-Tilawi die *Umma*-Strömung, die zu einem Sammelbecken wurde, das mehr Raum bot als der eigentliche Salafismus. Unter dem Stichwort der *Umma* und des Dschihad kamen hier alle zusammen, die für einen politischen Islam standen. Die Salafisten hätten dagegen kein konkretes politisches Projekt gehabt, so der Befragte, und einen zu eng gefassten Begriff vom Dschihad vertreten. Selbst als sie militant wurden, hätten ihnen zur Unterstützung jegliche gesellschaftliche, kulturelle und politische Ansatzpunkte gefehlt.

Die Trennlinie, die zwischen at-Tilawi und dem dschihadistischen Salafismus in Jordanien zutage trat, manifestierte sich in dem bekannten Muster von Kritik und Gegenkritik

---

8 Siehe zu Tayyar al-Umma und zur Türkei-Konferenz: Bassam an-Nasser: »Tayyar al-Umma: Mashru' ihya'i wa'id«, in: Ar-Raya (katarische Tageszeitung) vom 1.10.2013.

sowie in Angriffen gegen ihn, die von Abu Mus'ab az-Zarqawis Anhängern ausgingen. Auch die Gruppe um al-Maqdisi distanzierte sich von der *Umma*-Gruppe. Demgegenüber verweisen Gefährten von at-Tilawi darauf, dass dieser in den vergangenen Jahren die Ideologie der al-Qaida mitgeformt und ihr einen politischen Horizont gegeben habe. Entsprechende Publikationen, in denen von der zweiten Generation der al-Qaida und ihrer möglichen zukünftigen Ausrichtung die Rede ist, seien dafür ein Beleg[9].

Mu'ayyad at-Tirawi: Ausstieg aus der Dschihadistenszene

In diesem Abschnitt wird ein Beispiel aus der jordanischen Stadt Salt behandelt. Mu'ayyad at-Tirawi stieß schon früh zu den Dschihadisalafisten und hielt auch viele Jahre lang zu ihnen, bis ihm erste Zweifel kamen. Anschließend neigte er moderateren islamischen Strömungen zu, bis er schließlich auch offen für sufistische und reformerische Gruppen sowie für die Partei der Muslimbrüder eintrat. Diese geistige und persönliche Entwicklung umfasste die Zeitspanne von seinem 14. bis zu seinem 31. Lebensjahr. Ich sprach mit at-Tirawi darüber, wie und warum er zu den dschihadistischen Salafisten kam, wann und wie sich seine Überzeugungen wandelten und welche Ansichten er heute vertritt. Zudem gab er Auskunft darüber, welche Faktoren und Umstände seinen geistigen und persönlichen Wandel begleitet haben.

Mu'ayyad at-Tirawi wurde 1981 in Kuwait im Bezirk Hawalli geboren. Seine Familie verfügte nur über ein begrenztes Einkommen. 1991, nachdem irakische Truppen unter Präsident Saddam Hussein Kuwait besetzt hatten, verließ die

9 Beispiel für eine dschihadistische Attacke gegen at-Tilawi in einem Onlineforum: http://r-warsh.com/vb/showthread.php?p=529760.

Familie das Land und kehrte nach Jordanien zurück. In Salt, einer Stadt mit alter Stammestradition, ließen sie sich nieder, obwohl sie selbst keine Verbindungen dorthin hatten, denn die Familie at-Tirawi stammt aus Palästina. Diese Herkunft teilt sie mit einem großen Teil der jordanischen Gesellschaft, und auch in Salt wohnten mehrere tausend palästinensische Familien[10].

Mu'ayyad hatte schon von klein auf gebetet, aber vier Jahre nach dem Umzug nach Salt, der Junge war nun 14 Jahre alt, ging er auch regelmäßig zur Moschee im al-Maidan-Viertel, wo die Familie wohnte. Er lernte den dortigen Muezzin kennen, Ra'id Khreisat, ein führender Kopf der dschihadistischen Salafisten in Salt. Er hörte ihm zu und wurde allmählich Teil der Gruppe, die Khreisat umgab. Diese bestand aus Männern aller Altersstufen, Mu'ayyad war der Jüngste unter ihnen[11].

Mu'ayyad berichtet: »Diese Leute waren die ersten, die ich damals in der Moschee in der Nähe unserer Wohnung

10 Interview vom 31.11.2013 in der Jordanischen Universität.

11 Ra'id Khreisat war Muezzin in der staatlichen al-Maidan-Moschee. Er hatte Abitur gemacht und den Militärdienst abgeleistet. Seine Radikalisierung begann über eine Gruppe in Salt, die sich der Idee der Hakimiya von Sayyid Qutb verschrieben hatte. Ironischerweise war der Mann, der diese Idee in Salt verbreitet hatte, Abdulfattah al-Hayari, zunächst areligiös gewesen. Nach seiner Bekehrung aber wurde sein Haus zu einem Treffpunkt junger Akademiker und Militärs, die seine Ideen bereitwillig aufsogen und sich so radikalisierten. Unter ihnen war eine Gruppe von Militärschülern der Akademie von Mu'ta, die daraufhin festgenommen und von Militär und Studium ausgeschlossen wurden. Diese Ereignisse sind zeitlich zum Beginn der neunziger Jahre einzuordnen, also jener Zeit, als Mu'ayyads Familie nach Salt kam.
Der Einfluss al-Hayaris ging nur deshalb zurück, weil ähnlich geartete Gruppen nun überall in Jordanien entstanden und schon bald Abu Muhammad al-Maqdisi ihre neue zentrale Figur wurde. Auch er kam aus Jordanien, und er wurde zusammen mit Abu Mus'ab az-Zarqawi zum Theoretiker dieser Strömung in Jordanien. Beide wurden mit anderen Gleichgesinnten Mitte der neunziger Jahre festgenommen, so dass die Gefängnisse schon bald ein wichtiger Ort der Rekrutierung für neue Anhänger wurden, während die Strömung in Jordanien insgesamt wuchs. Khreisat war besonders von az-Zarqawi beeinflusst.

kennenlernte. Wären sie Muslimbrüder gewesen, wäre ich vielleicht auch Muslimbruder geworden, und wenn sie *Tablighis* oder sonst etwas gewesen wären, dann wäre ich eben dieses oder jenes geworden. Es waren aber nun einmal Dschihadisten, und so begann meine islamistische Laufbahn mit ihnen.«

Mu'ayyad musste sich nicht langwierig in die Gruppe integrieren und keine Vorerfahrung vorweisen, wie es bei anderen islamischen Gruppen, vor allem bei den Muslimbrüdern, üblich ist. Die dschihadistischen Salafisten vertraten eine sehr einfache Weltsicht: Alle arabischen Regime, auch das jordanische, seien unislamisch und als »Tyrannen« anzusehen, denen man sich nicht unterwerfen darf. Weil sie die Scharia nicht befolgten, dürfe man solche Regierungen auf keinen Fall unterstützen, indem man sich für die Armee rekrutieren lässt oder in den Sicherheitsbehörden arbeitet. Diese Idee habe man zudem offen weiterzuverbreiten, damit die Gesellschaft das Konzept der *Hakimiya* und des *Tauhid* übernimmt. Man sei kein echter Muslim, wenn man nicht für das Herrschervorrecht Gottes eintritt, die heute Herrschenden nicht als gottlos bezeichnet und sich nicht von ihren Verfassungen und menschengemachten Gesetzen lossagt.

Die Ideen, die diese Gruppe vertrat, waren eine Mischung aus Thesen von Abu Muhammad al-Maqdisi, dessen Bücher heimlich gedruckt, kopiert und verbreitet wurden, von Sayyid Qutbs Werk *Ma'alim fit-Tariq* (»Wegzeichen«) und Standpunkten, die die ägyptische *al-Jama'a al-Islamiya* vertrat. Der Befragte sagt: »Über die islamische Religion haben wir eigentlich nichts gelernt. Es wurde immer nur wiederholt, dass unsere Herrscher ungläubig seien, man attackierte die Regimetheologen und ächtete den Dienst bei Armee und Polizei. Die Bezeichnung ›dschihadistischer Salafismus‹ gab es damals noch gar nicht. Wir glaubten, dass das, was wir dort lernten, der Islam sei und es gar kein anderes Verständnis der Religion geben könne.«

Mu'ayyad hatte gerade einmal die siebte Klasse hinter sich gebracht, und jetzt, in der achten Klasse, nahm er diese Ideen begierig auf. Er ging in die staatliche Uqba-bin-Nafi'-Schule mitten in Salt, und sowohl in der Schule als auch in seinem Wohnviertel propagierte er nun seine neu gewonnen Kenntnisse. Er kleidete sich »afghanisch« (das heißt er trug wie andere Salafisten ein Langhemd) und betrachtete die anderen Leute aus der Dschihadgruppe als seine neue Familie.

Diese Wandlung des jungen Mu'ayyad, insbesondere seine staatsfeindlichen Ideen, wurden in seiner Umgebung mit wenig Wohlwollen gesehen. Der Junge geriet in Streit mit seinen Eltern und seiner Familie, der er seine neue Sichtweise auf die Religion gleich mit aufzuzwingen versuchte. Er erklärte Fernsehen für Sünde und die Kleidung seiner Angehörigen für unislamisch. Auch die Schulleitung war nur mäßig begeistert davon, dass ein Achtklässler solche Meinungen offen in der Schule vertrat.

Er verbrachte den Großteil seiner Zeit mit der Gruppe, die wuchs und schon bald Dutzende mehr oder weniger junger Männer umfasste. Sie beteten zusammen, saßen lange beieinander, spielten Fußball, machten Ausflüge und sie verband das Gefühl, dass sie für den wahren Islam stünden und dass sie dies der Gesellschaft und der Allgemeinheit zu verkünden hätten.

Der junge Mu'ayyad verstand die Ideologie der Gruppe nicht vollständig, aber für ihn war sie der einzig wahre Weg, den Islam zu praktizieren. Er sah sie als Protest gegen das in seinen Augen mangelhafte herrschende Religionsverständnis. »Von klein auf hatte ich gelernt, dass die Juden unsere Feinde sind. Aber nun war alles anders. Nun sah ich auch unsere eigene Regierung, unsere Sicherheitsbehörden und unsere Armee als Feind an.«

Zwar überkamen ihn von Zeit zu Zeit Zweifel an der Richtigkeit seiner Aktivitäten, aber er schob sie zur Seite, denn er fand Rückhalt durch die Freundschaften, die er in der

Gruppe schloss. Die Gruppe wurde zu seinem festen Bezugsrahmen, und auch wenn es keine organisatorische Struktur wie bei den Muslimbrüdern oder politischen Parteien gab, so prägten doch die Ideen und die Freundschaften, die aus der Gruppe erwuchsen, seinen Charakter stark – gerade weil er noch so jung und beeinflussbar war.

Der junge Mann übernahm die Denkweise der dschihadistischen Salafiya vollständig, und zugleich wurde er immer mutiger. Es kam soweit, dass er mit 16 Jahren einmal in der Großen Moschee von Salt das Mikrofon in die Hand nahm und dort vor allen Versammelten verkündete, der jordanische König Hussein sei ein *Kafir*, ein Gottloser, und sein Regime unislamisch!

Schon bald interessierte sich der Geheimdienst für den Jungen. Er wurde bedrängt und zu Verhören vorgeladen, und er begann zu spüren, dass er Ideen vertrat, die ihn in große Schwierigkeiten bringen konnten. Mittlerweile war er in der zehnten Klasse.

Ein Jahr später, in der gymnasialen Oberstufe, gerieten Mu'ayyads Überzeugungen zum ersten Mal ins Wanken. Er lernte einen Prediger der Muslimbruderschaft kennen, einen Schariastudenten mit sufischen Neigungen und großem Wissen. Seine Bildung, sein Charakter, seine ruhige Art, sein Weitblick und seine Offenheit machten Eindruck auf Mu'ayyad.

Zugleich hatte Mu'ayyad zunehmend mit Abdurrazzaq Abul Basal zu tun, einem Universitätsdozenten für Schariawissenschaft. Er hatte in Saudi-Arabien studiert und lange dort gelebt, bis er Mitte der neunziger Jahre in seine Heimatstadt Salt zurückkam. Er war nun als Dozent an der Yarmuk-Universität tätig und gab zuweilen Kurse in der Großen Moschee von Salt. Abul Basal war zwar ebenfalls Salafist, aber er gehörte zur aktionistischen Ausprägung, die versucht, ein Gleichgewicht zwischen islamischer Rechtslehre einerseits und dem Umgang mit der Gegenwart andererseits zu finden. Ihre Anhänger beschäftigen sich mit Theologie und versuchen, ihre Glaubenslehre mit politischen und sozialen Themen zu vereinbaren, ohne Konflikt und Konfrontation auf eine Weise zu suchen, die den Einzelnen überfordert.

Mu'ayyad begann grundlegend nachzudenken. Er verglich das, was er von seinem neuen sufistischen Freund und von Scheich Abul Basal hörte, mit dem, was die Dschihadisten sagten. Deren Logik war eine der ständigen Konfrontation mit Staat und Gesellschaft. Man konnte damit eigentlich nur ins Gefängnis kommen oder trotz aller Repressionen weitermachen.

»Ich war auf einem schwierigen Weg und sah, dass ich nur zwei Optionen hatte«, resümiert Mu'ayyad. »Entweder machte ich mit den Dschihadisten weiter, was hieß, dass ich mit Verfolgung und Haft zu rechnen und keine wirkliche Zukunft hatte, oder ich sähe die Religion als Wissenschaft ohne Alltagsbezug an, wie andere es taten. Erst Dr. Abul Basal zeigte mir, dass es auch noch einen anderen Weg gab.«

Mit Ende 18 kam Mu'ayyad zu dem Schluss, dass seine dschihadistischen Freunde zwar eifrige Gläubige waren, dass ihre Methode jedoch eine ständige, unauflösbare Konfrontation mit der Realität bedeutete und dazu führte, dass man sich vor der Welt abschottete, nicht arbeitete, nicht studierte und sich am öffentlichen Leben nicht beteiligte.

Das Paradoxe an der Situation war, dass Mu'ayyad gerade in jener Phase, in der er wachsende Zweifel an der Ausrichtung des dschihadistischen Salafismus bekam, wiederholt verhaftet wurde. Als er noch keine 18 Jahre alt war, kam er zum ersten Mal für vier Tage in Haft, sechs Monate später für zwei Wochen. Ein Jahr später bekam er 22 Tage Haft, und beim vierten Mal 28 Tage. Er war jetzt gerade 19 und seit zwei Monaten verheiratet. Nach eigenen Angaben nutzte er seine Haftzeiten dazu, den Koran auswendig zu lernen, aber er hatte auch das Gefühl, dass er für Ansichten eingesperrt wurde, zu denen er im Inneren nicht mehr stand. Doch fand er damals nicht den Mut, dies irgendjemandem gegenüber einzugestehen.

Aber er begann, sich von seiner Vergangenheit zu distanzieren und seine dschihadistisch-salafistischen Gedanken aufzugeben. Er fühlte sich zerrissen: Einerseits galt er noch als Anhänger der genannten Richtung, auch bei den Behörden, aber seine Überzeugungen waren bereits andere. Er konnte seine früheren Ansichten bestenfalls noch als idealistisch ansehen und wollte sich nun anderen, gemäßigteren und realistischeren islamischen Gruppen nähern. Zugleich aber wollte er dies nicht offen verkünden, um sich die Dschihadisten nicht zu Feinden zu machen. Er versuchte einen schwierigen Spagat, indem er sich langsam aus den dschihadistischen Kreisen zurückzog und sich zugleich anderen zuwandte. Er wollte die alten Verbindungen möglichst lautlos kappen, was letztlich vier Jahre lang dauerte – von seinem 19. bis zu seinem 23. Lebensjahr. Erst jetzt fühlte er sich von der alten Gruppe geistig und seelisch befreit.

Wenn Mu'ayyad heute auf seine Jugend von der siebten Klasse bis zu seiner Heirat zurückblickt, fühlt er Bitterkeit. Er glaubt, damals viel verpasst zu haben, vor allem was seine Bildung betrifft. Hätte er damals anderen Ideen angehangen, so glaubt er, wäre er heute vielleicht schon promoviert oder akademisch in anderer Weise weitergekommen. Aber solche Ambitionen schienen ihm unangemessen, als er noch bei den dschihadistischen Salafisten war, die sich gegen Universitäten, gegen Unternehmertum und gegen Arbeit wandten. Er selbst sagt heute, dass es sein geringes Alter und sein jugendlicher Überschwang gewesen seien, die ihn zu den Dschihadisten gebracht hätten, nachdem er bereits religiös erzogen gewesen sei. Deshalb konnte er seine Freizeit nicht wie andere Jugendliche verbringen und deren Ventile nicht nutzen, indem er, wie sie, geraucht, über Mädchen geredet oder Pornofilme angesehen hätte – alles Dinge, die Dschihadisten als Sünde brandmarken. Ihm blieb daher nur, ihre Ideologie umso nachdrücklicher zu vertreten und zu verkünden, damit zwangsläufig zum Staatsfeind zu werden und so seinen gegensätzlichen jugendlichen Neigungen entgegenzuwirken. Sein religiöser Extremismus war also auch ein Versuch, anders gelagerte Neigungen zu unterdrücken.

Der Anschluss junger Leute wie Mu'ayyad an eine solche Strömung lässt sich darüber hinaus mit einem Vakuum erklären. Es fehlten gemäßigte Gelehrte, Theologen und Denker, die in der Lage gewesen wären, auf junge Leute zuzugehen und ihnen eine zeitgemäße islamische Sicht zu vermitteln. Daher hatten die Dschihadisten leichtes Spiel. Zudem sind sie in ihrem Gebaren impulsiv und wecken leidenschaftliche religiöse Emotionen, womit sie eine Leerstelle bei Mu'ayyad und anderen jungen Leuten in Salt füllten.

Mu'ayyad besann sich noch einmal, korrigierte seine Überzeugungen und wandte sich anderen Richtungen zu, die wir später noch betrachten werden. Aber andere jugendliche Dschihadisten gingen sehr schnell noch einen Schritt weiter. Ein Beispiel dafür ist Mu'tasim Daradka, der nach der schulischen Oberstufe 1999 nach Irakisch-Kurdistan ging, um dort mit dem erwähnten Ra'id Khreisat, der eine jordanische Dschihadistenkampfgruppe zusammengestellt hatte, und kurdischen Dschihadisten gegen säkulare Kurden zu kämpfen. Wenige Monate später war Mu'tasim tot, gefallen im Gefecht.

Wie Mu'ayyad sagt, ging er zum ersten Mal in sich als er 18 Jahre war, aber der eigentliche innere Konflikt und die Zerrissenheit zwischen neu gewonnenen Ansichten und alten Gefühlen und Freundschaften begannen bei ihm erst mit Ende 19. Und es dauerte vier Jahre, bis er sich stillschweigend aus dem dschihadistischen Salafismus lösen konnte. Nun näherte er sich geistig den Muslimbrüdern an, aber auch gemäßigten beziehungsweise traditionalistischen Salafisten. Mu'ayyad nennt diese Phase die des »Kopfzerbrechens«.

Dass es zu dieser Phase kam, begründet er auch damit, dass er nun geheiratet und entsprechende Verpflichtungen zu erfüllen hatte. Er nahm eine Arbeit in einem Restaurant an, dann in einem islamischen Buchladen, er verkaufte als fliegender Händler vor Moscheen religiöse Tonkassetten und Bücher. Viel Auswahl, sein Eheleben zu finanzieren, hatte er deswegen nicht, weil die Dschihadisten die meisten Tätigkeiten, mit denen man Geld verdienen konnte, als Sünde ansahen.

Was Mu'ayyad in seinen Ausführungen zu seiner Wandlung offenbar verdrängt, ist die Rolle von Ra'id Khreisat, der wie Mu'tasim und eine Reihe weiterer junger Männer aus Salt ebenfalls in Kurdistan im Kampf fiel. Khreisat hatte in den Jahren zuvor großen Einfluss auf Mu'ayyad gehabt. Von Beginn an hatte er den Jungen in die Richtung des dschihadistischen Salafismus gedrängt, und er war für ihn dabei wie ein großer Bruder und ein Beschützer, der ihm zur Seite stand, wenn er in Konflikt mit seinem Umfeld oder mit der Staatsmacht geriet. Für einen jungen Mann in Salt, der nicht zu den alteingesessenen Familien gehört, bedeutete das viel. Ra'id war für ihn eine verlässliche Stütze, zugleich aber hinderte er ihn auch daran, in andere Richtungen zu denken, denn damit hätte er eine zentrale Bezugsperson verloren.

Ende 1999 also zog Khreisat mit einer ganzen Gruppe junger Dschihadisten aus Salt in den Kampf in Kurdistan, und ihnen folgten Dutzende weiterer junger Männer. Und so wie Khreisat ließen viele von ihnen dort ihr Leben, während andere Dschihadisten in Salt und anderen Städten nur darauf warteten, ebenfalls irgendwohin in den Dschihad zu ziehen – zumal nach dem amerikanischen Einmarsch in den Irak im Jahr 2003.

Mu'ayyad war als Zeuge solcher Dschihad-Wanderungen gezwungen, eine Entscheidung zu treffen. Als Ehemann hatte er finanzielle Verpflichtungen, und er überdachte so manch alte Ansicht. Das alles brachte ihn dazu, sich moderateren und toleranteren islamischen Denkschulen zu nähern, die seinem Charakter eher entsprachen als der aggressive Dschihadsalafismus, dessen Anhänger er zuvor gewesen war.

Fazit

Die angeführten Beispiele aus der dschihadistischen Salafistenszene mit all ihren Lebensläufen und geistigen, spirituellen und persönlichen Erfahrungen geben uns einen Einblick in den Charakter der Anhänger dieser Richtung. Zwar sind dies alles »Einzelfälle«, die nicht für die gesamte Strömung stehen können, aber sie ähneln doch vielen anderen Beispielen. Andere Dschihadisten weigerten sich, ihre Geschichte auf Band zu sprechen und wollten in dieser Publikation auch nicht genannt werden, doch werde ich ihre Äußerungen und Erfahrungen gegen Ende dieser Studie als Teil der Schlussfolgerungen mit heranziehen.

Es gibt Übereinstimmungen zwischen dem Charakter dschihadistischer, traditionalistischer und aktionistischer Salafisten. Sie alle haben sich für eine »religiöse Identität« entschieden, bei der das Religiöse ihren geistigen Horizont und ihr tägliches Handeln gleichermaßen dominiert. Bei den Dschihadisten ist dies jedoch bezüglich der persönlichen, sozialen und politischen Ebene noch ausgeprägter als bei den Traditionalisten und den Aktionisten.

Die erste Ebene des dschihadistischen Charakters besteht in einer starken Abschottung, mit der sich der Betroffene wie mit einer dicken Mauer gegen äußere Einflüsse schützen will. Der dschihadistische Salafist ist tief religiös, legt größten Wert auf die Einhaltung von Glaubensdogmen auf Grund religiöser Texte (Koran, *Sunna* und Fatwas) und will alle religiösen Riten streng vorschriftsgemäß befolgen. Er betet in Gemeinschaft, betont nach außen moralische Prinzipien und enthält sich in der Öffentlichkeit jeder vermeintlichen Zuwiderhandlung gegen Vorschriften der islamischen Scharia. Daraus ergibt sich eine Persönlichkeit, die sich über ihre Umgebung erhebt, da diese sich nicht im Sinne seiner Ideologie an religiöse Pflichten hält.

Ideologisch konkretisiert sich dies darin – um die Begrifflichkeit von Sayyid Qutb und anderen dschihadistischen Diskursführern zu verwenden –, dass »der Glaube über den Dingen steht«, insofern der Gläubige körperlichen Bedürfnissen nicht nachgibt und gesellschaftlichen, politischen und kulturellen Einflüssen nicht erliegt, wenn diese – wie es meist der Fall ist – keine religiöse Basis haben.

Dieser gefühlsbezogene Aspekt im Wesen des dschihadistischen Salafisten bringt ihn zu einer gewollten inneren Isolation von seiner sozialen Umwelt. Er bleibt zwar körperlich und geistig präsent, arbeitet auf eine Veränderung hin und missioniert, aber er ist zugleich stets darauf bedacht, alles von sich fernzuhalten, was der Scharia widerspricht, sei es auf der Ebene von Freundschaften, in der Familie, unter Verwandten oder in Bezug auf die übrige Gesellschaft.

Die dschihadistische Persönlichkeit ist dabei aber nicht im psychologisch-sozialen Sinne introvertiert, denn es finden sich auch Beispiele von Salafisten, die auf ihre Umgebung zugehen, für den Glauben, wie sie ihn verstehen, werben und die sich bei sozialen Anlässen unter Leute mischen. Aber auch hierbei achten sie darauf, sich mit dem dort Vorgefundenen nicht zu identifizieren.

Daraus ergibt sich ein weiteres Merkmal des dschihadistischen Charakters, nämlich eine Eindimensionalität beziehungsweise eine Art Einbahnstraßenmentalität, in der man »sendet, aber nicht empfängt«, oder nur das, was mit den einmal übernommenen Dogmen übereinstimmt. Ein solches Wesen will beeinflussen, aber nicht beeinflusst werden und verändern, aber nicht verändert werden. Dementsprechend geht es auch nur zu dem Zweck unter Leute, für die eigene Gottgläubigkeit zu werben und auf andere einzuwirken oder sie zu rekrutieren.

Das Dogmatische ist eine der grundlegendsten Eigenheiten des Dschihadisten, ja, dieser ist eine dogmatische Person par excellence. Seine Haltung zu Regierungen und Regimen, zu politischen und demokratischen Spielregeln und zu Parteien, auch islamischen, ergibt sich in direkter Weise aus seiner Glaubensdoktrin des *Tauhid*, und dementsprechend ordnet er alles andere unter Unglaube, Verirrung, Sünde und Verstoß gegen religiöse Gebote ein. Alle, die sich Weltlichem unterwerfen, stehen außerhalb der »erretteten Gruppe« der dschihadistischen Salafiya, die sich an nichts als ihre Prinzipien hält und sich nicht darum kümmert, wer zu ihr hält oder nicht, seien es Teile der Gesellschaft, des Staates oder auch islamistischer Parteien, ganz zu schweigen von säkular ausgerichteten Strömungen.

Wegen ihrer streng dogmatischen Sicht und der darauf aufbauenden Grundsätze interessieren sich viele Dschihadisten auch nicht für Einzelheiten des politischen Lebens und der Berichterstattung in den Medien, oder nur insoweit, wie es ihre eigenen Anliegen oder ihre Strömung im engeren Sinn betrifft. Viele dieser Salafisten lesen keine Zeitung und sehen nicht viel fern, und sie nehmen im Allgemeinen auch nicht an öffentlichen Diskussionen teil – es sei denn, sie werden dort in ihren fest gefügten Ansichten bestärkt.

Daher kommt dschihadistischen Foren im Internet für entsprechend Interessierte seit einigen Jahren eine große Bedeutung zu. Das Internet wird für die Formung der dschihadistischen Ideologie und ihre Verbreitung immer wichtiger. Zudem kommunizieren ihre Anhänger hier nicht nur innerhalb Jordaniens, sondern grenzübergreifend, zumal Hunderte ihrer Brüder im Geiste längst in Kampfgebieten außerhalb des Landes unterwegs sind. Die Isolation von der realen Umgebung macht solche Foren für sie noch attraktiver, und die virtuelle Welt wird für Anhänger dieser Strömung geradezu ein Ort der Zerstreuung und der Erholung. Hier können sie sich mit Gleichgesinnten austauschen und bekommen zugleich mit, was sich weltweit in der Szene tut.

Noch bedeutsamer sind diese virtuellen Foren in jüngster Zeit dadurch geworden, dass hier intensive interne Debatten unter Dschihadisten geführt werden. Es gibt beispielsweise viel Streit und Zwiespalt unter den Theoretikern der Dschihadsalafiya darüber, ob man den Islamischen Staat IS unterstützen soll oder nicht. Auch vorher schon wurde hier über die Linie von Abu Mus'ab az-Zarqawi versus Abu Muhammad al-Maqdisi beziehungsweise az-Zawahiri und die Ausrichtung von al-Qaida gestritten.

Eine der wichtigsten dschihadistischen Webseiten ist heute der Blog eines Mannes, der sich Jarir al-Husni nennt und den viele Dschihadisten mit dem Erben az-Zarqawis in Irbid, den bereits genannten Omar Mahdi, identifizieren. Dieser unterstützt klar den IS und agitiert scharf gegen al-Maqdisi und dessen Aufruf zur »friedlichen Mission« in Jordanien. Er wendet sich gegen jeden Ansatz einer friedlichen politischen Betätigung, gegen Demonstrationen und Protestkundgebungen, wie sie in Jordanien mit Beginn des arabischen Frühlings üblich gewesen waren, aber auch gegen jede Formalisierung der Strömung durch einen *Shura*-Rat oder Ähnliches.

Damit ist der allgemeine Rahmen des dschihadistischen Charakters umrissen. Aber obwohl dieser nach außen sehr streng erscheint, gesteht er zugleich innerhalb der Strömung unter den Anhängern ein gewisses Maß an Meinungsunterschieden zu. Da gibt es solche, die die vorgegebene Linie etwas sanfter gestalten und ihr einige Spitzen abschleifen möchten, kurz, die eine weniger harte Ausrichtung der Gemeinschaft anstreben, während andere einer noch extremeren Linie zuneigen und sich ganz von der Außenwelt abschotten möchten.

Daraus ergibt sich, was manche Psychologen als »Grundcharakter« bezeichnen. Die Unterschiede ergeben sich, wie am Anfang der Studie gezeigt, aus den Urerfahrungen jeder Person, entsprechend ihren sozialen, kulturellen und psychischen Umständen sowie ihren persönlichen Erlebnissen.

Wir haben es außerdem, wie aus den Beispielen und Begegnungen mit anderen Salafisten hervorgeht, mit unterschiedlichen Typen von Anhängern zu tun. Die einen hatten ursprünglich einen nicht-islamischen, zuweilen sogar säkularen, jedenfalls nicht-salafistischen Hintergrund, andere kommen aus einer anderen dschihadistischen Richtung oder hatten den Muslimbrüdern nahegestanden. Solche »Gewandelten« sind meist offener und flexibler in Bezug auf Äußerlichkeiten und Erscheinungsbild, im Hinblick auf gesellschaftliche Kontakte, auf Instrumente zur Veränderung und auf den Umgang mit politischen Gegnern, seien es ein Regime oder einzelne Politiker.

Aber viele andere dschihadistische Salafisten waren von Beginn an Salafisten, wenn auch zuvor möglicherweise traditionalistischer oder aktionistischer Ausprägung, wie Abu Anas ash-Shami und Abu Qatada. Diese sind zwar auch sehr dogmatisch, aber zumeist verfügen sie auch über ein beträchtliches Maß an schariabezogenem Wissen, und sie interessieren sich etwas mehr für politische und soziale Entwicklungen. So gesehen spielt also das jeweilige Vorleben eine wesentliche Rolle für das Verständnis, warum sich jemand dem Dschihadismus zuwendet beziehungsweise wie er innerhalb des dschihadistischen Spektrums zu veränderten Standpunkten kam.

Dann gibt es jene Menschen, die zuvor einen nicht-islamischen Hintergrund hatten, auch keine Anhänger anderer Ideologien waren und ein widersprüchliches Vorleben hatten. Solche Personen sind als Dschihadisten oft extrem konfrontativ und neigen zur Abschottung. Sie fallen von einem Extrem ins andere und vertreten die dschihadistische Ideologie schließlich in größter geistiger, spiritueller und verhaltensbezogener Strenge.

Bei den Gründen, warum sich jemand dem Dschihadismus zuwendet, werden neben persönlichen Ursachen meist soziale, wirtschaftliche und politische Umstände mitberücksichtigt. Auch hier wurde schon darauf hingewiesen, dass der Dschihadismus sich in Jordanien oft in einfachen Wohngebieten und in palästinensischen Flüchtlingslagern verbreitet. Er gedeiht geradezu auf dem Nähboden von Frustration und politischer Leere, eingeschränkten Bürgerfreiheiten, Armut, Arbeitslosigkeit und sozialer Ausgrenzung. Dazu kommt, dass persönliche Beziehungen sowie Verwandtschaftsverhältnisse in vielen Ländern oft der Schlüssel zum sozialen Erfolg sind, und auch diese stehen den Betroffenen nicht zur Verfügung

Ebenso wenig außer Acht lassen sollte man die Effektivität des salafistisch-dschihadistischen Diskurses bei der Instrumentalisierung religiöser Texte und der dogmatisch vereinfachenden Darstellung der Realität. Man protestiert mithilfe religiöser Texte gegen eine politische, kulturelle, soziale, wirtschaftliche oder auch militärische Situation, in der sich arabische Gesellschaften befinden, und verweist auf die politische Legitimationskrise der arabischen Regime, die nicht in der Lage sind, inneren und äußeren Herausforderungen zu begegnen, sowie auf die Lage in Palästina, die Frustrationsgefühle unter Muslimen allgemein, und unter Palästinensern insbesondere, erheblich verstärkt. Dazu kommt die überall spürbare Korruption und ein fehlender aufklärerischer und moderner Diskurs beziehungsweise fehlende Repräsentanten eines solchen Diskurses, die ein positives Leitbild abgeben könnten.

All diese Faktoren werden für die Erklärung des seit Jahren zu beobachtenden Aufstiegs des Dschihadismus herangezogen und von Forschern und Beobachtern fast für selbstverständlich gehalten. Alle Fallbeispiele und Indikatoren bestätigen diese Annahmen. Sie sind auch der Schlüssel für das Verständnis, wie die Rekrutierung von Anhängern dieser Richtung erfolgt.

Festzuhalten bleiben zwei Faktoren: Das gesellschaftliche Klima, manifestiert in Lebens- und Wohnverhältnissen und Lebensstil, sowie die subjektive Ebene, das Abenteuer eines Lebens auf der Grundlage radikaler Ideen zu wagen. Dies wiederum ist begründet in persönlichen Erfahrungen, verbunden oft mit psychischen Problemen und emotionaler Instabilität.

Die salafistische Suche nach dem »dritten Weg«

Die salafistische Gruppe, die wir im Folgenden betrachten wollen, steht zwischen den verschiedenen Lagern. Sie hat während der vergangenen Jahrzehnte versucht, einen Mittelweg zwischen der Traditionssalafiya, die auf Scheich Nasiruddin al-Albani zurückgeht, und der späteren dschihadistischen Ausrichtung der Salafiya nach den Vorgaben von Abu Muhammad al-Maqdisi zu finden. Anfangs war die neue Richtung noch eins mit dem Salafismus, wie ihn die Scheichs in Jordanien und Saudi-Arabien gepredigt hatten, später gab es Überschneidungen mit dem Dschihadismus, und doch arbeitet sie bis heute auf einen »dritten Weg« hin, was sich in Rhetorik und sozialer, missionarischer, pädagogischer und wohlfahrtsbezogener Arbeit niederschlägt.

Wenn man die Ursprünge dieser Strömung zurückverfolgt, stellt man fest, dass die ersten Versuche, sie zu gründen, im Osten der Stadt Amman in jordanisch-palästinensischen Kreisen erfolgten. Von dort begann sie, sich in andere Regionen und Städte auszubreiten, insbesondere in Zarqa und Ruseifa. Die Kerngruppe war in den achtziger Jahren von den Ideen von Abu Qatada und Hassan Abu Haniya beeinflusst. Beide lebten im Viertel Ra's al-Ain in Amman.

Um die Wende von den siebziger zu den achtziger Jahren wurden Abu Qatada und Hassan Abu Haniya über einschlägige Lektüre zu Anhängern der wahhabitischen Schule und initiierten zusammen mit einer Gruppe von Anwohnern in Ra's al-Ain den Bau der »Moschee der rechtgeleiteten Kalifen«, in der sie fortan regelmäßig verkehrten und salafistische Seminare veranstalteten.

So versammelten sie junge Männer um sich, die den Grundstein für Kommunikation und Interaktion unter Salafisten in Jordanien bildeten, während zugleich Scheich al-Albani nach Jabal an-Nasr kam, das ebenfalls im Osten Ammans liegt. Die neuen Salafisten, die sich mit der Linie al-Albanis nicht identifizieren konnten, begannen, in den verschiedenen Regionen Jordaniens Ableger zu bilden. Sie blickten auch ins Ausland, insbesondere in die Golfregion und nach Kuwait, wo die aktionistisch-salafistische Richtung unter Abdurrahman Abdulkhaliq bereits existierte, und nach Saudi-Arabien, wo gerade die bereits erwähnte *Sahwa*-Bewegung unter Safar al-Hawali und Salman al-Auda entstand.

Im Laufe der achtziger Jahre geriet die Gruppe unter den Einfluss von Mahmud Abdurra'uf Qasim (alias Scheich Abul Amin), eines syrischen Salafisten, der ebenfalls in Ost-Amman wohnte, viele Schriften verfasste und in Kontakt mit vielen hohen salafistischen Scheichs stand. Er hielt im eigenen Haus Kurse ab, sprach über Bildung und salafistische Mission und hatte seine eigene Sicht auf internationale Konflikte. Er kritisierte in seinen Büchern den Kommunismus und islamische Bewegungen, die er von kommunistischen Traditionen beeinflusst sah, zum Beispiel die *Hizb at-Tahrir al-Islami* (»Islamische Befreiungspartei«), sowie den Sufismus.

Die Gruppe um Abu Qatada und Hassan Abu Haniya entwickelte um die Mitte der achtziger Jahre ein salafistisches Bewusstsein, das bezüglich politischer, gesellschaftlicher und organisatorischer Arbeit von dem der Albani-Schule abwich. Sie gründete Anfang der neunziger die *Harakat Ahl as-Sunna wal-Jama'a* (»Bewegung der sunnitischen Gemeinschaft«), mit der viele Dutzend junger Salafisten die Hoffnung auf organisierte salafistische Aktion verbanden. Die Initiative wurde jedoch schnell zwischen staatlicher Repression und Ablehnung durch die traditionelle Salafiya zerrieben; dazu kam die Übersiedlung Abu Qatadas ins Ausland und seine Hinwendung zum Dschihadismus. Entsprechend vollzogen viele Anhänger der Bewegung diesen Schritt nach.

1993 folgte die Gründung der *Jam'iyat al-Kitab was-Sunna* (»Vereinigung Koran und Sunna«) als organisatorische Plattform der Aktionisten. Auch sie erlebte heftige Auseinandersetzungen, die aber diesmal interner Art waren, denn in den neunziger Jahren begann, wie beschrieben, der Aufstieg der dschihadistischen Salafiya, die auf die aktionistische Richtung ausstrahlte, bis die Führung der *Jam'iyat al-Kitab was-Sunna* dem 2003 ein Ende setzte, indem sie die eigene Ausrichtung als *haraki* (»aktionistisch«) definierte und sich vom Dschihadismus distanzierte. Dies war auch eine Reaktion darauf, dass Abu Anas ash-Shami 2003 in den Irak gegangen und sich dort al-Qaida angeschlossen hatte. Die Vereinigung nahm dies zum Anlass, ihre Orientierung neu zu bestimmen, indem sie ein Programm entwickelte, das den Schwerpunkt auf Bildung, Kultur und Wohlfahrt legte. Sie eröffnete Niederlassungen in ganz Jordanien. In den letzten Jahren lag der Schwerpunkt ihrer Arbeit in der Nothilfe für syrische Flüchtlinge, indem sie für diese Hilfslieferungen aus Katar und den Golfstaaten organisiert.

Aber obwohl die aktionistisch ausgerichtete Salafiya sich seit Mitte der neunziger Jahre klar gegenüber der Albani-Linie positioniert hatte, blieb ihre ideologische Identität doch zu undeutlich, als dass sie sich immer gegen andere salafistische Richtungen hätte abgrenzen können. Eine Sammlung von Anhängern in einem einzigen Block war zudem deswegen ein schwieriges Unterfangen, weil es in Jordanien keine geistliche Bezugsautorität für ihre Richtung gab.

Im Folgenden werden wir uns mit der Geschichte von Salafisten befassen, die der aktionistischen Strömung zugerechnet werden: Zayid Ibrahim Hammad, gegenwärtig Vorsitzender der *Jam'iyat al-Kitab was-Sunna*, und Hisham az-Zu'bi, Vorsitzender der salafistischen Vereinigung *I'tisam* (»Ausharren«) und ehemals Mitglied in *Jam'iyat al-Kitab was-Sunna*. Beide gehörten zu den ersten, die sich Abu Qatada, Hassan Abu Haniya und Scheich Abul Amin angeschlossen hatten. Zudem gehen wir auf den Lebensweg von Usama Shehada (ebenfalls von *Jam'iyat al-Kitab was-Sunna*) und Ahmad Abu Rumman ein, der mit Abu Anas ash-Shami von den Traditionalisten zu den Aktionisten gekommen war und sich dann dem Dschihadismus zugeneigt hatte, bevor er wieder zum aktionistischen Salafismus zurückkehrte.

Da die Konturen der hier besprochenen Strömung so undeutlich beziehungsweise widersprüchlich sind, kann man auch kaum behaupten, es hier mit einem festen ideologischen Lager zu tun zu haben. Dazu gibt es intern zu viele verschiedene Gruppen, Kleingruppen und Persönlichkeiten, die recht unterschiedliche Vorstellungen von der anzustrebenden Praxis und eine ebenso unterschiedliche politische Analyse haben. Feststellen lässt sich nur, dass die Aktionisten im Allgemeinen für eine institutionalisierte Arbeit sind, was sie von den Traditionalisten unterscheidet, die jede politische Betätigung ablehnen. Zwar gibt es in Jordanien keine salafistische Partei im eigentlichen Sinn, aber die aktionistischen Salafisten lehnen Parteiarbeit nicht grundsätzlich ab. Dass sie selbst keine solche Partei gründen, hängt damit zusammen, dass sie nicht in der Lage sind, sich zu einem klar umrissenen Block zusammenzuschließen und dass ihnen eine geistliche Autorität fehlt.

Der grundlegende Unterschied zwischen Aktionisten und Dschihadisten liegt darin, dass Letztere den Dschihad als einzigen Weg zu Veränderung ansehen, während Erstere an friedliche und institutionelle Missionsarbeit glauben. Dabei bleibt ihre Haltung zu dieser oder jener Regierung jedoch eher nebulös beziehungsweise widersprüchlich. Die einen neigen den Ideen Sayyid Qutbs von der *Hakimiya* zu und erklären Regime, die nicht nach der Scharia herrschen, für gottlos, was nach ihrer Sicht auf alle arabischen Regime zutrifft. Sie treten aber, anders als die Dschihadisten, nicht für den bewaffneten Kampf gegen diese ein. Andere wiederum wollen zwar Machthaber nicht verketzern, unterwerfen sich aber auch nicht dem Prinzip der Gehorsamspflicht gegenüber dem Herrscher und stellen sich daher auch nicht gegen oppositionelle Kräfte. Sie glauben, dass Opposition legitim und politische Arbeit nicht verwerflich ist.

Wenn wir uns nun den einzelnen Richtungen und Personen dieses salafistischen Lagers in Jordanien genauer zuwenden, so zeigt sich ein unübersichtliches Geflecht, dem es an einer zentralen Referenz mangelt, wie überhaupt an einem Konsens darüber, welche Art von Veränderung man anstrebt und wie man diese durchsetzen will.

Insbesondere sind zu nennen die *Jam'iyat al-Kitab was-Sunna*-Vereinigung mit Sitz in Hay Nazzal in Ost-Amman und Ablegern in anderen Provinzen. Sie gibt die Zeitschrift *al-Qibla* (»Die Gebetsrichtung«) heraus. Seit einigen Jahren ist sie vor allem in der Wohlfahrt tätig. Ihre Führungsfiguren sind vor allem Zayid Ibrahim, Usama Shehada, Muhammad adh-Dhweib, Bassam al-Nasser und andere. Sie gibt keine eindeutige geistige Linie oder Reformvision vor.

Sodann a*l-I'tisam*, ein Verein mit Sitz in Hay az-Zuhur, Ost-Amman, und mehreren weiteren Büros in der Hauptstadt. Er ist kleiner als der erstgenannte Verein, vorrangig tätig in der Waisenpflege, Bildung und Erziehung. Er verfügt über keine großen Finanzquellen. Sein bekanntestes Mitglied ist Hisham az-Zu'bi.

Ferner sind jene Salafisten zu erwähnen, die sich zum aktionistischen Lager bekennen, aber politisch und geistig unterschiedliche Richtungen vertreten, wie Ibrahim al-As'as, Muhammad Abu Rahim sowie einige »Sururisten«. Und schließlich eine Reihe von Akademikern und Schariaprofessoren von jordanischen Universitäten, die in Saudi-Arabien studiert haben oder anderweitig zum Salafismus gekommen sind, deren Interesse aber eher akademisch ist, die sich nicht an geistigen oder politischen Debatten beteiligen und in den Medien und im politischen Spektrum nicht sichtbar sind.

Wenn man zur »Urzelle« der Aktionisten unter Abul Amin zurückgeht, so hat diese zwar die *Jam'iyat al-Kitab was-Sunna*-Vereinigung gegründet, aber die wichtigsten Mitgründer verließen diese später wieder, um sich anderen Lagern anzuschließen. Abu Qatada wurde zu einer Symbolfigur des dschihadistischen Salafismus in der Welt, Hassan Abu Haniya hat den Salafismus ganz hinter sich gelassen, und Omar Yusuf, der in die genannte Vereinigung eingetreten und später das al-Bukhari-Zentrum in Amman-Marka leitete, schloss sich den Dschihadisten an, ging zur al-Qaida im Irak und wurde dort getötet.

Paradoxerweise haben die Aktionisten nicht nur Mitglieder an den Dschihadismus verloren, sondern – gerade unter denen aus dem Kreis um Abul Amin – auch an die Gegenrichtung im salafistischen Spektrum, also an die apolitischen Traditionalisten. Deutlich wurde dies vor allem in der Gründung des *Al-Imam Abu Abdullah as-Shafi'i*-Zentrums unter Samir Murad ash-Shawabka, dem Imam der *Sunna*-Moschee in Ost-Amman.

Wir haben es also mit einer ideologisch eher unbestimmten Richtung zu tun, deren Zusammenhalt wenig gefestigt ist, die aber doch widerspiegelt, dass es zwischen traditionellen und dschihadistischen noch weitere Spielarten des Salafismus gibt. Es folgen nun einige persönliche Fallbeispiele aus Jordanien.

Zayid Hammad: Der Weg zur Wohltätigkeit

Zayid Ibrahim Hammad steht für den spirituellen und geistigen Lebensweg eines Mannes, der schon während seiner Schulzeit zur aktionistischen Salafiya gekommen ist und dieser auch während seines Studiums und seines Berufslebens treu geblieben ist. Nach dreieinhalb Jahrzehnten, in denen er unter anderem die *Jam'iyat al-Kitab was-Sunna* mitgeprägt und sie im Sinne einer Distanzierung vom Dschihadismus neu aufgestellt hat, hat er sich nun heute fast vollständig der Wohltätigkeitsarbeit verschrieben.

Zayid kam während seiner Gymnasialzeit zum Salafismus. Er wohnte damals in Ra's al-Ain, Ost-Amman, und lernte in der dort gerade neu erbauten »Moschee der rechtgeleiteten Kalifen« zuerst Hassan Abu Haniya und dann Abu Qatada kennen. Beide waren damals noch neu in der Salafiya, ja, diese war damals selbst noch etwas Neues in Jordanien.

Zum Salafismus kam Zayid, weil er sich bereits im Gymnasium für den Propheten interessierte und bei allen religiösen Streitfragen herauszufinden versuchte, wie der Religionsgründer dazu gestanden hätte. Das brachte Hassan Abu Haniya dazu, Zayid vorauszusagen: »Aus dir wird ein Salafist werden, denn du suchst in allen Fragen nach dem Schariabeweis und interessierst dich mehr für die Meinung des Propheten als für die der Gelehrten.«

Zayid Hammad nahm an Seminaren teil, die Hassan Abu Haniya in der Moschee gemäß der salafistischen *Tahawiya*-Schule über Rechtslehre und Scharia anbot, und freundete sich mit anderen Teilnehmern an. Durch den Einfluss von Abu Haniya und Abu Qatada kam er daher schon früh zum Salafismus, sein Religionslehrer in der Schule verstärkte diesen Prozess.

Wir können zudem feststellen, dass der junge Zayid schon damals »aktionsbetont« handelte und reale Veränderungen anstrebte. In seiner Schule war er in einer Schülergruppe zur Förderung von Disziplin, die sich »Freunde der Polizei« nannte. Er begann nun, ausgerechnet in dieser Gruppe den Salafismus zu predigen und verteilte zusammen mit einem jüngeren Freund, Usama Shehada, ebenfalls ein Frühsalafist, entsprechende Schriften und Flyer an Mitschüler.

Nach Ableistung eines zweijährigen Wehrdienstes schrieb er sich 1989 am Arabischen Kolleg für Buchhaltung ein. Er war mittlerweile überzeugter Salafist, besuchte die Freitagspredigten des bekannten Muhammad Ibrahim Shaqra und hörte Vorträge bei Scheich Abul Amin, begleitet von Usama Shehada, Adnan as-Sus und anderen.

Bisher hatte er sich noch nicht als Salafist bezeichnet, denn er hatte die entsprechenden Ideen ja nicht in Abgrenzung zu anderen Richtungen übernommen. Aber als er sich während des Studiums als Studentenvertreter zur Wahl stellte, bekannte er sich erstmals explizit zu seiner Haltung, denn andere Kandidaten waren insbesondere Anhänger der Muslimbrüder. Er war sich allerdings noch nicht im Klaren darüber, dass seine Richtung von der des Scheich al-Albani abwich.

Kurz vor den Wahlen erlebte Zayid aber noch eine unerfreuliche Überraschung mit den Muslimbrüdern. Eigentlich hatte er nicht das Gefühl gehabt, dass ihn allzu viel von ihnen trennte, denn schließlich verband sie die islamische Orientierung, weshalb er als Salafist auch mit ihnen zusammen auf einer Liste kandidierte. Aber die Kandidaten der Muslimbrüder ließen ihn im Stich, als sie plötzlich ihre Teilnahme an von Zayid mitorganisierten Protesten gegen die Erhöhung der Studiengebühren absagten – sie hatten eine entsprechende Weisung von oben bekommen.

Zayid Hammad fragte seine Mentoren Hassan Abu Haniya und Abu Qatada um Rat, ob er den von ihm angezettelten Protest trotzdem fortsetzen solle oder nicht, und sie rieten ihm dazu. Er und andere Salafisten veranstalteten daher Sit-ins ohne die Muslimbrüder, und so war der Bruch vollzogen. Eine solche Art von Protesten und Streiks war damals, bevor Jordanien eine Phase der politischen Liberalisierung einleitete, durchaus nicht ungefährlich und konnte zu Verhaftung führen. Aber die Beharrlichkeit Zayids sowie anderer Salafisten und Studenten führte dazu, dass das Dekanat die Entscheidung zur Erhöhung der Gebühren zurücknahm – ein Riesenerfolg für einen Studenten im ersten Semester, der sich damit großen Respekt für den Rest seines zweijährigen Studiums erarbeitet hatte.

Bei den Wahlen kandidierte Hammad nun getrennt von den Muslimbrüdern. Er bewahrt bis heute sein Wahlprogramm auf (»keine Erhöhung der Studiengebühren, Einrichtung einer

Bibliothek, Meinungsfreiheit«). Was er damals nicht wusste war, dass die Kandidaten seiner Salafistenliste »Sururisten« waren (die dezidiert für oppositionelle politische Aktivität eintraten). Die meisten von ihnen kamen nicht aus Amman, sondern aus Ruseifa, Zarqa und Suwailih.

Zayid wurde gewählt und stellvertretender Vorsitzender der Studentenvertretung, doch nun bekam er es vor dem Hintergrund seiner studentischen Aktivitäten auch zum ersten Mal mit der Staatsgewalt zu tun. Er hatte nämlich nicht nur Proteste und Streiks angeführt, sondern auch ein Fußballturnier unter dem Stichwort der Solidarität mit der »palästinensischen Intifada« organisiert, dem Aufstand der Palästinenser in den besetzten Gebieten gegen Israel, der damals junge Araber und Muslime elektrisierte.

Am letzten Turniertag sprach ihn ein Mitstudent an und fragte, warum er das Turnier nicht König Hussein gewidmet habe. Zayid wusste, dass hier ein Streit provoziert werden sollte, und antwortete: »Warum nicht, nächstes Mal machen wir eines für König Hussein!« Doch der Student bestand darauf, dass das Motto sofort geändert werden müsse. »Es entwickelte sich eine lautstarke Auseinandersetzung«, erinnert sich Zayid Hammad, »und immer mehr jordanische Studenten versammelten sich, wollten mich verprügeln und beschimpften mich wegen meiner palästinensischen Herkunft. Andere Studenten stellten sich ihnen entgegen, und der Streit endete irgendwann, aber ich wurde anschließend zum Geheimdienst einbestellt. Dort verlangten sie, dass ich mein Amt in der Studentenvertretung niederlege, was ich auch tat, weil ich über diese Vorfälle schockiert und frustriert war. Für den Rest meines zweijährigen Studiums blieb ich allem studentischen Aktivismus fern.«

In jener Zeit, im Jahr 1989, wurde das parlamentarische Leben in Jordanien mit Wahlen wiederbelebt. Salafistische Kandidaten gab es nicht, aber Abu Qatada und Hassan Abu Haniya beschlossen, die Kandidaten der Muslimbrüder zu unterstützen. Zayid warb mit für ihre Liste. Der Kandidat in seinem Wahlkreis hieß Abdulmun'im Abu Zant.

Hammad, damals Anfang zwanzig, sagt im Rückblick, heute würde er sich rücksichtsvoller verhalten. Zum einen entwickelte sich das Verhältnis der Salafisten zu den Muslimbrüdern am Kolleg zu offener Feindschaft, zum anderen habe er sich Studentinnen gegenüber so aggressiv verhalten, dass er, so sagt er heute lachend, sich wundere, dass sie das schweigend hingenommen haben. »Wenn sie uns damals verprügelt hätten, könnte ich ihnen das heute nicht zum Vorwurf machen.« Mit seinen Mitstreitern habe er damals versucht, allen Studierenden die salafistische Sichtweise aufzuzwingen. Sahen sie einen Studenten mit einer Kommilitonin in Zweisamkeit, schritten sie dagegen ein, organisierte jemand eine Exkursion für Männer und Frauen gemeinsam, prangerten sie ihn als Verbrecher an. »Das Problem war«, sagt Zayid wiederum lachend, »dass ich der Zuständige in einem Ausschuss war, der solche Aktivitäten kontrollierte!«

Hammad beschreibt seine salafistischen Aktionen von damals als »extrem konfrontativ« und führt dies darauf zurück, dass »die Scheichs und Prediger, denen wir damals zuhörten, keine Antwort auf die Realität hatten, wie sie an Universitäten herrschte. Wir versuchten daher, unsere Standpunkte mit Gewalt durchzusetzen. Eines Nachts überfluteten wir das ganze Kolleg mit Parolen und Transparenten zur Unterstützung des palästinensischen Aufstands. Am nächsten Tag kam der Dekan zu mir und versuchte mich davon zu überzeugen, dass wir mit solchen Methoden womöglich das Gegenteil des eigentlich gewünschten Ziels erreichen würden.«

Das konfrontative Vorgehen erklärt Hammad damit, dass sie als Studenten damals »der festen Überzeugung waren, dass wir damit am Kolleg und in der Gesellschaft den Islam praktizieren.« Sie seien sogar so weit gegangen, bei ihren Veranstaltungen eine Geschlechtertrennung einzuführen.

Dennoch wurde Zayid nach seinen Angaben auch von vielen Studentinnen gewählt, denn andererseits sei er klar für studentische Belange eingetreten und habe vor allem klare Solidarität mit der palästinensischen Intifada gezeigt. Das habe andere palästinensische Kreise am Kolleg dazu gebracht, diesen mutigen Salafisten zu unterstützen, auch wenn sie seine Ideologie nicht teilten.

Zayid nahm nach Abschluss seines Studiums eine Stelle bei *al-Maktab al-Islami* an, einem Verlag in Besitz von Zuhair ash-Shawish, einem führenden Muslimbruder, der aber salafistischen Ansichten zuneigte. Hammad studierte jetzt religiöse Literatur noch eifriger und bekam zugleich Diskussionen mit, die zwischen führenden Salafisten, Muslimbrüdern und anderen Islamisten geführt wurden, wenn sie im im Verlag, der zentral in der Stadt lag, vorbeikamen.

In den neunziger Jahren stieß Hammad auch zur erwähnten *Harakat Ahl as-Sunna wal-Jama'a* von Abu Qatada und Hassan Abu Haniya und gründete 1993 die *Jam'iyat al-Kitab was-Sunna* mit, in deren Vorstand er Buchhalter wurde. Er las, beteiligte sich an Aktivitäten der aktionistischen Salafiya in Jordanien und warb immer mehr Mitstreiter an. In Saudi-Arabien stieg zugleich die *Sahwa* auf und ließ in Jordanien große Mengen ihrer Tonkassetten verkaufen, auf denen die Predigten charismatischer Persönlichkeiten wie Safar al-Hawali, Salman al-Auda oder Nasser al-Omar zu hören waren. Die jordanischen Aktionisten fühlten sich diesen eng verbunden, erzählt Hammad.

Abu Qatada war die Führungsfigur der aktionistischen Salafiya in Jordanien, aber: »Er war noch nicht der Abu Qatada, den wir heute kennen, und er hatte noch nicht mit den Traditionalisten gebrochen. Er war noch aufgeschlossen gegenüber anderen islamischen Gruppen und Bewegungen.« Zum Beleg seiner Toleranz führt Hammad an: »Ich fragte ihn einmal um eine religiös fundierte Meinung dazu, ob auf meiner Wahlliste auch Frauen mitkandidieren dürften, und er bejahte das. Als ich sagte, dass dies bedeute, dass Männer und Frauen zusammen diskutieren müssten, bezeichnete er auch das als zulässig.«

Zayids Erinnerungen zufolge suchten die Aktionisten nun größere Distanz zu den Muslimbrüdern, denn diese waren in den Moscheen ihre schärfsten Konkurrenten. »Was uns von den Muslimbrüdern unterschied, war, dass wir der Glaubensdoktrin, der Scharialehre und der religiösen Erziehung mehr Priorität einräumten als die Muslimbrüder. Außerdem fanden wir, dass manche ihrer Haltungen asch'aritisch waren – also eine vernunftbegründete Beweisführung im Hinblick auf den Koran und die Sunna befürworteten – und wir suchten eher das Trennende als das Gemeinsame. Deshalb herrschte schon bald ein offener Widerspruch zwischen Salafisten und Muslimbrüdern.«

Dann begann die Gruppe um Abu Qatada, sich auch von anderen salafistischen Lagern abzusetzen, denn sie wollte aktiv und organisiert vorgehen und politisch keine Enthaltung üben, auch wenn sie bis heute keine salafistische Partei in Jordanien gegründet hat. Aber sie vertrat eine deutlich andere Position als die Schüler von Scheich al-Albani.

Drei Jahre arbeitete Zayid in jenem islamischen Verlag. Er las viel über Glaubenslehre und Hadith sowie die Bücher des Salafisten Hassan Abdulmannan aus Zarqa. Er besuchte zudem die Predigten von Muhammad Shaqra und Kurse von Schülern al-Albanis, mit dessen Lehre er damals noch nicht abgeschlossen hatte.

Aber gegen Mitte der neunziger Jahre begriff er, welch großen Widerstreit es unter Salafisten gab und dass seine Gemeinschaft eine andere geistige Linie verfolgte als die Albani-Schule. Damals stand er der Gruppe um die *Jam'iyat al-Kitab was-Sunna* besonders nahe, namentlich Hassan Abu Haniya, Bassam an-Nasser, Hisham az-Zu'bi, Usama Shehada, Muhammad Shattat, Hassan Abdulmannan, Ahmad al-Kuwaiti und Ibrahim al-As'as.

Zayid wurde klar, dass der größte Streitpunkt die Frage war, wie man zu bestehenden Regimen und demzufolge zur Notwendigkeit des bewaffneten Dschihad stand. Die einen bestritten den Regenten nicht ihre Zugehörigkeit zum Islam, andere taten genau dies und riefen zum Dschihad auf, darunter viele islamistische Gruppen in Ägypten. Eine dritte Gruppe erklärte zwar die Herrscher für ungläubig, wollte aber die Legitimität eines Dschihad dennoch nicht anerkennen, während wieder andere sich nicht dazu äußern wollten, ob ein Herrscher nun islamisch sei oder nicht.

Aber es blieb nicht bei der Frage nach dem Verhältnis zu den Traditionalisten, denn selbst innerhalb der *Jam'iyat al-Kitab was-Sunna* gab es nun Streit um eben diese Themen. Die dschihadistisch eingestellten Salafisten wurden in Jordanien immer mehr, und auch von Abu Qatada, der 1991 noch als Aktionssalafist ins Ausland gegangen war, hörte man, dass er in London zu einem der bekanntesten Prediger der Dschihadisten geworden war, den bestimmte Gruppen in Nordafrika als ihren Mufti anerkannten!

Die Wandlung Abu Qatadas, das Auftauchen des Salafitheoretiker Abu Muhammad al-Maqdisi in Jordanien sowie die zeitgleiche Verurteilung der *Sahwa*-Scheichs al-Hawali, al-Auda und al-Omar zu mehrjähriger Haft in Saudi-Arabien führten dazu, dass in der *Jam'iyat al-Kitab was-Sunna* bald niemand mehr wusste, wer das Sagen hatte, so dass eine Gruppe dschihadistischer Salafisten nun die Linie vorgab, was wiederum auf Islamisten in ganz Jordanien ausstrahlte.

Zayid Hammad fühlte sich den saudischen Aktionisten, insbesondere Safar al-Hawali, am nächsten. Aber er wollte lieber arbeiten als streiten und beschloss, sich möglichst geräuschlos zurückzuziehen – auch weil viele Mitglieder des Vereins wiederholt vom Geheimdienst verhaftet wurden.

Hammad verließ den Verlag und bekam eine Anstellung in einer privaten Firma, in der er gut verdiente – aber hier wartete neuer Kummer! Seine Aufgabe war die Überweisung der Gehälter der Angestellten, aber Scheich al-Albani erklärte ihm, das sei verboten, weil zinsnehmende Banken daran beteiligt seien. Hammad: »Ich versuchte, mit ihm zu diskutieren, aber er fragte mich nur wütend: ›Bist du noch immer nicht fertig?‹ Auch alle anderen in der Runde schauten mich böse an, obwohl ich nur fragen wollte, ob es auch dann unzulässig sei, wenn ich jemand anderen damit beauftragen würde, die Überweisungen vorzunehmen. Jedenfalls kündigte ich die Stelle daraufhin.«

Nun arbeitete er in Teilzeit als Buchhalter in mehreren Privatunternehmen und nachts in einem Restaurant in Amman. »Nun besuchten mich meine salafistischen Freunde im Restaurant und bedrängten mich, diesen Job wieder aufzugeben, denn jeden Donnerstagabend trete dort ein Sänger auf. Ich könne doch nicht arbeiten, wo es Gesang und Tanz gab! Als ich dem christlichen Restaurantbesitzer sagte, ich wolle aus diesem Grund aufhören, bot er mir an, er würde mir eine extra Kammer bauen, wo ich den Sänger nicht sehen und nicht hören würde, und das tat er sogar. Aber meine Freunde kamen wieder und meinten, das sei nicht ausreichend, denn im Restaurant laufe auch sonst Musik! Der Besitzer stellte die Musik in meinem Bereich ab, aber meine Freunde ließen nicht locker, bis ich auch dort kündigte.«

Nun kam er mit Freunden zum Verein *Jam'iyat al-Kitab was-Sunna* zurück und wurde in den Vorstand gewählt. Man hoffte, mit einer neuen Führung die Vereinsarbeit neu aufstellen zu können. Aber der Verein litt noch immer unter den alten internen Konflikten zwischen Aktionisten und Dschihadisten. Zayid besann sich auf sein Fachgebiet Betriebsführung. Er warb Spenden ein, knüpfte Kontakte und ging unter die Leute, ohne sich um den internen Streit zu sehr zu kümmern. Bei den nächsten Wahlen wollten seine Freunde, dass er für den Posten des Vorsitzenden kandidiert, denn sie wünschten sich einen flexiblen Aktionisten als Vorsitzenden, keinen Scheich oder Rechtsgelehrten, der nichts von Verwaltung und Führung verstand.

Hammad erklärte sich einverstanden, und die Kontrahenten bildeten einen Vorstand, mit dem er als Präsident arbeiten konnte, in dem er aber keine Entscheidungsmacht hatte. Er bemerkte, dass die dschihadistisch eingestellten Vorstände mit vorgefassten Beschlüssen zu den Versammlungen kamen. Er legte es nicht auf Konfrontation mit ihnen an, war aber entschlossen, den Verein vom Dschihadismus wegzuführen, um ihn zu erhalten und der Repression der Sicherheitsbehörden aus dem Weg zu gehen. Er selbst hatte keinerlei Sympathie für den bewaffnetem Dschihad, obwohl andere ihn ständig dazu drängten, sich al-Maqdisi anzunähern oder ihre dschihadistischen Ideen zu übernehmen. Aber seine Überzeugungen waren vollkommen andere.

Nach dem Mord an dem amerikanische Diplomaten Laurence Foley 2002 wurde der stellvertretende Vorsitzende der *Jam'iyat al-Kitab was-Sunna*, Muhammad Omar, beschuldigt, an dem Attentat beteiligt gewesen zu sein, und auch Zayid Hammad wurde einbestellt: »Beim Geheimdienst sagten sie mir, sie wüssten, dass ich nichts mit dem Attentat zu tun hätte, aber sie verwiesen darauf, dass die Präsenz von Dschihadisten gefährlich für den Verein sei«, berichtet Hammad.

Zayid entließ seinen Stellvertreter, musste aber feststellen, dass auch der geplante Nachrücker ein Dschihadist war. Nun wollte er den Dschihadisten in *Jam'iyat al-Kitab was-Sunna* entschieden zu Leibe rücken. Er ließ Neuwahlen abhalten und brachte viele neue Mitglieder in den Vorstand, ohne die Dschihadisten aber komplett aus dem Verein zu verbannen.

Mit dem neuen Vorstand wollte Zayid Hammad den Verein wiederbeleben und die internen Krisen hinter sich lassen. Neue pädagogische, missionarische und wohltätige Projekte sollten entstehen, und der Erfolg schien schon nach wenigen Monaten messbar: Er hatte 24 neue Zweigstellen und sonstige Ableger des Vereins geschaffen. Aber die Geister des Dschihadismus waren noch immer nicht gebannt. Die meisten Nebenstellen des Vereins waren mit Dschihadisten besetzt und gerieten ins Fadenkreuz des Geheimdienstes und dies – wie Hammad feststellen musste – nicht unbegründet.

Jetzt wusste Hammad, dass er die Dschihadisten vollständig aus dem Verein hinausdrängen musste. In einem beispiellosen Schritt schloss er Hunderte Mitglieder aus, ließ alle Ableger schließen, entließ die »Ruseifa-Gruppe«, die eine Brutstätte des Dschihadismus gewesen war, und richtete die Vereinsstruktur völlig neu aus. Mit dem dschihadistischen Salafismus sollte es bei *Jam'iyat al-Kitab was-Sunna* vorbei sein!

Hammad hält diesen Schritt bis heute für alternativlos, denn dem Verein habe eine Identität gefehlt. Es sei vorgekommen, dass man einen Parlamentsabgeordneten zu einem Vortrag eingeladen habe, und dieser sei von Vereinsmitgliedern dann vor Publikum als gottlos beschimpft worden! Es sei unmöglich gewesen, sich auf diese Weise in der Gesellschaft zu verankern und mit ihr in einen Austausch zu treten. Stattdessen musste in einer neuen Phase eine neue, reformorientierte Identität definiert werden, die nicht den Weg der Revolution geht, sondern den der friedlichen, zivilen Arbeit. Man wollte sich von nun an der Wohltätigkeit und der Mission widmen, statt um die richtige Einstellung zu streiten und die Konfrontation mit dem Staat zu suchen.

Mit der Syrienkrise kamen Hunderttausende von syrischen Flüchtlingen nach Jordanien. Zehntausende von ihnen leben im Lager az-Za'tari, viele weitere Zehntausende sind über andere Provinzen des Königreichs verstreut. Dieser historische Einschnitt brachte auch eine Wende für die Arbeit der *Jam'iyat al-Kitab was-Sunna*, die sich jetzt so effektiv und langfristig in der Nothilfe engagiert, dass sie zu einer der wichtigsten Organisationen in Jordanien und der ganzen Region geworden ist. Sie erhält Hilfslieferungen aus Katar und anderen Golfstaaten und verteilt sie unter Syrern in Jordanien. Dies wurde auch zu einem Wendepunkt in Hammads persönlichem Leben, der sich dieser ehrenamtlichen Arbeit immer stärker zuwandte. Zugleich ist er, momentan in der Baubranche, weiter als Buchhalter tätig.

Heute ist Zayid Hammad 46 Jahre alt und hat fünf Kinder. Er hat es darüber hinaus als Boxer weit gebracht und wird in internationalen Boxkämpfen als Schiedsrichter eingesetzt. In die Zukunft blickend, glaubt er, heute dort angekommen zu sein, wo er hinwollte, nämlich einerseits in die ehrenamtliche Wohlfahrtsarbeit, wo er weit weg von ideologischen Fehden sinnvolle Arbeit leistet, und andererseits als Spezialist in der Betriebswirtschaft, wo er produktive und reelle Arbeit leisten kann.

Usama Shehada: Der salafistische Charakter

Auf den folgenden Seiten soll es um einen anderen Lebensweg gehen. Usama Shehadas Interessen sind anders gelagert als die von Zayid Hammad, wenn beide sich auch geistig nahestehen und in der *Jam'iyat al-Kitab was-Sunna* aktiv waren. Aber Shehada interessierte sich anders als Hammad, durchaus für die gedanklichen Gegensätze unter Salafisten und die Unterschiede zwischen diesen und anderen Richtungen. Pädagogen würden sagen, er ist ein »Frühprodukt«. Seine salafistische Prägung war bereits abgeschlossen als er noch aufs Gymnasium ging. Er kam nach Jordanien, als seine Überzeugungen bereits gefestigt waren, er ein umfassendes Wissen über die verschiedensten Denkrichtungen gesammelt und salafistische Studien absolviert hatte.

In meinem Gespräch mit Usama Shehada, der viel über den Salafismus geschrieben hat, ging es unter anderem um die Analyse des von ihm Erlebten und seine Sicht auf die aktuelle Situation des Salafismus mit seinen verschiedenen Spielarten in Jordanien, außerdem um die Vor- und Nachteile fehlender anerkannter Institutionen und der Spaltung in widerstreitende Richtungen und Meinungen.

Usama Shehada wurde 1971 in Kuwait geboren und arbeitet heute in Unternehmen, die seiner Familie gehören. Er ist verheiratet, kommt aus der Mittelschicht und hat Abitur. Schon sein Vater war Salafist, und entsprechend wuchs Usama auf. Er selbst sagt von sich: »Ich war bereits Salafist, als ich in die Grundschule kam und an den Kursen von Scheich Abdurrahman Abdulkhaliq teilnahm.« Der Letztgenannte ist einer der führenden Köpfe der salafistischen Idee in der arabischen Welt und lebte damals in Kuwait. Er war einer der Gründer des Vereins *Jam'iyat Ihya' at-Turath al-Islami* (»Wiederbelebung des Islamischen Erbes«) und gilt als Vertreter der aktionistischen Richtung des Salafismus.

Usama wuchs also in einer salafistischen Umgebung auf und hörte in der Moschee die Predigten salafistischer Scheichs. Zwar hatte er über die Moschee ab der schulischen Mittelstufe auch schon Kontakt zu Muslimbrüdern, aber er konnte sich mit ihrer Linie in Kuwait nicht anfreunden, seine salafistischen Überzeugungen überwogen letztlich doch.

Was Usama die Sache erleichterte, war, dass die kuwaitische Salafiya weiter war als jene in Jordanien oder anderen arabischen Ländern, indem sie sich längst der institutionellen Arbeit verschrieben hatte. Sie hatte die *Jam'iyat Ihya' at-Turath* gegründet und erlaubte gemäß der Linie von Abdurrahman Abdulkhaliq die Teilnahme an Wahlen. Insofern waren die Salafisten in Kuwait nicht grundsätzlich anders organisiert als andere Gruppen.

Eine feste Basis an geistiger und spiritueller Erziehung ist, so Shehada, ein Erkennungsmerkmal des Salafismus, auch im Vergleich zu anderen islamistischen Gruppen. Der Salafist sei damit gewappnet gegen jede Abweichung vom rechten Weg, und sein Reservoir an Argumenten schütze ihn davor, sich emotional geführten Diskursen anzuschließen oder sich von politischen Entwicklungen mitreißen zu lassen. Die Muslimbrüder beispielsweise hätten sich von der iranischen Revolution begeistern lassen, die Dschihadisten vom bewaffneten Kampf. Der wahre Salafist dagegen habe eine geistige Basis, die ihm klare Anweisungen gebe, wie er sich bei bestimmten Ereignissen zu verhalten habe.

Als Usama in Kuwait zum Salafisten wurde, ging es ihm nicht wie anderen islamischen Gruppen um Reform und Veränderung, sondern um innere Wesensbildung, die spirituell ebenso wie geistig und akademisch erfolgen sollte. Er befand sich am Beginn seiner persönlichen Entwicklung.

Er baute er sein Wissen in Etappen auf. Er las salafistische Bücher und hörte den Scheichs zu. Das Besondere an Kuwait war, so meint er, dass er dort in einer komplett salafistischen Umwelt lebte und die salafistische Lehre aufnahm, so dass er diese Linie allmählich vollständig übernahm. Er meint allerdings, dass dem Salafismus in Jordanien das Gleichgewicht fehle, das er aus Kuwait kannte. In Jordanien sei die Bildung der Salafisten lückenhaft.

Usama kam mit seiner Familie, die palästinensische Wurzeln hat, 1987 nach Jordanien zurück. Dort lernte er gleich zu Beginn Scheich Abul Amin kennen, dessen Kurse er regelmäßig besuchte, wobei er auch andere Schüler des Gelehrten kennenlernte, darunter Hassan Abu Haniya, Abu Qatada und Zayid Hammad.

Bei Scheich Abul Amin vertiefte Usama seine Kenntnisse. Er übernahm von ihm das Interesse am Studium zeitgenössischer islamischer und westlicher Denkrichtungen, was seine Bildung noch vielseitiger machte. Zugleich interessierten ihn aktuelle Themen und Geschichte. Das hob ihn aus der Masse der Salafisten heraus, die sich mit aktuellem Geschehen und anders gelagerten Strömungen am liebsten gar nicht abgeben und darüber auch nichts lesen wollen.

Dazu kam bei Usama Shehada die persönliche Neigung, die führenden Köpfe der verschiedenen islamischen Schulen und insbesondere der Salafiya kennenzulernen. Dadurch bekam er ein klareres Bild von diesen Strömungen und Gruppen, islamistischen wie anderen, und er konnte früh eine Haltung zu ihnen entwickeln und, darauf aufbauend, seinen eigenen Weg wählen.

Die salafistische Linie, die er von Kuwait her kannte, war in Jordanien zwar bekannt, aber zu Shehadas Überraschung wurde sie in Jordanien teils heftig kritisiert, denn hier war die Schule al-Albanis maßgeblich. »Die Albani-Schüler hatten eine schlechte Meinung von meinem Meister Abdulkhaliq, denn dieser förderte institutionelle und öffentlichkeitsbezogene (*haraki*) Arbeit, wollte politisch aktiv sein und sich an Wahlen beteiligen. Ganz anders dagegen die Albani-Linie. Entsprechend abfällig äußerten sich dessen Anhänger über uns.«

Es gab also damals in Jordanien zwei salafistische Linien, so Usama Shehada: Die von al-Albani, die jede organisierte oder politische Arbeit verwarf und sich um aktuelle Ereignisse nicht kümmerte, und die Gruppe um Abul Amin, aus der sich eine von al-Albani abweichende salafistische Linie entwickelte.

Diese Gruppe begann nun, sich für Wohltätigkeitsaktivitäten zu engagieren, sammelte Zakat-Spenden und gab die Zeitschrift *al-Manar* heraus. Usama Shehada war ihr Chefredakteur und organisierte ihren Druck, bis der Golfkrieg von 1991 begann.

Die Konflikte unter den Salafisten nahmen weiter zu, so dass der Verein Risse bekam. Auf der einen Seite stand Usama Shehada, auf der anderen standen die Dschihadisten. Usama trat nun seinen Militärdienst an und arbeitete anschließend freiberuflich. Er verließ den Verein, der immer stärker dschihadistisch dominiert wurde und blieb ihm bis etwa 2005 fern. In der Zwischenzeit kämpfte er weiter für seine Überzeugungen und vernetzte sich mit Gleichgesinnten.

Er verfasste Broschüren und Flyer und sammelte Spenden, um sie zu finanzieren. Er stritt sich mit Albani-Schülern einerseits und mit Dschihadisten andererseits. Zudem war er zunehmend durch schiitische Missionierungsversuche alarmiert, die er als gefährlich ansah. Auch dies mag ein Ergebnis seiner Schulung in Kuwait gewesen sein, wo eine starke schiitische Minderheit lebt und man entsprechend sensibilisiert ist.

Seine Sorge vor dem schiitischen Einfluss wuchs, so dass er 2002 eine Beobachtungsstelle für schiitische Aktivitäten einrichtete und sogar eigens eine Zeitschrift dazu herausbrachte. 2003 gründete er den Kulturverein *Tumuh*, der Kurse und Vorträge von salafistischen Scheichs anbot, bis er 2007 wegen fehlender Finanzierung seine Pforten schließen musste.

2005 engagierte sich Usama Shehada wieder in der *Jam'iyat al-Kitab was-Sunna*, die Hammad von Dschihadisten »gereinigt« hatte. Von nun an war er zunehmend journalistisch tätig; heute veröffentlicht er in der jordanischen Zeitung *al-Ghad* auf der Religionsseite regelmäßig Artikel und schreibt auch für andere arabische Zeitungen und Webseiten. Er sieht weiterhin die Notwendigkeit, den Salafismus in Jordanien geistig weiterzuentwickeln und für ihn zu werben, allerdings hält er die politische Arbeit nicht für prioritär, weil der aktionistischen Strömung in Jordanien für eine so anspruchsvolle Arbeit die geistliche Führung und Reife fehle.

Nach Usama Shehadas Einschätzung befindet sich die Entwicklung der salafistischen Szene im Fluss. Dazu hätten auch die arabischen Revolutionen und der Aufstand in Syrien beigetragen. Das traditionalistische Lager lehne noch immer Revolution und politische Opposition ab und beharre auf der reinen Schariawissenschaft, aber selbst in diesem Lager stünden jüngere Anhänger für eine Änderung dieser Richtung. Zugleich erlebten auch die Dschihadisten eine Verunsicherung, ebenso die Sururisten. Trotz ihrer Unterschiede zu anderen Salafisten und ihrem Beharren auf politischer und oppositioneller Arbeit seien sie in Jordanien kaum sichtbar und machten sich auch nicht die Mühe, ihr Profil zu schärfen. Das Paradoxe dabei sei, so Usama Shehada, dass manche die *Jam'iyat al-Kitab was-Sunna* fälschlicherweise dieser Richtung zurechneten.

Die Salafisten seien in Jordanien insgesamt stark, und viele von ihnen seien bereit, mit der Gesellschaft in Kontakt zu treten. Es fehlten ihnen aber administrative Kompetenzen und eine von allen akzeptierte geistige Autorität. In diesem Zusammenhang verweist Usama Shehada auf den Aufstieg der akademischen Generation in der Traditionssalafiya, die sich ein wenig von den Scheichs emanzipiert habe. Einen Anfang dazu hätten die Gründer des *Takaful*-Vereins in Ramtha gemacht, der bisher größten Vereinigung von Traditionssalafisten, sowie die *Sahaba* in Kerak und eine Gruppe um Mu'adh al-Awayisha.

Shehada initiiert seit einiger Zeit eine neue, breit angelegte Öffentlichkeitsarbeit. Mit seinen Freunden in der *Jam'iyat al-Kitab was-Sunna* veranstaltet er schariabezogene Lesungen unter dem Titel *Iqra'* (»Lies!«), bei denen kanonische islamische Texte vorgestellt und rezitiert werden. Die Vortragenden haben ihr Wissen jeweils bei einem der bekannten Salafiyascheichs erworben. Der Befragte räumt ein, dass ihn der große Zulauf überrascht habe; die Teilnehmerzahl liege im vierstelligen Bereich, und die Interessierten kämen aus allen salafistischen Richtungen. Und obwohl die Kurse anspruchsvoll und zeitaufwändig seien, kämen Männer und Frauen in großer Zahl in die Moscheen, um ihnen beizuwohnen.

Allerdings beobachtet Shehada einen gegensätzlichen Trend unter Salafisten in Jordanien: eine Scheu vor intensiver Lektüre. Viele Salafisten begnügten sich mit dem, was sie in Online-Foren lesen, doch das führe zu einer Verflachung salafistischen Wissens. Außerdem werde der Salafismus in Jordanien von offizieller Seite bewusst klein gehalten, und man versuche, die Salafisten mit internen Streits um die richtige Rechtslehre zu beschäftigen.

Usama Shehada glaubt, dass ein wesentlicher Teil des Problems, dem sich der Salafismus in Jordanien gegenübersieht, darauf zurückgeht, dass die ersten Schüler al-Albanis einen eingeschränkten Horizont gehabt hätten. Sie hätten bei al-Albani nur wenige Texte und theologische Themen vermittelt bekommen und deshalb nicht verstanden, welch großes reformerisches Potenzial der salafistischen Mission eigen sei. Für Shehada besteht dieses im Kern darin, *Bida'*, also »unzulässige Neuerungen« zu bekämpfen, die man der islamischen Religion fälschlicherweise zugeschrieben oder die man auf diese zurückgeführt habe. Deshalb sei der Salafiya so sehr daran gelegen, die Quellentexte der Scharia aufzugreifen und mit diesen das religiöse Verständnis bei Muslimen in allen Bereichen zu korrigieren. Als Beispiel nennt er das Vorgehen gegen sufistische Tendenzen, denen er unterstellt, sie seien ein Angriff auf die Schariawissenschaft.

Usama Shehada zufolge ist ein Charakteristikum des Salafismus, dass er die Gesellschaft einerseits als allgemein wissensdurstig wahrnimmt, aber andererseits nicht anerkennt, dass sie Wissen und Handeln aktiv miteinander verbinden will. Deshalb beharre die Salafiya auch darauf, dass Arbeit zum Glauben gehöre und sich aus ihm ergebe. Es sei falsch, wenn andere islamische Gruppen das eine vom anderen trennten.

Auf die Frage nach individuellen Freiheiten in der Gesellschaft räumt Shehada ein, dass die Salafiya diesbezüglich noch keine klare Haltung gefunden habe. »Diese Themen wurden noch nicht zu Ende gedacht und lagen bisher außerhalb des Rahmens einer vertieften Beschäftigung« von Seiten der Salafiya, so Shehada. Er verweist aber zugleich darauf, dass Salafisten an entsprechenden Themen arbeiteten, zumal ihr Kreis in der Welt immer größer werde. Daher arbeite man sich nicht mehr nur an individuellen Problemen ab, sondern beziehe die gesamtgesellschaftliche und politische Situation eines Landes in alle Betrachtungen mit ein. Shehada glaubt, dass die Salafiya der Lösung solcher Probleme näherkomme und Lösungen anbieten könne, bei denen ihre Glaubensinhalte vereinbar seien mit dem, was real erreichbar ist beziehungsweise dem, was in allmählichen Schritten erreichbar sein kann. Hier sieht Shehada allerdings eine Lücke zwischen der religiösen Linie der Salafiya und ihrer noch nicht ausgereiften politischen Vision. Aus diesem Grund unterstütze er ein politisches System, das auf Parlamentswahlen und Machtwechsel beruht und Menschenrechte ebenso achtet wie individuelle Freiheiten.

Shehada fühlt sich der salafistischen Partei der ägyptischen *Hizb an-Nur* am nächsten. Für Jordanien sieht er jedoch noch keine Chance, dass eine salafistische Partei entstehen könnte. Den Konflikt in Syrien beurteilt er als Krieg zwischen Sunniten und Schiiten, und das Sisi-Regime in Ägypten hat aus seiner Sicht einen Militärputsch gegen eine islamistische Regierung verübt.

Bezüglich jener Regime in der arabischen und islamischen Welt, die im Namen des Islam herrschen, von Saudi-Arabien über Iran und die Taliban in Afghanistan bis zur säkularen islamischen Herrschaft in der Türkei, glaubt Shehada, dass die Türkei das beste aller Modelle darstelle, da es den Menschen konkrete Vorteile biete. Wenn er zu wählen hätte, unter welchem der genannten Regime er leben möchte, würde er sich für das türkische entscheiden.

Hisham az-Zu'bi: Zwischen Aktionisten und Dschihadisten

Hisham az-Zu'bi lernte Adnan as-Sus in einer Moschee in Hay az-Zuhur, Ost-Amman, kennen. As-Sus sprach damals von den Sufisten und erklärte, sie würden ihre Gebete nicht nur an Gott richten und betrieben somit *Shirk*, »Vielgötterei«, und *Bida'*, also religiös »unzulässige Neuerungen«, indem sie morgens ein nicht kanonisches »*Qunut*«-Bittgebet sprächen und nach dem Gebetsruf zusätzlich für den Propheten beteten. Dann lernte az-Zu'bi in der »Moschee der rechtgeleiteten

Kalifen« in Ra's al-Ain führende Salafisten wie Abu Qatada und Hassan Abu Haniya sowie in Amman-Nazzal die Kreise um Abul Amin kennen.

Dies war 1989, Hisham az-Zu'bi war 24 Jahre alt. Er hatte vorher nichts mit islamischen Gruppen zu tun gehabt, wurde also erst fromm, als er bereits ein Studium der Bibliothekswissenschaften abgeschlossen und den Militärdienst abgeleistet hatte. Nun, mit seinen Kontakten in der Szene, übernahm er salafistische Ideen, und da er keine Anstellung fand, die seiner Ausbildung entsprach, nahm er eine Arbeit als Buchhalter im zentralen Gemüsemarkt in Wahdat, Ost-Amman an.

Hisham az-Zu'bi glaubte von Anfang an an institutionell organisiertes Arbeiten, eine Idee, die er von Hassan Abu Haniya und Muhammad Shattat übernommen hatte. Az-Zu'bi war 1993 Mitbegründer der *Jam'iyat al-Kitab was-Sunna*-Vereinigung, die zunächst noch in Ra's al-Ain residierte, doch Hisham sorgte mit dafür, dass sie in sein Viertel umzog, den Bezirk Jabal az-Zuhur in Ost-Amman. Die Vereinigung hatte sich zunächst zum Ziel gesetzt, ein Lexikon zu Prophetenhadithen herauszugeben. Aber der Fokus des Vereins erweiterte sich, und schon bald kamen auch die ideologischen Auseinandersetzungen hier an. Jedenfalls erlebte Hisham az-Zu'bi die salafistische Arbeit von Beginn an als eine institutionell gefasste. »Ich habe Salafismus immer nur als organisierte Aktionsarbeit wahrgenommen«, sagte Zu'bi im Interview.

Die *Jam'iyat al-Kitab was-Sunna* wurde immer aktiver und bekam immer mehr Zulauf von Menschen unterschiedlicher geistiger Prägung. Einen Moment lang schien es, als würden sich die verschiedenen Aktionsstränge der Vereinigung gegenseitig ergänzen und diese zugleich »innere Pluralität« aufweisen. Diese Vielfalt war allerdings nicht reif genug, neue Ideen aufzunehmen und im Rahmen der Vereinsziele nutzbar zu machen, und so kam es, dass die Institution selbst zum

Spielball von ideologischen und persönlichen Gegensätzen wurde, wobei jeder versuchte, den Verein in die jeweils von ihm gewünschte Richtung zu lenken.

Hisham az-Zu'bi zeigte Interesse an den Ideen von Ibrahim al-As'as, einem einflussreichen Mann in seinem Umkreis, der ein Buch geschrieben hatte, das in der ersten Hälfte der neunziger Jahre großes Aufsehen in der salafistischen Szene erregte: *Ein innerer Blick auf den Salafismus*. Es war vor allem eine Kritik an der Albani-Linie, und der Verfasser stellte hier seine Sicht auf die Politik vor, die mit dem traditionalistischen Salafismus nicht mehr vereinbar sei. Er plädierte für eine neue oppositionelle salafistische Linie, die von der *Hakimiya* von Sayyid Qutb und Maududi geprägt sein sollte (in der also, anders als in der Albani-Schule, Herrscher, die nach menschengemachten Gesetzen regieren, als gottlos erachtet werden), aber auch von Malik bin Nabi, dem algerischen Theoretiker, der in seinen Werken auf gesellschaftlichen Bewusstseinswandel mit dem Ziel der Veränderung setzt.

Hisham az-Zu'bi bemerkte, wie die Ideen von al-As'as bei ihm verfingen. Sie erweiterten seinen Horizont, indem sie vom engeren Verständnis der Salafiya als einem einzelnen Element der Veränderung zu einem Blick auf die gesamte *Umma* übergingen und das Reformprojekt damit zu einem gesamtgesellschaftlichen machten. Für ihn war es eine Befreiung aus der Enge der salafistischen Kreise und ihrer internen Konflikte. Diese Idee wurde später auch in vielen anderen islamistischen Gruppen wieder aufgegriffen; das Beispiel von Na'im at-Tilawi und der »*Umma*-Strömung« unter dem Kuwaiter Hakim al-Mutairi wurde bereits erwähnt. Al-As'as spricht von einem »Vierradantrieb«, bei dem eine grenzübergreifende *Umma* vier Aspekte zugleich angeht: Kollektives Volkshandeln, Vorgehen gegen westliche Hegemonie durch Befreiung des arabischen Volkswillens, Widerstand gegen nationale Willkürherrschaft und Unterstützung des palästinensischen Widerstandes.

Nach dem Umzug des Vereinssitzes nach Hay Nazzal 1997 ging Hisham az-Zu'bi auf Distanz zur *Jam'iyat al-Kitab was-Sunna* und trat schließlich aus. Im Jahr 2000 wurde er verhaftet und unter Hausarrest gestellt. Die Behörden warfen ihm vor, Kontakt zu aktiven salafistischen Dschihadisten zu haben, namentlich zu Jawad al-Faqih und Khidr Abu Hosher, der ebenfalls wegen dschihadistischer Vergehen verurteilt war.

Hisham az-Zu'bi spricht über keinen Streit mit Zayid Hammad, dem Vorsitzenden der *Jam'iyat al-Kitab was-Sunna*, doch ist bekannt, dass man in az-Zu'bi einen Unentschiedenen sah, der die aktionistische Salafiya in ihrer institutionellen Arbeit mit der dschihadistischen zusammenführen wollte, wobei Letztere für *Hakimiya*-Ideologie und Konfrontation mit der Staatsmacht steht. Als dann der Verein neu ausgerichtet und die Dschihadisten aus ihm vertrieben wurden, trat Hisham az-Zu'bi von sich aus aus.

Später, 2006, gründete er in Hay az-Zuhur den Verein *I'tisam*, der wuchs und in Wahdat, Qweisme, Jubaiha und anderen Bezirken von Amman Zentren eröffnete, in denen zum Teil Schariawissenschaften gelehrt werden. Sein Hauptfokus liegt auf den Bereichen Waisenpflege, ehrenamtliche Wohlfahrt und frühkindliche Bildung liegt. Daneben hat der Verein mehrere Moscheen gebaut.

Hisham az-Zu'bi beharrt darauf, dass sein Verein zum aktionistischen Salafismus gehöre. Man kann feststellen, dass er in den Bereichen Mission, Wohlfahrt und Erziehung arbeitet und ideologischen Auseinandersetzungen keine große Bedeutung beimisst. Der Unterschied zur *Jam'iyat al-Kitab was-Sunna* besteht nach seiner Ansicht darin, dass Letzterer sich dem Staat sehr weit angenähert habe und versuche, Regierungspolitiker nicht zu kritisieren. Sein Verein dagegen wolle zwar auch keine Konfrontation mit dem Staat, sich ihm aber auch nicht andienen, sondern vielmehr »neutrale Distanz« halten. Man kann diesen Äußerungen entnehmen, dass Hisham az-Zu'bi in klar definierten Bereichen tätig sein will, ohne es dabei auf Konfrontation anzulegen, aber auch ohne von offizieller Seite diktierte Bedingungen zu akzeptieren.

Hisham az-Zu'bi fühlt sich Jamal al-Basha (Beiname Abu Talha) gedanklich verbunden und bezeichnet ihn als einen Protagonisten der Aktionssalafiya, seit dieser Anfang der neunziger Jahre aus Kuwait zurückgekommen ist, mit Moscheepredigten bekannt wurde und sich Einfluss verschaffte, bis ihm das Predigen verboten wurde. Andere jedoch stufen ihn als Dschihadisten ein.

Dies verweist auf ein Problem, das sowohl Hisham az-Zu'bi als Einzelperson als auch die Aktionssalafiya in Jordanien insgesamt betrifft. Denn Letztere ist nicht präzise und bindend definiert, weder ideologisch noch in Bezug auf das konkrete Handeln. Unter dem Prädikat *haraki* (»aktionistisch«) verstehen az-Zu'bi und viele andere Anhänger dieser salafistischen Richtung, dass man organisiert, mit institutionellem Rahmen und kollektiv arbeitet. Insoweit ist er sich mit seinen Kollegen in der *Jam'iyat al-Kitab was-Sunna* einig. Aber bei näherer Betrachtung der ideologischen Ausrichtung beginnen die Meinungsverschiedenheiten. Welche Ideen soll der solchermaßen organisiert Arbeitende aus dem aktuellen salafistischen Meinungsspektrum übernehmen? Soll er sich in erster Linie die politische *Hakimiya* zu eigen machen und dann die Wohlfahrts-, Bildungs- und Kulturarbeit nachrangig behandeln? Oder soll er genau umgekehrt seine politischen Ideen der praktischen Arbeit unterordnen?

Es geht also nicht nur um eine Bezeichnung. Denn wenn eine ideologische Autorität oder ein tiefgreifender ideeller Konsens fehlen, dann kann jeder Streit ein solches Gebilde durcheinanderwirbeln, und wenn es keine verbindliche Richtungsdefinition gibt, dann tut sich ein ganzer Fächer widerstreitender ideologischer Optionen auf. Manche *haraki*-Salafisten sind von Sayyid Qutb geprägt, andere von Malik bin Nabi, wieder andere von Abdurrahman Abdulkhaliq oder Bin Surur. Dazu kommt, dass bei der Aktionssalafiya nicht festgelegt ist, wie man zu bestimmten Regimen steht und wie soziale, kulturelle oder politische Veränderung oder Reform zu erreichen sein soll.

Hisham az-Zu'bi sieht fern, vor allem Nachrichtensendungen, aber auch Wirtschaftsprogramme und Talkshows auf jordanischen Kanälen. Er ist für eine weitgehende Geschlechtertrennung in Schulen und Universitäten, ist aber nicht dagegen, dass Frauen »im religiös zulässigen Rahmen« arbeiten. Er ist für Liebesheirat und hält nicht viel von traditionell arrangierten Ehen. Er will Frauen keine zu engen Kleidervorschriften machen, will aber, dass ihre Bekleidung im Einklang mit der islamischen Rechtslehre steht. Er sieht Gesang und Musik als Sünde, er raucht nicht, sieht Fußball und geht nicht in Cafés. Die meiste Zeit verbringt er mit ehrenamtlicher Arbeit.

Az-Zu'bi glaubt, dass das Problem des Salafismus darin besteht, dass er mit der Gesellschaft zu wenig verwachsen ist, weil er sich »über sie erhebt«. Die Salafisten würden zu wenig unter die Leute gehen oder unter den Stämmen werben, welche ein spezifisches gesellschaftliches Gewicht hätten, um das sich Hisham az-Zu'bi in besonderer Weise bemüht. So hat er zum Beispiel den »Stammesrat der Dawayima« mitgegründet.

Er ist wenig beeindruckt von dem, was salafistische Parteien in Ägypten geleistet haben. Ihnen fehle politische Erfahrung, deshalb agierten sie ohne klare Linie. Er ist trotzdem dafür, dass auch in Jordanien eine salafistische Partei gegründet wird, sobald die politische Erfahrung und Reife dafür vorliege. Az-Zu'bi ist für politische Arbeit im Rahmen von Demokratie, zumindest in der gegenwärtigen Situation, denn wenn man nur die Wahl habe zwischen zivilem Staat und Diktatur, wie es in der Türkei der Fall gewesen sei, würde er sich für die Demokratie entscheiden. Auf dieser Grundlage müsse man die *Da'wa*, die eigene Mission, in der Gesellschaft schrittweise betreiben.

Er beteiligt sich zwar selbst nicht an Demonstrationen, unterstützt jedoch dieses Mittel des politischen Ausdrucks. Eine politische Haltung, basierend auf islamischer Rechtslehre, in Bezug auf Minderheiten und Frauen könnte er nicht differenziert definieren. Was Jordanien betrifft, ist er gegen jedes militante Vorgehen, um Veränderungen zu erreichen. Die Erfahrung habe gezeigt, dass es möglich sei, mit friedlichen Mitteln bedeutende Ergebnisse zu erreichen. Der Einsatz von Waffen führe dagegen häufig zu unberechenbaren Folgen.

Ahmad Abdulhalim Abu Rumman: Die unklare Silhouette des Salafismus

Ahmad Abdulhalim Abu Rumman (geboren 1973) stand in seinen frühen Lebensjahren unter dem Einfluss der Muslimbrüder. Er lebte damals in Suwailih, einem Außenbezirk von Amman im Norden der Hauptstadt, nur wenige Kilometer vom Flüchtlingslager al-Buq'a entfernt. Es ist der letzte Außenposten Ammans an der Straße nach Salt und bekannt für die starke Präsenz der Muslimbrüder. Deren jordanische Führung, so die von al-Qutbs Ideen geprägten Falken um Muhammad Abu Faris, Hammam Sa'id und Salah al-Khalidi, lebt ebenfalls hier. Salah al-Khalidi war es, dem sich Ahmad Abu Rumman in jungen Jahren am stärksten verbunden fühlte. Er war Imam in der Abdurrahman ibn Auf-Moschee, die gleich neben seiner Wohnung lag. Ahmad nahm an seinen Kursen teil und hatte engen persönlichen Kontakt mit ihm.

Erst als er Finanzmanagement am *Al-Mujtama'*-Institut studierte, kam Ahmad Abu Rumman in Kontakt mit Salafisten, insbesondere solchen, die aus Kuwait nach Suwailih kamen, und wandte sich deren Ideen zu. Gleichzeitig wurde Predigern aus den Reihen der Muslimbrüder das Auftreten in seiner Moschee untersagt, und sie wurden durch Traditionssalafisten ersetzt. Noch berührten Ahmad die internen Auseinandersetzungen der Salafisten nicht. Er besuchte Vorträge von Predigern wie dem ägyptischen Scheich Ahmad al-Khashab alias Abul Yusr, einem Schüler von al-Albani, Abu Anas ash-Shami und Omar Yusuf, der Imam in einer anderen Moschee von Suwailih war, pflegte aber seine gute Beziehung zu Salah al-Khalidi, der zwar Muslimbruder war, aber salafistisch dachte.

Was Ahmad dazu brachte, sich stärker den Salafisten zuzuwenden als den Muslimbrüdern, war, dass er bei den Salafisten »nicht den Komplex hatte, als Jordanier in einem palästinensischen Wohngebiet zu leben«. Denn anders als die Muslimbrüder, die oft Angst haben, dass jemand, der wie Ahmad einer rein jordanischen Familie aus Salt entstammt, für den Geheimdienst arbeiten könnte, waren die Salafisten ihm gegenüber offener, und er geriet nicht zwischen die Mühlsteine von Sicherheitsdruck auf der einen und Misstrauen der Muslimbrüder auf der anderen Seite.

Ahmad arbeitete nun in der »Islamischen Bibliothek« in der Verwaltung und wirkte bei der Neuedition alter Bücher und beim Verlegen von neuen mit. Der Verlag gehörte einem Schwager von Scheich al-Albani, Nizam Sakkajha. Durch diese Anstellung lernte er eine ganze Reihe führender Salafisten kennen, und er traf sogar al-Albani selbst, lernte aber bei seinen Schülern. Er erfuhr so zugleich aus erster Hand, worüber die Salafisten im engsten Kreis stritten und warum. Er kam den Führungspersonen sehr nah, die das Albani-Erbe weitertrugen und in vielen Fällen jenen Teil davon verschriftlichten, der bis dahin nur mündlich überliefert war. Auch dies war ein Teil des Auftrags, den die Islamische Bibliothek erfüllen sollte. Ahmad wirkte auch an der Herausgabe von Albani-Fatwas mit, die mehrere Bände umfassten. Dies und die schon erwähnte Edition alter religiöser Literatur bildeten ihn umfassend in Sachen Hadith, Schariawissenschaft und Rechtslehre.

Die große Nähe zu den Gelehrten der Traditionssalafiya hielt Ahmad Abu Rumman aber nicht davon ab, sich der Aktionssalafiya zuzuwenden, als die Polarisierung in der salafistischen Szene zunahm. Seine Prägung durch Scheich Abu Anas ash-Shami in Amman und die Symbolfiguren der *Sahwa* in Saudi-Arabien, Safar al-Hawali, Salman al-Auda und Nasser al-Omar, war sehr stark, weswegen er sich für die Aktionisten entschied und deren Leitlinien übernahm.

Ahmad Abu Rumman stand Abu Anas sehr nahe und hörte ihm genau zu, als er von seiner Enttäuschung über Safar al-Hawalis ablehnende Meinung zu den Anschlägen vom 11. September und zu al-Qaida sprach. Al-Hawali war für Abu Anas bislang immer ein Vorbild gewesen. Später erfuhr er schockiert, dass Abu Anas sich im Irak az-Zarqawi anschloss und sich damit zum Dschihadisten wandelte.

»Wie Abu Anas zum Dschihadisten wurde, kann ich bis heute nicht verstehen«, klagt Ahmad Abu Rumman. »Bis wenige Tage vor seiner Ausreise hatte ich noch an Unterrichtsstunden bei ihm teilgenommen, und er sagte uns, er wolle nach Saudi-Arabien gehen, um dort zu arbeiten, nachdem er in Jordanien in Haft gewesen war und Schwierigkeiten auf seiner Arbeitsstelle bekommen hatte.«

Der Ausreise von Abu Anas in den Irak ging voraus, dass Abu Rummans Schwager Mu'tasim Daradka aus Salt 1999 ebenfalls in den Irak gegangen war, damals mit Ra'id Khreisat, wo er im Gefecht mit säkularen Kurden getötet wurde. Beides löste in Ahmad Abu Rumman den Impuls aus, sich ebenfalls zum Dschihadismus zu bekennen, besonders nachdem er 1998 zehn Tage in Haft beim Geheimdienst verbracht und dadurch eine negative Einstellung zu Staat und Sicherheitsbehörden entwickelt hatte.

Zwischen 2004 und 2007 näherte sich Ahmad Abu Rumman dem dschihadistischen Lager in Salt an. Viele verfolgten seine Freitagspredigten in der Privatmoschee im Bezirk Wadi an-Naqa, in der er als Imam tätig war. Er geriet dadurch unter den Druck von Sicherheitskräften, während er zugleich in der Islamischen Bibliothek den Koran unterrichtete. Seine Annäherung an die Dschihadlinie hieß jedoch nicht, dass er sich ihr völlig verschrieb. Vielmehr versuchte er, die Dschihadisten von einer Haltung zu überzeugen, die mit dem vereinbar war, was er als Wissenssuchender in der Schariawissenschaft gelernt hatte.

Er merkte jedoch, dass dies sehr schwierig war, und so kehrte er ab 2007 allmählich wieder zu seiner ursprünglichen aktionistischen Linie zurück und näherte sich erneut den Ideen der *Sahwa*-Scheichs, insbesondere Salman al-Auda, dessen Gedanken Abu Rumman zusammengefasst in einem kleinen Buch veröffentlichte.

Abu Rumman sieht sich nicht im Widerspruch zur dschihadistischen Linie, aber er kritisiert, dass die Dschihadisten es mit der Verketzerung anderer und der Ablehnung jeder anderen islamischen Richtung übertrieben. Heute hängt er keiner bestimmten Strömung mehr an, auch wenn er weiter Kontakt zu den verschiedensten Gruppen hält und sich stark der ehrenamtlichen Arbeit und der *Da'wa* widmet. Er ist als Lehrer, Imam und Prediger in einer Moschee in Salt tätig, ist verheiratet und hat eine Tochter. Er wohnt in einer einfachen Wohnung neben einer kleinen Moschee im Stadtteil Wadi an-Naqa.

Fazit

Anders als beim traditionalistischen Salafismus mit seiner Einfachheit und Klarheit, erscheint der aktionistische Salafismus, wie wir anhand der vorgestellten Beispiele sehen konnten, in seiner Ausrichtung eher schwankend und nebulös. Im eigenen Lager kommt es zu vielfältigen Konflikten, viele seiner Protagonisten neigen entweder dem traditionalistischen oder dem dschihadistischen Salafismus zu, und diese Vieldeutigkeit beeinträchtigt das Selbstbild der Aktionisten in Jordanien. Besonders gut ließ sich das bei der Vereinigung *Jam'iyat al-Kitab was-Sunna* ablesen, die Anfang der neunziger Jahre eben dazu geschaffen wurde, diesem salafistischen Lager eine Identität zu geben. Stattdessen bildete sie genau jene Unbestimmtheit und jene ideologischen Widersprüche ab, die der Aktionssalafiya eigen sind. Manche weichen diesen lähmenden internen Konflikten aus, indem sie sich vor Ort ehrenamtlicher Wohlfahrtsarbeit widmen, wo sie als Salafisten von anderen islamischen oder humanitär arbeitenden Gruppen kaum noch unterscheidbar sind.

Andererseits ist der aktionistische Salafismus eben auch vielfältiger und dynamischer als der traditionalistische. Es waren vor allem zwei Personen, die diese Richtung geprägt haben: Abu Qatada und Hassan Abu Haniya, die aber beide später zu »Aussteigern« wurden. Der eine wurde zum Dschihadisten, der andere sagte sich ganz vom Salafismus los. Die übrigen Personen, die die Vereine *Harakat Ahl as-Sunna wal-Jama'a* und *Jam'iyat al-Kitab was-Sunna* mitgründet hatten, sind heute gespalten zwischen Traditionalisten, Aktionisten und Dschihadisten. Insofern ist der dritte Weg des Salafismus, der hier eröffnet werden sollte, bis heute nicht sonderlich erfolgreich ausgebaut worden, obgleich ihn nach wie vor viele Salafisten für wichtig halten.

Der aktionssalafistische Charakter ist nicht so eindimensional wie der traditionalistische. Manche Aktionisten waren vorher links oder säkular, andere waren Traditionalisten, manche orientieren sich in eine andere Richtung und kehren wieder zum Aktionismus zurück. Andere werden zu Dschihadisten, und wieder andere kehren dem Salafismus insgesamt den Rücken. Wir haben es also mit den vielfältigsten Lebenswegen und den unterschiedlichsten spirituellen und gedanklichen Erfahrungen zu tun, die insgesamt ergiebiger und komplexer sind als bei den meisten Traditionalisten.

Einen wichtigen Impuls für die Aktionssalafiya in Jordanien geben jene Akteure, die aus den Golfstaaten ins Land gekommen sind, insbesondere Palästinenser aus Kuwait, von denen sich viele später auch zum Dschihadismus bekannt haben. Sie sind geprägt vom kuwaitischen Salafismus um Abdurrahman Abdulkhaliq, von der Surur-Richtung, aber auch von der saudischen *Sahwa*-Bewegung. So verschieden sie sind, auf dem weiten Feld der aktionistischen Salafiya begegnen sie sich wieder, wo zwar alle unterschiedliche Auffassungen haben, wie man zu dieser oder jener Angelegenheit zu stehen hat, die sich aber auch einig sind, dass sie politisch aktiv sein wollen und sich an das Gehorsamsgebot gegenüber Herrschenden nicht gebunden fühlen. Zugleich lehnen sie den Gebrauch von Gewalt und Waffen bei internen Konflikten oder zur Durchsetzung politischer Ziele ab.

Die Entwicklung des aktionistischen Salafismus ist stärker im Fluss als in anderen Strömungen, weil ihm in Jordanien eine zentrale geistige und spirituelle Autorität als Rahmen fehlt. Deshalb gibt es auch auffällig viele Überläufer zum Dschihadismus oder, weniger häufig, Salafismusaussteiger. Selbst die ursprünglich maßgeblichen Symbolfiguren des aktionistischen Salafismus sind heute nicht mehr Teil dieses Lagers, wie Abu Qatada, Hassan Abu Haniya und Abu Anas ash-Shami, und viele von ihnen wurden entweder zu Dschihadisten oder zu Traditionalisten.

Doch die Identität der Aktionisten ist nicht nur unscharf und spannungsgeladen, weil man sich nicht auf eine klare Haltung einigen kann, ob bestimmte Regime als gottlos oder nur als sündig zu betrachten sind (und daraus folgend, ob man sich demokratisch oder anders betätigen soll), sondern auch deswegen, weil sie keine allgemeingültige Haltung zur Verbindlichkeit des Qutb'schen Konzept der *Hakimiya* findet.

Die »aktionistische Mentalität« ist also in der Uneindeutigkeit der Ausrichtung ihres Lagers gefangen. Einerseits ergibt sich daraus eine größere Flexibilität und Offenheit im Umgang auch mit religiösen Themen als bei den Traditionalisten, bei denen alles in der Schariawissenschaft begründet sein muss. Hier kommt das Konzept der sogenannten »Rechtslehre der Realität« zum Tragen, die die Aktionisten für aktuelle Ereignisse in Politik und Medien empfänglicher macht. Andererseits leidet der Aktionismus unter der widersprüchlichen Vielfalt religiös begründeter Auffassungen.

Vom Ausstieg aus der Salafiya

In diesem Kapitel wollen wir uns mit zwei Personen befassen, die in zweierlei Hinsicht Licht auf einen anderen Aspekt werfen: Erstens zeigen sie eine andere Wegrichtung als die bisher vorgestellte. Hier geht darum, wie Personen vom Salafismus weg zu anderen Ideen kamen –islamische oder säkulare. Wir beschreiben, wie Hassan Abu Haniya und Nart Khair innerhalb weniger Jahre zu führenden Salafisten wurden, wie sie sich innerlich weiterentwickelten und mit dem Salafismus schließlich wieder brachen.

Wie wir schon feststellen konnten, gibt es eine starke Fluktuation zwischen den verschiedenen Spielarten des Salafismus, so dass man ohne weiteres sagen kann, dass ein Wechsel von einem Lager zum anderen nichts Außergewöhnliches darstellt. Berühmte Beispiele waren Abu Anas ash-Shami oder Abu Qatada sowie viele der in den vorigen Kapiteln beschriebenen Personen. In diesem Kapitel hingegen beleuchten wir den Ausstieg aus der Salafiya und ihrer Ideologie mit allen damit verbundenen aussagekräftigen Konnotationen.

Zweitens geht es hier nicht um oberflächliche Lebenswege, sondern um tiefgründige persönliche Erfahrungen. Die Protagonisten gehören zu einer geistigen und kulturellen Elite und stiegen in der Salafiya weit auf, was Ausdruck einer unruhigen spirituellen und ideellen Reise war, in der geistig-ideologische Dimensionen sich mit realitätsbezogenen mischten. Ihre Hinwendung zu und ihr Ausstieg aus dem Salafismus waren zudem jeweils markanten historischen Momenten und Entwicklungen geschuldet.

Hassan Abu Haniya war ein Kind der sechziger Jahre, ein Jordanier palästinensischer Herkunft, der im Zeichen des arabisch-israelischen Konflikts und der Vertreibung von Palästinensern aus ihrem Land aufwuchs. Eine militärische

Niederlage gegen Israel reihte sich an die nächste, und in der arabischen Welt prallten Ideologien aufeinander. Abu Haniya erlebte den arabischen Nationalismus, den Aufstieg linker Gruppen und den Umschwung zum Islamismus. Auf diesem Weg lagen historische Wendepunkte wie die iranische Revolution, die Ermordung Sadats, der Afghanistankrieg, die Golfkriege und schließlich der 11. September 2001.

Nart Khair wurde in den siebziger Jahren geboren, und sein politisches Erwachen begann mit der Niederlage des Saddam-Regimes 1991. Er fühlte sich vom religiösen Diskurs betrogen, ging als Reaktion auf Distanz zu den Islamisten und wurde bei seiner Suche nach einer Basis für eine gesellschaftliche Entwicklung, die die arabischen Völker voranbringen könnte, zu einem Kritiker von Religion in Gesellschaft, Staat und Politik.

Diese beiden Lebenswege illustrieren aus einer neuen Perspektive die Krise der jungen arabischen Generation angesichts ideologischer und politischer Irrungen und Wirrungen, ihre Suche nach sich selbst, einer Identität und einem Ausweg aus einer Realität, die von Katastrophen, Krisen, Rückständigkeit und Schwäche geprägt war. Die einen wurden in die religiöse Radikalität gedrängt, die anderen vertraten einen Säkularismus, der die Religion möglichst aus der Politik heraushalten wollte und ihr nur insoweit eine Rolle zubilligt, als sie im öffentlichen und privaten Raum der geistigen Befreiung der Gesellschaft dient.

Jeder dieser Lebenswege hat, wie schon erwähnt, seine Besonderheiten. Aber ein bedeutsamer Faktor ist ihnen allen gemein, und das ist der Einfluss durch einen jeweiligen »historischen Moment«. Geschichtliche Wendepunkte haben viele Menschen in der arabischen Welt zum Salafismus gebracht, sei es zum traditionellen, zum aktionistischen oder zum dschihadistischen oder auch in eine ganz andere Richtung.

Aber was sowohl die Erfahrung von Nart Khair als auch von Hassan Abu Haniya, die sich beide vom Salafismus abgewandt haben, auszeichnet, ist, dass sie auf der Suche nach Antworten waren. Beide haben einen ausgeprägten Bildungshintergrund, nicht nur in Bezug auf Schariawissenschaften wie die meisten anderen Salafisten, sondern sie kennen sich zudem arabische und die westliche Kultur und Philosophie, und das hebt sie aus den anderen angeführten Beispielen heraus.

Hassan Abu Haniya: Vom Salafismus zu einem linken, demokratischen Islam

Hassan Abu Haniya war Ende der siebziger Jahre einer der Begründer des Salafismus in Jordanien, doch war er zugleich einer derjenigen, die ihm eine andere Richtung geben wollten als die von Scheich al-Albani. Er und seine Mitstreiter wollten einen aktiven, reformorientierten Salafismus, der seine Botschaft in die Gesellschaft und in die Institutionen trägt und sich politisch oppositionell betätigt[1].

Abu Haniya war der erste, der in Jordanien den institutionellen Aspekt in die salafistische Arbeit einbrachte, und er baute mit Freunden ein Netzwerk auf für Kontakte zu Aktionssalafisten im Ausland. Aber angesichts der einschneidenden politischen Entwicklungen in den neunziger Jahren und der Repression, die er und seine Gefährten von Seiten des Staates erfuhren, wandte er sich dem dschihadistischen Salafismus zu und wurde innerhalb weniger Jahre zum Mitbegründer der Theorie einer radikalen dschihadistischen Strömung. Er verfasste Bücher und Publikationen, stellte sie auf eine philosophische Basis und machte aus ihr bis zum Ende des Jahrzehnts ein internationales Phänomen.

Später erkannte Hassan Abu Haniya, dass der Dschihadismus sein Ziel, das er strategisch vorsah, verfehlte, und er sagte sich vom Salafismus ganz los. Er widmete sich von nun an

1 Interviews vom 15. und 16.11.2013 in Amman.

seiner eigenen Gedankenwelt und persönlichen Spiritualität, und seit einigen Jahren verfasst er kritische Studien zu islamistischen Bewegungen, in denen er betont, dass Islam und Demokratie sich nicht ausschließen und in denen er sich zu religiöser, kultureller und politischer Vielfalt bekennt. Eine einseitige salafistische Sicht lehnt er ab, neuen islamischen Bewegungen gegenüber ist er offen, hält aber den Blick statt auf die Vergangenheit klar auf die Zukunft gerichtet. Dabei tritt er für Freiheit, Pluralismus, Demokratie und Gerechtigkeit ein – Werte, die für ihn heute den Kern der islamischen Philosophie darstellen.

Während seines Werdegangs vom Ende der siebziger Jahre bis heute, also über mehr als drei Jahrzehnte, spielten mehrere Faktoren für die innere Entwicklung Hassan Abu Haniyas eine Rolle. Zum einen kam er aus einer linken Tradition und hatte viel über westliche, aber auch islamische Philosophie gelesen. Zum anderen erschütterten die iranische Revolution, die Besetzung der Moschee von Mekka, der sowjetische Krieg in Afghanistan, die Niederschlagung des Aufstandes von Hama in Syrien, das Ende der Sowjetunion, der Sieg der afghanischen Mudschahedin, der Golfkrieg, der Abbruch des demokratischen Experiments in Algerien, der Aufstieg der Dschihadisten und schließlich die Anschläge des 11. September die islamische Welt.

Abu Haniya begann als junger Linker, schloss sich dann der traditionalistischen Salafiya an und wechselte zur aktionistischen und dschihadistischen, bis er sich schließlich ganz vom Salafismus lossagte und sich der islamischen Religion aus einer allgemeineren Perspektive zuwandte beziehungsweise Studien betrieb und Ideen entwickelte. Sein reichhaltiger Erfahrungsschatz und seine Motivation sollen uns auf den folgenden Seiten beschäftigen.

Hassan Abu Haniya wuchs in Ra's al-Ain auf, jenem einfachen und dicht besiedelten Bezirk in Ost-Amman, in dem viele Jordanier palästinensischer Abstammung wohnen, seit sie aus dem israelischen Siedlungsgebiet von 1948 beziehungsweise 1967 aus der Westbank vertrieben worden waren. Er selbst kam 1967 als Kind mit seiner Familie hierher, zu einer Zeit, in der Amman politisch noch von linken und nationalistischen Kräften geprägt war und nur wenige Menschen besonders religiös waren. Hatte Amman damals nur etwa zehn Moscheen, so sind es heute tausende. Abu Haniya wurde 1963 geboren und war mit 16 Jahren ein angehender Linker. Aber das Ende der siebziger Jahre brachte auch einen Umschwung zum Religiösen in der arabischen Welt, und es waren die genannten historischen Entwicklungen, die dies bewirkten: Der Dschihad in Afghanistan, die iranische Revolution, die Besetzung der Moschee von Mekka sowie 1981 der islamistische Mord an Sadat. Sie läuteten eine neue historische Phase ein, in der islamische Gruppen immer präsenter wurden.

Es war für Hassan nun nicht mehr attraktiv, ein Linker zu sein. Man stellte linke und nationalistische Ideen, die die arabischen Völker nicht vor Niederlagen hatten retten können, zunehmend in Frage, und die Erschütterungen, die die genannten Großereignisse in der Region auslösten, hinterließen auch bei Hassan Eindruck, so dass er, wie viele andere, allmählich zu islamistischen Ideen fand. In Moscheen füllte er das bei ihm entstandene geistige Vakuum mit neuen Ideen, und da es in Ra's al-Ain, wo er wohnte, keine eigene Moschee gab, machte er sich mit anderen jungen Leuten aus seinem Viertel an den Bau der »Moschee der rechtgeleiteten Kalifen«.

Die Salafisten waren Ende der siebziger Jahre noch kaum wahrnehmbar, so wenige gab es von ihnen in Jordanien. Präsent waren hingegen die Muslimbrüder, Reformisten ebenso wie Hardliner der Qutb-Schule, aber Hassan Abu Haniya mochte weder sie noch die *Hizb at-Tahrir*-Partei besonders, die ebenfalls die Islamistenszene dominierte. Kurze Zeit versuchte er es mit den *Tablighis*, aber erst bei den Salafisten fühlte er sich wohl, obgleich sie noch alles andere als eine Bewegung waren. Was ihn zu ihnen hinzog, war ihre »akademische« Methode, indem sie alles mit einem »Schariabeweis« unterlegten, was andere Islamisten weit seltener taten. Mit Freunden aus seinem Viertel und anderen Bezirken in Ost-Amman, namentlich mit Abu Qatada (der damals noch Omar Mahmud hieß) begann er, den Salafismus systematischer zu studieren. Sie bestellten Bücher beim Religionsministerium in Saudi-Arabien und bekamen große Mengen an Werken von Ibn Taimiya, Muhammad ibn Abdulwahhab und anderen salafistischen Autoren. Die Basis für ihren Weg zum Salafismus war gelegt.

Zu Beginn der achtziger Jahre ließ sich zudem Scheich Nasiruddin al-Albani in Jordanien nieder, als es in etwa zur selben Zeit zu blutigen Auseinandersetzungen zwischen dem syrischen Regime und den dortigen Muslimbrüdern kam. Deshalb strömten nun auch von Syrien mehrere tausend Islamisten nach Jordanien, von denen viele dem Salafismus anhingen, unter ihnen Abul Amin und Ghazi at-Tauba sowie führende syrische Muslimbrüder mit zum Teil salafistischen Ansichten, wie Isam al-Attar und Zuhair ash-Shawish. Dies alles gab der salafistischen Bewegung in Jordanien erheblichen Auftrieb.

Hassan und sein Freund Abu Qatada trafen sich mit al-Albani und nahmen an seinen Kursen teil, traten gleichzeitig in Kontakt zu *Sahwa*-Aktivisten in Saudi-Arabien, namentlich zu Safar al-Hawali, der im Gegensatz zu al-Albani für eine oppositionelle politische Haltung stand. Und so kam es schon bald zum Streit zwischen Abu Haniya und Scheich al-Albani, denn dieser predigte gegen jede Art von kollektiver politischer Betätigung unter dem Stichwort *at-Tasfiya wat-Tarbiya* (»Innere Reinigung und Erziehung«).

Als links Sozialisierter konnte sich Hassan Abu Haniya nicht damit abfinden, dass die Salafisten sich aus der Politik heraushalten sollten. Mit Abu Qatada war er der Meinung, dass sie im Gegenteil in Aktion treten müssten, und daher trennten sie sich schon bald von der Albani-Salafiya, auch wenn diese in Jordanien gerade zu diesem Zeitpunkt populär wurde.

Abu Haniya und Abu Qatada konnten eine Gruppe Gleichgesinnter um sich scharen, und von der von ihnen gegründeten Moschee aus mobilisierten sie von nun an in ganz Jordanien ihre Ideen. Doch die salafistische Szene reagierte noch sehr verhalten, daher nahmen sie weiter Kontakt ins Ausland auf, wo dortige Salafisten ihren Standpunkt, man müsse kollektiv politisch vorgehen, unterstützten. In Kuwait korrespondierten sie vor allem mit der *Jam'iyat Ihya' at-Turath*, die sich in den achtziger Jahren gegründet hatte, ebenfalls quer zur Linie in der arabischen Welt lag und zur politischen Betätigung aufforderte. Außerdem hatten sie Kontakt zu Safar al-Hawali und Muhammad Surur. All diese Zusammenschlüsse und Personen standen für eine salafistische Sicht, die sich später *haraki* (»aktionistisch«) nannte.

Hassan Abu Haniya und Abu Qatada gründeten mit anderen auch bald eine eigene Vereinigung, die *Harakat Ahl as-Sunna wal-Jama'a* mit Sitz in Amman und einem Ableger in Zarqa, und versuchten, in ganz Jordanien Gleichgesinnte anzuwerben. Ihr Ziel war, eine Reformbewegung kultureller, sozialer und politischer Art ins Leben zu rufen. Sie gründeten zu diesem Zweck zusätzlich die Zeitschrift *al-Manar* (die nicht zufällig genauso hieß wie die, die der Reformsalafist Rashid Ridha 1898 gegründet hatte) und organisierten Wohltätigkeits-, Gesellschafts- und Sportveranstaltungen.

Das langfristige Ziel war die Errichtung eines islamischen Staates auf der Grundlage eines umfassenden Systems von Ideen und Aktivitäten, die soziale, kulturelle und politische Aspekte einbezogen. Angedacht war auch die Gründung einer politischen Partei, aber bis zu Beginn der neunziger Jahre gab es noch kein jordanisches Gesetz, das die Neugründung von Parteien oder Vereinen ausdrücklich erlaubt hätte.

1993, als die Gründung von Parteien gesetzlich erlaubt wurde, gründete Hassan Abu Haniya mit Freunden die

Jam'iyat al-Kitab was-Sunna, aber diese Vereinigung erfuhr aus allen Richtungen Ablehnung: von der Albani-Salafiya, vom Staat und von anderen islamischen Gruppen wie den Muslimbrüdern. Kurz, der Boden für das Projekt Aktionssalafiya war noch nicht bereitet und die neugegründete Vereinigung konnte noch nicht zum institutionellen Sammelbecken der neuen Strömung werden.

Strafverfolgung und Verhaftungen trafen mehrere Vereinsmitglieder, nicht zuletzt Hassan Abu Haniya. So löste sich die Gruppe auf. Die einen stellten sich auf die Seite des Staates, andere wandten sich schon jetzt der dschihadistischen Richtung des Salafismus zu. Die Bedeutung des Vereins schwand so schnell, wie er entstanden war. Man war isoliert und hatte ein Identitätsproblem, zumal der Restverein in ein Lager der Reformisten und eines der Dschihadisten zerfiel.

Hassan Abu Haniya vertiefte sich weiter in Lektüre. Er befasste sich mit klassischer islamischer Literatur, islamischer Theologie und Philosophie sowie weiterhin mit westlichen Autoren und behielt seine kritische Sicht auf den Salafismus, dem er noch immer zugerechnet wurde, aufrecht. Aber als Hassans Freund und Nachbar Abu Qatada Anfang der neunziger Jahre nach Malaysia ging, nach Afghanistan weiterzog, sich schließlich in London niederließ und dabei zum Dschihadisten wurde und für den Dschihad warb, Hassan aber freundschaftlich verbunden blieb, glaubte man sowohl in salafistischen Kreisen als auch bei den Sicherheitsbehörden, Hassan Abu Haniya sei ebenfalls ein Anhänger des Dschihadismus.

In jedem Fall waren Abu Haniyas Ansichten radikal, denn angesichts seiner linken Vergangenheit ging es ihm um soziale Gerechtigkeit. Die Veränderung konnte seiner Ansicht nach nur im Konflikt erreicht werden, denn die arabischen Regime sah er als Verbündete und Anhängsel des Westens und als dessen Partner bei der Bekämpfung jeder Renaissance und Reform. Diese Sichtweise Hassans traf sich mit den radikalen Ideen seines Freundes Abu Qatada und der dschihadistischen Salafiya, deren Aufstieg in Jordanien in den neunziger Jahren erfolgte und zu deren Symbolfigur Abu Muhammad al-Maqdisi wurde.

Abu Haniya trat deren Auffassungen nicht entgegen. Seine Gramsci-Lektüre über *Hegemonie und Stellungskrieg*, die Entmachtung der Islamischen Heilsfront FIS in Algerien und das Auftauchen der Geheimorganisation *Bai'at al-Imam* in Jordanien verstärkten vielmehr seine radikalen Ansichten von der Notwendigkeit einer Veränderung, bei der es keinen Platz für eine bloße Regimereform gab und bei der demokratische und pädagogische Mittel als nicht ausreichend erachtet wurden. Durch seine Beziehung zu Abu Qatada und al-Maqdisi und aus grundsätzlichem Respekt vor den Dschihadisten wollte er Einfluss nehmen auf das immer wichtiger werdende Phänomen des Dschihadismus, indem er diesem einen rationalen und philosophisch-theoretischen Horizont zu geben versuchte. Abu Haniya sprach sogar selbst als erster vom dschihadistischen Salafismus als eigener Strömung, um damit zu untermauern, dass es nicht mehr nur die Albani-Schule gab.

Die Entwicklungen in der arabischen Welt und der sich zuspitzende Konflikt zwischen den neuen Dschihadisten und den arabischen Regimen trieben Hassan Abu Haniya der dschihadistischen Salafiya zu, doch war sein Beitrag immer ein philosophisch-theoretischer. Als Mitarbeiter im Verlag *Dar al-Bayariq*, der in der zweiten Hälfte der neunziger Jahre in Amman entstand, gab er auch dschihadistische Literatur heraus, die zum bewaffneten Aufstand gegen arabische Regime aufrief. Dieser Verlag war der einzige in der arabischen Welt, der noch vor dem Aufkommen des Internets solche Bücher verlegte. Darunter waren Werke von al-Maqdisi, Abu Qatada, Aiman az-Zawahiri und anderen führenden Theoretikern der neu entstandenen dschihadistischen Strömung.

Durch seine verlegerische Tätigkeit trug Hassan Abu Haniya dazu bei, die Dschihadströmung auf eine theoretische und geistige Grundlage zu stellen. Die Hinwendung zum Dschihadismus erklärt Abu Haniya heute mit einem von ihm damals empfundenen historischen Wendepunkt. »Es begann mit dem Abzug der Sowjetunion aus Afghanistan und setzte sich mit den blutigen Kriegen in Tschetschenien, Bosnien und Algerien fort. Überhaupt entstanden immer mehr Kampffronten, und gleichzeitig tauchte der Dschihadismus in Jordanien auf. Es schien, als sei dessen Stunde nun gekommen, was noch dadurch verstärkt wurde, dass demokratische Prozesse in der arabischen Welt stockten.«

Aber der Schwung der Dschihadbewegung ermattete schon bald wieder. In Ägypten, Libyen und Algerien obsiegten die Regime gegen ihre Widersacher. Doch Abu Haniya und Abu Qatada gaben nicht auf: Sie machten nun für eine neue Phase mobil, die des globalisierten Dschihad! Die bisherigen Dschihadisten hatten es immer nur auf den »nahen Feind« abgesehen, während diese beiden Theoretiker mit die ersten gewesen waren, die die Aufmerksamkeit auf den »fernen Feind«, die USA, gelenkt hatten und damit für eine globale Sicht auf den Konflikt zwischen der Dschihadströmung und autoritären Regimen und deren westlichen Verbündeten standen.

In einem Geheimtreffen 1994 wirkten Hassan Abu Haniya und Abu Qatada an der Schaffung einer »globalen Dschihad-Bewegung« mit, nachdem Abu Haniya diesem Konzept bereits vorher eine theoretische Grundlage verschafft hatte, die Abu Qatada in seinen Publikationen aufgriff. Die vorherigen Dschihadisten hatten dies noch abgelehnt und auf die lokale Ebene des Konflikts verwiesen. Als die Fokussierung auf den »nahen Feind« jedoch gescheitert war, war es Usama bin Laden, der den »Global-Dschihad« aufgriff und in Afghanistan 1998 mit Aiman az-Zawahiri seine »Globale Front zur Bekämpfung von Juden und Kreuzfahrern« ausrief. Es war ein historischer Wendepunkt für die Dschihad-Bewegung und al-Qaida. Was dann allerdings geschah, war nicht das, was Hassan gewollt hatte. Statt amerikanischen und westlichen Interessen in der Region in einer Weise zu schaden, dass die USA umdenken würden, trug Bin Laden mit dem 11. September den Kampf ins Herz Amerikas.

Die Anschläge des 11. September markierten einen weiteren Einschnitt in Hassan Abu Haniyas Gedankenwelt. Er war nie Unterstützer eines aggressiven Dschihad gewesen, und er wusste, welch schwerwiegende Folgen diese Tat haben würde. Außerdem sah er die Tötung von Zivilisten nicht als legitim an. Abu Haniya spürte, welch große Kluft sich zwischen ihm und al-Qaida auftat und er ahnte, wohin deren Ausrichtung führen würde. Er kappte daher alle Verbindungen zur Dschihad-Bewegung und unterstützte sie nunmehr weder geistig-philosophisch noch persönlich. Deren religiöser und ideeller Extremismus war unvereinbar mit seinen philosophischen und politischen Ansichten.

In dieser historischen Situation traten die Konturen der verschiedenen »Salafismen« in der arabischen Welt klarer zutage als vorher. Al-Qaida betrieb die globale Konfrontation, der Albani-Salafismus unterstützte – zumal nach dem Tod des Gründerscheichs – zunehmend das jeweilige arabische Regime, und der Aktionssalafismus widmete sich der sozialen, der Missions- und der Öffentlichkeitsarbeit.

Hassan Abu Haniya beschloss, sich von den »Fesseln des Salafismus« zu lösen und sich einen weiteren geistigen Horizont zu suchen. Mit einigen Mitgliedern der *Jam'iyat al-Kitab was-Sunna* aber hielt er jedoch persönlichen Kontakt, und der Respekt, den man dort für ihn hegte, blieb ungebrochen. Selbst seine Beziehungen zu einigen führenden Dschihadisten rissen auf zwischenmenschlicher Ebene nicht gänzlich ab, wenn er sich auch selbst nicht mehr als Salafisten bezeichnete. Er glaubt im Übrigen auch nicht, dass ihn heute noch irgendein Anhänger einer salafistischen Strömung als Salafisten sieht.

Mit seinem Ausscheiden aus der Welt des Salafismus konnte Abu Haniya seine Gedanken klarer ordnen, und er konnte offener über zentrale kritische Punkte sprechen, zu denen die salafistischen Lager einschließlich der Aktionisten nie eine klare Haltung entwickelt hatten. Dazu gehörte sein Glaube an die Demokratie als politische und soziale Grundlage für den Umgang mit internen Konflikten, soziale Gerechtigkeit und die Freiheit der Frau. Zu all diesen Themenkomplexen äußern sich die Salafisten in ihrem Diskurs nur am Rande oder befassen sich damit im Rahmen ihrer Wohltätigkeitsarbeit, nicht aber auf geistig-philosophischer Ebene. Gerade sie hält Abu Haniya aber im Hinblick auf notwendige Reformen für prioritär. Er begann zu schreiben und zu forschen und wurde in Medien und akademischen Kreisen zu einem gefragten Experten für Islamismus.

Sein philosophisches Interesse schlug sich in Büchern und Publikationen nieder, die er in dichter Folge schrieb. Heute betont Abu Haniya die Unabdingbarkeit von Demokratie, politischem, kulturellem und religiösem Pluralismus und hält dies mit der Philosophie und den Zielen des Islam für vereinbar. Wenn er sich geistig einordnen soll, so sieht er sich als Vertreter eines »linken, demokratischen Islam«.

Bei seiner Ablehnung des wirtschaftlichen Liberalismus beziehungsweise Neoliberalismus ist Hassan Abu Haniya allerdings geblieben. Er hält ihn für unvereinbar mit sozialer Gerechtigkeit und weist auf seine schädlichen Folgen für die Mittelschicht und den sozialen Ausgleich, der notwendig sei, um Demokratie erfolgreich zu gestalten.

Neuen islamischen Bewegungen, die er als »post-islamistisch« bezeichnet, steht Abu Haniya aufgeschlossen gegenüber, insbesondere der türkischen AKP. Solche Parteien, meint er, hätten es bei der Akzeptanz von Demokratie und Pluralismus weit gebracht. Einschränkend meint er, dass auf arabischer Seite eine entsprechende Entwicklung noch ausstehe. Er übt auch an den neuen islamischen Bewegungen Kritik. Die in der Türkei und in Marokko regierenden islamischen Parteien sind ihm zu liberalismusfreundlich, und er sieht deren liberale Wirtschaftsprogramme als ein Hindernis für die Verknüpfung von Demokratie und Gerechtigkeit, wofür die islamische Philosophie seiner Meinung nach steht.

Hassan Abu Haniya hat sich dem Sufismus geöffnet und eine Studie zum jordanischen Sufismus verfasst. Er sieht die sufische Strömung als Teil des historisch gewachsenen islamischen Pluralismus. Damit steht er wiederum im Widerspruch zur Salafiya, die den Sufismus insgesamt als Abweichung vom wahren Islam ansieht.

Abu Haniyas positive Haltung zu geistiger, kultureller und religiöser Vielfalt, die er als Stärke, nicht als Schwäche ansieht, bringt ihn in klaren Gegensatz zur salafistischen Anschauung, die sich mit Konflikten aus der Vergangenheit befasse und einseitig sei. Hassan Abu Haniya glaubt, dass eine islamische Perspektive darin bestehen müsse, den Blick auf die Zukunft zu richten und für Demokratie, Freiheit und Gerechtigkeit einzutreten.

Nart Khair: Der Rückweg vom Salafismus zum Säkularismus

Das Beispiel Nart Muhammad Khair steht für ein früh ausgebildetes salafistisches Bewusstsein, eine intensive salafistische Karriere und eine spätere Umkehr ins moderne, rationale Denken. Khairs Wandlung endete im Glauben an den Säkularismus und seinem Interesse an Wissenschaft, Philosophie, Linguistik und auch Schariawissenschaft. Er wollte sich die Tür zu Spiritualität nicht versperren. Er befreite sich von ideologischen Fesseln und überwand die Grenzen des kritischen und freiheitlichen Denkens, die sich er bislang auferlegt hatte[2].

Der Salafismus war für Nart Khair nur eine Entwicklungsphase, aber in der fraglichen Zeit entwickelte er ein intensives

2 Interview vom 24.12.2013 in der Jordanischen Universität.

Verhältnis zu ihm. Auch seine wenigen Jahre als Salafist waren geprägt von der Suche nach Erkenntnis und Bildung, denn seine Motivation war immer, allen Dingen auf den Grund zu gehen. Dann folgte die Umkehr, denn er konnte die unhinterfragten Wahrheiten der Salafisten nicht akzeptieren.

Nart Khair ist heute Direktor einer staatlichen Schule, freier Dozent am Sprachenzentrum der Jordanischen Universität und war zum Zeitpunkt des Interviews mit der Vorbereitung der Disputation seiner Dissertation über arabische Literatur beschäftigt. Er gehört zur gehobenen Mittelschicht, die seiner Meinung nach akut bedroht ist. Er ist Jahrgang 1974, wohnt in Amman-Jandawil und hat tscherkessische Wurzeln. 1991 schloss Nart Khair das Gymnasium ab und begann zu studieren. Als Saddam Hussein Kuwait überfiel und eine US-geführte westliche Koalition den Irak angriff schlug dieser zweite Golfkrieg in Jordanien hohe Wellen. Es war ein hochemotionaler Moment, und der religiöse Diskurs, angeführt von den Muslimbrüdern, nährte Hoffnungen auf einen Sieg des damaligen irakischen Präsidenten, der sich unnachgiebig zeigte und mit der völligen Zerstörung Israels drohte. Die kurze Zeit später folgende Niederlage des irakischen Regimes war umso vernichtender, und mit ihr zerstob alle Zuversicht auf Widerstand und Befreiung.

Nart Khair, der wegen seiner frühen Einschulung als Kind ein Jahr jünger war als die meisten seiner Mitstudenten, berichtet von dieser Zeit: »Die Golfkrise ging einher mit zunehmender Religiosität in der Gesellschaft und mit Hoffnungen, man könne in einer großen Schicksalsschlacht obsiegen. Die Araber pflegten in ihrer Siegessicherheit ein großes Selbstwertgefühl. Die darauf folgende Niederlage erzeugte eine Stimmung, die für mich den Ausschlag gab, von der rein äußerlichen Befolgung religiöser Rituale zu einer strengeren Frömmigkeit überzugehen. Ich war schon während meiner Gymnasialzeit zuweilen mit Freunden zur Universität gegangen und hatte dort Professoren zugehört, die als führende Muslimbrüder galten, lauthals die arabischen Massen priesen und ihren Sieg prophezeiten. Umso größer war die allgemeine Enttäuschung nach der Niederlage. Sie war ein Sturz ins Bodenlose und das Ende eines Traums. Innerlich fühlte ich, dass wir betrogen worden waren und der religiöse Diskurs uns in Illusionen gewogen hatte.«

In dieser Phase beschloss Khair, sich in die Schariawissenschaften zu vertiefen. Schon von früh an hatte er gern gelesen und gelernt und sich mit Literatur und Philosophie beschäftigt. Nun hatte er gerade Physik und Mathematik zu studieren begonnen. Der Schock der Niederlage hatte ihn gelehrt, »nie wieder falschen Träumen religiöser Heilsversprecher« anzuhängen, deshalb wollte er die religiöse Wahrheit selbst erkunden. Das Problem war allerdings, dass Khair die verschiedenen Gruppen des politischen Islam nicht detailliert kannte. Nur ein paar Namen und Parolen waren ihm geläufig, und er wusste, dass es Salafisten und Muslimbrüder gab. Zugleich mussten nach dem Krieg Hunderttausende Jordanier, viele von ihnen mit islamistischer Gesinnung, aus Kuwait in ihre Heimat zurückkehren, weil sie Saddam unterstützt hatten.

Was nun folgte, nennt Khair Zufall. Er wollte sich religiöse Literatur zulegen und hatte dafür 280 Dinare zur Verfügung. Weil er nicht wusste, an welchen Titeln er sich orientieren sollte und keine Erfahrung mit Preisen und verschiedenen Editionen hatte, fragte er nach einem Fachmann, der ihn anleiten könnte. Ein Verwandter vermittelte ihn an einen Kuwait-Rückkehrer, der im Buchhandel tätig war und der Nart zu günstigen Preisen Bücher verschaffte. Damit legte er den Grundstein für eine Sammlung von Scharialiteratur bei Nart Khair. Der Buchhändler war Salafist und betete in einer Moschee in Khairs Nachbarschaft. Nart kam nun selbst regelmäßig in dieses Gebetshaus, die Usama-bin-Zaid-Moschee, und lernte dort eine ganze Reihe von salafistischen Kuwait-Heimkehrern kennen. Nart Khair war ernsthaft bemüht, sich ein umfassendes religiöses Wissen anzueignen, so wie er schon immer begierig nach Wissen und Erkenntnis gewesen war. Er traf außerdem mit salafistischen Scheichs zusammen, wenn diese in die Moschee kamen und lernte auch den Gründervater der Salafiya in Jordanien, Scheich Nasiruddin al-Albani kennen.

Was ihn am Salafismus faszinierte, war, dass er dort eine Entsprechung für seine Neigung fand, alles genau wissen zu wollen. Auch die Salafisten begründeten alles mit theologischem Wissen und studierten dazu die religiösen Quellen. Die Anhänger des Salafismus bezeichneten sich stolz als »Wissenssuchende«, und das hatte für Nart einen romantischen Klang. Im Gegensatz dazu ging es den Anhängern der Muslimbrüder eher um Aktionismus, und möglicherweise lag darin ein Grund, dass diese Nart nicht so intensiv umwarben wie einen seiner Freunde, den er aus der Moschee und vom Studium her kannte. Nart wunderte sich darüber, aber er musste sich einige Jahre gedulden, ehe er die Antwort von ebenjenem Freund bekam, der sich mittlerweile wieder von den Muslimbrüdern losgesagt hatte. Ein führender Funktionär der Gemeinschaft habe seinem Freund damals gesagt: »Nart liest und fragt zu viel. Der wird uns Muslimbrüdern nur Ärger machen.«

Nart Khair vertiefte sich in Schariastudien und salafistische Literatur. Er las ibn Taimiyas Fatwas und Sendschreiben und andere Grundlagenwerke zu Rechtswissenschaft und Glaubenslehre und hoffte, damit zu weiteren Einsichten zu gelangen.

Schon nach zwei Monaten begegnete er zum ersten Mal Scheich al-Albani, als dieser einen Vortrag im Bezirk Bayadir Wadi as-Sir hielt. Khair sah, mit welcher Ehrerbietung seine Anhänger ihn empfingen. Sie stuften ihn als einen der höchsten Gelehrten ein, der in der Gegenwart seinesgleichen suchte. Doch als Nart ihn sprechen hörte, konnte er diese Empfindung nicht teilen. Er sah sich keiner »Ausnahmeerscheinung« gegenüber und konnte der Ehrfurcht, die die Salafisten al-Albani entgegenbrachten, nichts abgewinnen.

Für Nart Khair benutzte der Scheich eine im besten Falle gewöhnliche Sprache, was ihm schon deswegen missfiel, weil er selbst das Arabische liebte. Aber auch in seinen Thesen sah er keine besondere Tiefe und vermisste eine herausragende Vision. Er redete sich zunächst ein, dass das Problem vielleicht nicht bei al-Albani, sondern bei ihm selbst liege, und seine Kameraden bestärkten diese Selbstzweifel, als er ihnen seine Skepsis eingestand. Sie meinten, es liege daran, dass er noch ein Neuling sei und daher den Wert von al-Albanis Worten noch nicht erkennen könne.

Nart Khair blieb nur übrig, weiter zu studieren. Auf der Suche nach Antworten wälzte er die Grundlagenwerke, studierte Hadithe, jene Krone der salafistischen Wissenschaften, und er besuchte die Vorträge von anderen salafistischen Gelehrten. Schon bald war er bei Scheichs und Schülern gleichermaßen bekannt, denn er hatte sich dank seiner Wissbegierde und seines Erkenntnisstrebens innerhalb kürzester Zeit ein Wissen erarbeitet, für das andere Jahre benötigen.

Nart Khair lernte die führenden Scheichs der Salafiya kennen: Ali al-Halabi, Salim al-Hilali, Mashhur Hassan und Muhammad Abu Shaqra, stieg in jenen Jahren vom Schüler zum Scheich auf und unterrichtete nun selbst. Er glaubt, dass auch sein kräftiger Körperbau, sein langer Bart und seine salafistische Kleidung Eindruck gemacht hätten. Trotz seiner jungen Jahre – er war erst Anfang zwanzig – habe er damit ausgesehen wie ein Mittdreißiger.

Aber trotz seines schnellen Aufstiegs bei den Salafisten sah sich Nart Khair nicht am Ziel. Er war auf der Suche nach Erkenntnissen, und er konnte sich mit den unhinterfragten Gewissheiten der Salafisten nicht begnügen. Daher stellte er zu grundlegenden Dingen der salafistischen Lehre unkonventionelle Fragen, auf die die Scheichs prompt mit der Warnung vor allzu kritischem Denken antworteten.

Eines jener sensiblen Themen, die er mit den Gelehrten zu diskutieren versuchte, war die Frage nach der Verlässlichkeit der Hadith-Überlieferung – eine Schlüsselwissenschaft der Salafisten. Er fragte die Scheichs: »Wenn wir annehmen, dass alle Prophetengefährten, wie Bin Hajar sagt, gerecht und vertrauenswürdig waren, so dass wir ihrer Überlieferung der Sprüche und Handlungen des Propheten Glauben schenken können, wie können wir dann zugleich sicher sein, welches Maß an Genauigkeit ihnen eigen war? Wie wir wissen, gilt ein Hadith nur dann als echt, wenn seine Überlieferung lückenlos über gerechte und vertrauenswürdige Männer erfolgte. Wie aber können wir sicher sein, dass sie alle diese Hadithe auch fehlerfrei weitergegeben haben, ohne dass der eine oder andere von ihnen einer Vergesslichkeit oder einem Versehen aufgesessen ist?«

Nach Abschluss seines Physikstudiums an der Jordanischen Universität beschloss Nart Khair, auch ein Diplom in Schariawissenschaften zu erwerben. Gemäß salafistischer Sicht konnte man Scharia an einer Universität zwar gar nicht richtig lernen, aber Khair ging es darum, auch eine »gesellschaftliche Legitimation« zu erreichen, damit ihm keiner den Vorwurf würde machen können, er sei kein wirklicher Fachmann für religiöse Dinge, wenn er über Religion spräche. Er schrieb sich daher für dieses Fach ein, und zur Finanzierung des Studiums unterrichtete er nebenher Physik an Privatinstituten.

Typisch für Nart Khair blieben sein Wissensdurst und sein »Streben nach Erkenntnis«. Das führte ihn jedoch zu der ernüchternden Entdeckung, dass die Salafisten, obwohl sie ständig auf ihr großes historisches Vorbild Ibn Taimiya rekurrieren, nur wenig über dessen Ideen und Praxis wissen und insbesondere die seiner Werke nicht kennen, in denen er über seine Auseinandersetzungen mit Widersachern berichtet. Entsprechend wenig hätten sie zu den Debatten Ibn Taimiyas mit den *Kalam*-Theologen seiner Zeit zu sagen. Dies beeinträchtigte Khairs Vertrauen in die Salafisten – wenn auch noch nicht in den Salafismus an sich, denn er wollte dessen Methode nicht verantwortlich machen für die Fehler seiner Anhänger.

Khairs Zweifel nahmen noch zu, als sich die Salafiya in mehrere Lager aufspaltete und Debatten um den richtigen Weg führte. Die Surur-Anhänger traten der apolitischen Haltung der Traditionalisten entgegen, und in den neunziger Jahren entspann sich ein Streit um die sogenannte »Rechtslehre der Realität«, die der saudische Scheich Nasser al-Omar mit seinem gleichnamigen Buch begründet hatte. Dann traten die Dschihadsalafisten auf den Plan, und die großen innersalafistischen Konflikte weiteten sich rasant aus.

Schon bald begegnete Nart Khair auch den führenden Figuren der untereinander konkurrierenden salafistischen Richtungen, darunter Abu Muhammad al-Maqdisi, dem Vertreter der Dschihadisten, der zu Beginn der neunziger Jahre noch wenig bekannt war. Khair las dessen Buch *Millat Ibrahim*, in dem er sämtliche arabische Regime für gottlos und ihre Herrscher zu Tyrannen erklärte und auf dem Prinzip der göttlichen *Hakimiya* als der Grundlage der Glaubens beharrte.

Am Ende dieser Phase deutete sich bei Nart eine neuerliche Änderung an. Er glaubte zu erkennen, dass ausnahmslos alle salafistischen Richtungen an demselben Makel litten, nämlich einer fehlenden theologischen Begründbarkeit ihrer Ansichten, einer schwach ausgeprägten Logik und einer Geringschätzung von Verstand und rationalen Wissenschaften.

Diese Einsichten gingen einher mit weiteren Zweifeln an der Glaubwürdigkeit der Salafisten. Nart Khair erinnert daran, dass damals ein Büchlein von Safar al-Hawali unter Salafisten Aufsehen erregte. Es handelte von der frühmittelalterlichen sunnitischen Glaubensschule *Ash'ariya*. Der Salafismus lehnt sie ab, und der Text rechnete mit der *Ash'ariya* ab. Doch gerade in dessen Polemiken fand Khair eine Vielzahl inhaltlicher Fehlern und Falschzitate. Diese und ähnliche

Beobachtungen vertieften bei Nart Khair die Zweifel an der Glaubwürdigkeit und der Kompetenz des Salafismus. 1993, so gibt er an, begann bei ihm deshalb eine Phase der »tiefen methodischen Kritik« des Salafismus. Er wollte jedoch keine vorschnellen Resultate anbieten, sondern sich für diese Untersuchung Zeit nehmen.

Nart Khair wollte noch mehr über den Islam lesen, allerdings nun außerhalb des salafistischen Kontextes, vorzugsweise in Büchern, die islamische und westliche Philosophie gleichermaßen behandelten. Er las Werke von Muhammad Amara, Taha Jabir al-Alwani, Muhammad Salim al-Awa sowie Bücher des in den USA gegründeten »International Institute of Islamic Thought«, in denen er die Grundlagen des Islam mit den Gegebenheiten der Gegenwart versöhnt fand. Sobald einer dessen Autoren nach Jordanien kam, setzte er alles daran, ihm zu begegnen und sich mit ihm auszutauschen. Am meisten aber beeindruckten ihn damals die beiden Bücher *Der Islam zwischen Ost und West* von Alija Izetbegović und *Lebendiger Islam* von Roger Garaudy. Sie hätten ihm, so Nart Khair, die Augen für ein neues Verständnis von Islam und Religion geöffnet und ihm Antworten auf philosophische, zivilisatorische und historische Fragen gegeben.

Seine Beziehung zur salafistischen Szene begann, sich abzukühlen, und dort warnte man nun vor dem Abweichler und streute Zweifel an seiner Integrität. Laut Khair habe man über ihn gesagt, er habe sich »durch fremdartige Bücher betören lassen«, von denen er wohl zu viele gelesen habe. »Zwischen 1994 und 1996 habe ich mich vom Salafismus gelöst und diesen Abschnitt meines Lebens geistig beendet«, sagt Nart Khair. Er verlor damit auch den Kontakt zu den meisten seiner ehemaligen Mitstreiter. Nur mit wenigen toleranteren Salafisten blieb er in Verbindung, aber die meisten, so Khair, hätten das Zwischenmenschliche und das Ideologische vermengt, so dass Freundschaften sich in Abneigung verwandelte und Nart Khair für die Salafisten ein rotes Tuch wurde.

Das Ende der salafistischen Phase bei Nart Khair war zugleich der Beginn eines erneuten Interesses an linguistischen Studien. Khair schrieb sich daher ein weiteres Mal für ein Studium an der Jordanischen Universität ein, diesmal für Arabische Sprache. Er war sich bewusst geworden, welch bedeutende Rolle der Sprache zumal dann zukommt, wenn sich aus »Texten« zentrale kulturelle Fragestellungen ergeben. Zudem wollte er nicht mehr im engen Raum der Schariaforschung verbleiben.

Bei seiner Wissensreise durch die klassische und die moderne Literatur entwickelte Nart Khair eine Vorliebe für die Werke der *Mu'tazila*. Bis heute, gibt er an, habe er Sympathien für diese mittelalterliche islamische Denkschule, die dem Verstandesdenken viel Raum gibt. Ein absoluter Anhänger dieser Richtung sei er gleichwohl auch nicht, denn auch deren Denken sei wie das salafistische auf die Vergangenheit gerichtet, während echte Wissenserkenntnis Zeit und Ort gegenüber offen sein und auf Forschung, Entwicklung und Erneuerung beruhen müsse. Niemand dürfe die Wahrheit für sich allein beanspruchen.

Auf die Frage, wo er sich heute in Bezug auf Geist, Erkenntnis, Forschung und Kritik sehe, und ob er Islamist, Liberaler oder Säkularist sei, antwortet Nart Khair: »Ich sehe mich gegenwärtig als philosophischen Säkularisten, nicht nur als praktischen. Insofern bin ich vielleicht sogar ein radikaler Säkularist!« Khair lehnt es ab, von einem »islamisierten Säkularismus« zu sprechen. Man müsse sich entscheiden und könne keine Widersprüche zusammenfassen, die wissenschaftlich unvereinbar seien. Genau dies aber versuchten die meisten modernen arabischen Denker und widersprächen sich dabei selbst, ohne es zu bemerken. Logische Fragen zu formulieren ermögliche einem, Hindernisse zu überwinden. Der Grund dafür, dass die meisten sich der Logik verweigern, liege darin, dass sie die Mechanismen der Logik nicht richtig begriffen.

Auf die Frage, welche Stellung der Religion in Staat und Gesellschaft zukommt und welche Rolle sie im arabischen Alltag und in der arabischen Politik spielen solle, antwortet Nart Khair, man könne eine grundsätzliche Haltung zur Religion haben, sollte es aber pragmatischerweise so halten wie John Dewey, der sagt: »Gott existiert, wenn dies der Allgemeinheit zugutekommt, und er existiert nicht, wenn es andersherum ist.«

Eine funktionale Sicht auf die Religion harmoniere nicht unbedingt mit einem wissenschaftlich verstandenen Säkularismus, räumt Nart Khair ein. Aber da wir es in der arabischen Welt nun einmal mit dem Phänomen zu tun hätten, dass die Religion sich in alle Richtungen ausbreite und im öffentlichen Leben ebenso präsent sei wie im akademischen – selbst in den Naturwissenschaften gebe es Leute, die glauben, die Religion liefere ihnen Antworten –, sei es schwierig, der Religion radikal säkular zu begegnen. Man müsse »einen Mittelweg zwischen dem gewünschten Säkularen und dem bestehenden Religiösen finden« und die Religion rationaler aufstellen, indem man ihre Texte rational interpretiere.

Khair schlussfolgert, man müsse zwischen Erkenntnis, zu der man religiöses Wissen brauche, und der, zu der man dieses nicht benötige, unterscheiden. In der Politik zum Beispiel sei Religion unnötig, denn auch die muslimische politische Erfahrung sei von Anbeginn an insofern eine säkulare gewesen, als sie orts- und zeitabhängig war.

Fazit

Alle zuletzt vorgestellten Beispiele könnten unter dem Stichwort »Wandel« zusammengefasst werden, hier allerdings nicht im Sinne eines Wechsels von einem salafistischen Lager zum anderen, sondern eines Ausstiegs aus dem Salafismus in seiner heutigen Ausformung nach einer langen geistig-spirituellen

Sinnsuche. Der Begriff Wandel im Zusammenhang mit Identität ist in der Sozial- und Humanwissenschaft nichts Neues, ja, nicht einmal im Bereich »religiöser Politik«. Die Schriften zu solchen Wandlungen sind zahlreich, wenn sie auch meist eine andere Ebene meinen: den Wechsel von einer Religion zu einer anderen oder von einer Konfession zur anderen[3]. Auch die arabische und islamische Geistesgeschichte ist voll mit entsprechenden Beispielen; so wurden aus säkular eingestellten arabischen Denkern Islamisten, und ihre Schriften veränderten sich entsprechend, wie es bei Khaled Muhammad Khaled, Sayyid Qutb, Muhammad Amara, Munir Shafiq, Adel Husni und anderen der Fall war.

Auch der Wechsel vom Salafismus zu anderen islamischen oder auch säkularen Richtungen, wie in den letzten beiden Fallbeispielen, ist nichts grundlegend Neues oder Absonderliches. Selbst in Saudi-Arabien gab es eine Reihe von Salafisten, die zu Liberalen wurden oder die sich offeneren islamischen Richtungen zuwandten. Wollten wir vollständig untersuchen, welche Vertreter der kulturellen oder politischen Elite dem Salafismus alle den Rücken gekehrt haben, fänden wir sogar gerade in Saudi-Arabien, wo der Salafismus die Religion und die Kultur weitgehend prägt, dafür eine Vielzahl von Beispielen.

Auch in Jordanien gab es viele Menschen, die zum Salafismus kamen, sich dann aber wieder in andere Richtungen orientierten. Was die beiden Beispiele Hassan Abu Haniya und Nart Khair in besonderer Weise auszeichnet, ist, dass man bei ihnen sowohl die Art und Weise ihrer inneren Suche und Wandlung nachverfolgen kann als auch den Einfluss historischer Wendepunkte klar sieht, die jeweils ganze Generationen junger Menschen geprägt haben. Politische Krisen

3 Siehe zum Beispiel Olivier Roy: La Sainte ignorance. Le temps de la religion sans culture, Paris 2008 (Arabisch von Salih al-Asmar, Beirut 2012), sowie Hani Nuseira: Al-Mutahawwilun diniyan. Dirasa fi zahirat taghyir ad-diyana wal-madhahib, Kairo 2009.

haben viele Menschen zum Salafismus gebracht, die diesen Schritt aber gleichwohl wieder rückgängig gemacht haben, wenn sie das Gefühl hatten, dass diese Denkrichtung doch keine passende Antwort auf die Krisen der arabischen Welt und des Islam bereithält.

Es ist unschwer festzustellen, dass Abu Haniya und Khair trotz unterschiedlicher Motivationen und Schlussfolgerungen gleichermaßen davon enttäuscht waren, dass der Salafismus in seiner heutigen Form in Jordanien ihnen nicht die Antworten geben konnte, die sie sich von ihm erhofft hatten, weder in Bezug auf Werte wie geistige Freiheit, kritisches Denken, soziale Gerechtigkeit und Demokratie noch auf Herausforderungen wie menschliche und gesellschaftliche Entwicklung oder Befreiung von Rückständigkeit und Tyrannei in Politik, Religion, Denken und subjektivem Empfinden.

Die Kritik am Salafismus, wie sie aus den letzten beiden Fallbeispielen deutlich wird, ist eine Kritik an der Oberflächlichkeit und der Verkürzung, die der Salafismus betreibt, wenn er die Richtung vorgibt, in die sich unsere Gesellschaften angeblich bewegen sollen. Diese Verkürzung betrifft sowohl das Religiöse mit seiner spirituellen, sozialen und politischen Funktion als auch den salafistischen Blick auf die Veränderung der Realität.

Bei der »salafistischen Reise« der beiden Protagonisten war im Hintergrund aber auch eine Suche nach dem eigenen Ich und nach Identität angesichts drückender Krisen bedeutsam. Insofern spielte der Salafismus für sie eine Zeitlang eine identitätsstiftende Rolle, aber diese Sinnsuche brachte danach eine Hinwendung zu einem »linken, demokratischen Islam« wie bei Hassan Abu Haniya beziehungsweise zum Säkularismus wie bei Nart Khair.

Sie stehen für eine Generation, die Identität und Selbstverwirklichung auf individueller, gesellschaftlicher, zivilisatorischer und menschlicher Ebene sucht, die die dafür notwendigen Bedingungen prüft und dabei zuweilen zu unerwarteten Ergebnissen kommt, wenn sie sich – anders als die Beispiele zuvor – gezwungen sieht, sich von jener salafistischen Identität wieder zu lösen. Nur eine der in den vorigen Kapiteln vorgestellten Personen hatte eine vergleichbare Erfahrung: Na'im at-Tilawi, doch führte ihn sein Konflikt mit dem Salafismus zu anderen Schlussfolgerungen als Abu Haniya und Khair.

Anhang

Glossar

von Günther Orth

Ahl al-Hadith
Schwierig abzugrenzender Begriff für jene Muslime, die der prophetischen Überlieferung (den *Hadithen*) besonders große Wichtigkeit in der muslimischen Glaubenslehre einräumen. Im frühen islamischen Mittelalter traten sie als Gegner von Vertretern anderer theologischer Konzepte auf, die für ein rationaleres beziehungsweise weiter gefasstes Verständnis der islamischen Botschaft standen. Heutige Salafisten sehen sich als Nachfolger der *Ahl al-Hadith* und bezeichnen sich zuweilen selber so.

Ash'ariya/Asch'ariten
Der Begründer dieser theologischen Schule, Abu l-Hassan al-Ash'ari (873–935), vertrat eine vernunftbegründete Beweisführung im Hinblick auf Koran und Sunna im Gegensatz zur unhinterfragten Weiterführung der Tradition und stand damit zwischen der *Mu'tazila* und den *Ahl al-Hadith.*

Bid'a
»Erfindung« im Sinne jeglicher Neuerung im muslimischen Verhalten, die durch die religiöse Tradition nicht gestützt werden kann, im weiteren Sinn auch jedes geistige Konzept, das nicht dem Islam entspringt.

Da'wa
»Einladung« in der Bedeutung von Missionierung, im weiteren Sinn jede Werbung für den Islam beziehungsweise die

als richtig verstandene islamische Schule, indem man sich an andere Menschen muslimischen oder anderen Glaubens wendet.

Fatwa
Rechtsgutachten beziehungsweise Urteil, das ein islamischer Gelehrter (beziehungsweise »Mufti«) zu einer von anderen Gläubigen aufgebrachten Frage erstellt und ausgibt. Das Thema kann religiöser oder profaner Art sein. In der Fatwa wird Bezug auf die kanonischen Texte des Islam genommen. Das in der Fatwa enthaltene Urteil zur jeweiligen Frage wird von den Anhängern des Gelehrten als verbindlich angesehen.

Fitna
»Anfechtung« im Sinne von Zwist, Chaos oder Bürgerkrieg unter Muslimen.

Hadith
Ein überlieferter Ausspruch des Propheten oder ein Bericht über sein Handeln außerhalb des Korantextes. Es existieren mehrere zehntausend solcher Hadithe, für die in den Hadithsammlungen jeweils eine Kette von Gewährsmännern angegeben ist, die diese Berichte überliefert haben sollen. Die Hadithe umfassen Themen wie religiöse Pflichten, soziale Beziehungen, Beurteilungen von Zeitgenossen des Propheten oder die Hervorhebung bestimmter Tugenden. Neben muslimischerseits breit anerkannten Hadithen gelten andere als unsicher. Mit solchen Einstufungen beschäftigen sich viele salafistische Gelehrte.

Hakimiya
»Herrschaftsgewalt [Gottes]«. Ein von dem ägyptischen Vordenker der Muslimbruderschaft Sayyid Qutb geprägter Begriff, der die absolute Souveränität Gottes meint, durch die jede Form von Nationalstaat, Demokratie oder sonstiger

Souveränität eines Volkes ausgeschlossen ist. Mit diesem Konzept wird vor allem bei dschihadistischen Salafisten die Pflicht zum Widerstand gegen jede Herrschaft hergeleitet, die sich nicht als islamisch bezeichnet und die nicht vollständig nach den Vorgaben der Scharia ausgerichtet ist.

haram
»Verboten« im religiösen Sinn, vergleichbar der »Sünde« im Christentum. Gegenbegriff: *halal* (»erlaubt«)

Hizb at-Tahrir/Tahrir-Partei
»Partei der Befreiung«, von Palästinensern 1953 im damals jordanisch verwalteten Ostjerusalem mit dem Anspruch gegründet, zu einer transnationalen panislamischen Organisation zu werden. Im Namen der Partei wird zwar keine Gewalt angewandt, jedoch vertritt sie radikale Positionen und wenden sich viele ihrer Mitglieder militanten islamistischen Gruppen zu. Die Partei ist heute in fast allen islamischen und westlichen Ländern verboten, darunter in Deutschland seit 2003.

Ijtihad
»Bemühen [des Geistes]« im Sinne einer eigenständigen Urteilsfindung im islamischen Recht zu Fragen, zu denen kein kanonischer Text oder keine anerkannte traditionelle Lehrmeinung vorliegt. Der Begriff, der auf das Mittelalter zurückgeht, wurde u. a. von muslimischen Reformern zu Beginn des 20. Jahrhunderts in Verbindung mit einem Appell dazu benutzt, statt in reiner Traditionsgebundenheit flexibler und in Annäherung an die Gegebenheiten der Moderne islamische Antworten auf drängende Fragen der Gegenwart zu finden.

Kalam
»Rede« im Sinne der Wissenschaft vom Wort Gottes. Der *Kalam* entwickelte sich im Mittelalter als apologetische Theologie in der Auseinandersetzung mit muslimischen Sekten,

dem Juden- und Christentum sowie der nun ins Arabische übersetzten griechischen Philosophie. Für muslimische Fundamentalisten gilt schon der Ansatz, sich auf nicht-islamische Konzepte zuzubewegen, als Abweichung von der reinen Lehre, und sie beschuldigen die Vertreter des *Kalam* seit jeher, den Islam aufgeweicht zu haben.

Khawaridj/Kharidschiten
»Auszügler«; historisch eine Gruppe von Muslimen, die im Konflikt zwischen den Kalifatsanwärtern Ali ibn Abi Talib und Mu'awiya beiden die Gefolgschaft verweigerten. Ihrer Argumentation gemäß war Ali zu nachgiebig, indem er im Begriff war, im Machtkampf einem Schiedsgericht zuzustimmen. Schließlich erweiterten die Kharidschiten ihre Lehre dahingehend, dass ohne Ansehen von Herkunft und Stamm jeweils »der beste aller Muslime« Kalif werden solle. Heute existieren nur noch kleine isolierte Gemeinden von Muslimen, die sich historisch auf jene Kharidschiten zurückführen lassen. Gegenwärtig wird der Begriff von Salafisten häufig undifferenziert gegen alle Muslime benutzt, die durch ihr Verhalten vermeintlich »außerhalb der Gemeinschaft stehen« oder die nicht-sunnitischer Konfession sind.

Murji'a
Mittelalterliche islamische Glaubensschule, die die Grenzen des Glaubens mit Bezug auf einen bestimmten Koranvers weiter zog als die meisten anderen sunnitischen Rechtsschulen und die es ablehnte, über die Rechtgläubigkeit anderer Muslime zu urteilen.

Mu'tazila
Theologische Strömung im Islam, die sich im Mittelalter von der griechischen Philosophie inspirieren ließ und die Willensfreiheit des Menschen in den Vordergrund stellte. Im Gegensatz zu Gott selbst, der ewig und unerschaffen sei,

verneinte die *Mu'tazila* eine Unerschaffenheit des Koran. Heute existiert die Glaubensschule der *Mu'tazila* nicht mehr, der Begriff wird von radikalen Muslimen in der Gegenwart jedoch zuweilen im Sinne von »Häretiker« verwendet.

Nahda
»Erhebung« beziehungsweise »Renaissance«. Als Begriff steht das Wort für die Versuche von Reformern ab dem Ende des 19. Jahrhunderts, die arabische Welt durch Rückbesinnung auf die Blütezeit der arabischen Kultur in die Moderne zu führen. Insbesondere vertraten die Anhänger der *Nahda* eine Vereinbarkeit von islamischer Religion und wissenschaftlichem Fortschritt.

Nakba
»Katastrophe«; gemeint ist die Staatsgründung Israels 1948 und die damit verbundene Vertreibung eines großen Teils des palästinensischen Volkes.

Ra'y
»Meinung« im Sinne von selbstständiger, verstandesgeleiteter Rechtsfindung in der islamischen Jurisprudenz.

Sahwa
Strömung des saudischen Salafismus, die im Gegensatz zur Staatsdoktrin politisches Engagement nicht ausschließt.

Sunna
»Gewohnheit, Tradition«. Das Wort bezeichnet sowohl die Gesamtheit der sunnitischen Muslime (im Gegensatz zu den Schiiten) als auch den überlieferten Lebenswandel des Propheten Muhammad. Insofern kommt neben dem Koran den Hadithen eine wichtige Rolle für das Verständnis dessen, was muslimische *Sunna* ist, eine große Bedeutung zu.

Tabligh/Tablighis
Ursprünglich in Indien gegründete islamische Missionsbewegung, deren Anhänger typischerweise Missionsreisen in ihre nähere Umgebung unternehmen. Die *Tablighis* (»die von Gott künden«) verstehen sich als gewaltlos und unpolitisch.

Takfir
»Des Unglaubens bezichtigen«. Der Methode des *Takfir* bedienen sich typischerweise radikale Islamisten, indem sie andere Muslime, die den Islam weniger streng verstehen und insbesondere Machthaber der islamischen Welt, die ihre Politik nicht allein nach der Scharia ausrichten, zu Ungläubigen erklären, deren Bekämpfung ihrer kompromisslosen Logik zufolge erlaubt beziehungsweise sogar Pflicht ist.

Tauhid
Dem »Bekenntnis zum einzigen Gott« kommt im Islam eine besonders zentrale Bedeutung zu. Historisch grenzte sich die neue Religion damit gegen die Vielgötterei in Mekka und im alten Orient, aber auch gegen die christliche Trinitätslehre ab. In der Gegenwart kann das Wort *Tauhid* als »strenger Monotheismus« verstanden werden. Die meisten muslimischen Gruppen, die heute das Wort im Namen führen oder es zum Kampfmotto erheben, geben sich damit als besonders puristisch zu erkennen. Sie verwerfen implizit beispielsweise jede Heiligenverehrung, wie sie im Sufismus, aber lokal auch in anderen sunnitischen Gemeinschaften, weit verbreitet ist, sowie die Verehrung Alis bei den Schiiten.

Umma
Mit *Umma* (»Gemeinschaft« oder »Nation«) wird in muslimischem Zusammenhang die weltweite Glaubensgemeinschaft der Muslime bezeichnet.

Hinweis zu Aussprache und Umschrift:

In Eigennamen und Termini steht das »j« für den arabischen Buchstaben ج und wird wie in dem englischen Wort *joy* ausgesprochen. Im Deutschen bekannte und verwendete arabische Begriffe wie »Dschihad« (die zudem nicht kursiv gesetzt sind) erhielten dagegen eine eingedeutschte Schreibweise. Ansonsten wurde die Transkription aus dem Arabischen ohne Benutzung von Sonderzeichen so vorgenommen, dass sie zugleich im Deutschen lesbar ist und der originalen Aussprache nahekommt.

Literaturverzeichnis

Abdurrahman **Abdulkhaliq**: As-Siyasa ash-shar'iya fi d-da'wa ila llah. [Scharia-Politik und Mission], Kuwait 2006.

Taha **Abdurrahman**: Al-Amal ad-dini wa-tajdid al-aql [Religiöse Arbeit und Erneuerung des Geistes], Beirut 1997.

Abdulhakim **Abu l-Loz**: Al-Harakat as-salafiya fi l-Maghrib 1971–2004 [Salafistische Bewegungen in Marokko 1971–2004], Beirut 2009.

Mohammad **Abu Rumman**, Hassan Abu **Haniya**: As-Salafiya al-muhafiza, Istratijiyat Aslamat al-mujtama' wa-su'al al-alaqa al-multabisa ma'a d-daula [Der konservative Salafismus – Conservative Salafism: A Strategy for the Islamization of Society and the Ambiguous Relationship with the State], Amman 2011. Online abrufbar unter www.fes-jordan.org.

Mohammad **Abu Rumman,** Hassan Abu **Haniya**: Al-Hall al-Islami fi l-Urdun. Al-Islamiyun wad-daula wa-rihanat ad-dimuqratiya wal-amn [Die islamische Lösung The Islamic 'Solution' in Jordan: Islamists, the State, Democracy and Security], Amman 2012.

Mohammad **Abu Rumman**: As-Salafiyun war-rabi' al-arabi. Su'al ad-din wad-dimuqratiya fi s-siyasa al-arabiya, Beirut 2013.

Mohammad **Abu Rumman**: Baina hakimiyati llah wa-sultat al-umma: Al-Fikr as-siyasi lish-Shaikh Muhammad Rashid Ridha [Zwischen Hakimiya und Souveränität der Umma: Der Reformer Muhammad Rashid Ridha], Amman 2010.

Anwar **Abu Taha**: »As-Salafiya – hududuha wa-tahawwulatuha« [Salafismus: Grenzen und Wandlungen], in: Alam al-Fikr (1988), S. 61-96.

Anwar **Abu Taha**: As-Salafiya – Ittijahat wa-qadhaya [Der Salafismus: Ausrichtungen und Anliegen] sowie Fahmi Jad'an: Al-Madhi fi l-hadhir [Die Vergangenheit in der Gegenwart], Beirut 1997.

Muhammad **Amara**: Tayyarat al-fikr al-islami [Strömungen des islamischen Denkens], Kairo 1997.

As-Salafiya al-Jamiya, aqidat at-ta'a wa-tabdi' al-mukhtalif [Der Jami-Salafismus. Doktrin des Gehorsams und Ächtung von Neuerungen], Dubai 2012.

Ali bin Hussein bin Ali bin Abdulhamid al-Halabi al-**Athari**: Hadhihi hiya s-salafiya.Da'wat al-Iman wal-amn wal-aman [Das ist der Salafismus. Aufruf zu Glaube, Sicherheit und Geborgenheit], Amman 2011.

Ian **Craib**: Modern Social Theory – from Parsons to Habermas, London 1984.

Claude **Dubar**: La Crise des identités, Paris 2001.

Safar al-**Hawali**: Al-Almaniya. Nash'atuha wa-tatawwuruha wa-ta'thiruha fi l-hayat al-amma [Der Säkularismus. Entstehung, Entwicklung und Einfluss auf das öffentliche Leben], Makka 1982.

Safar al-**Hawali**: Zahirat al-irja‘ fi l-fikr al-islami [Das irja‘-Phänomen im islamischen Denken], Dar al-Kalima 1999.

Roger **Heacock** u. a. (Hg.): Al-Bahth an-naqdi fi l-ulum al-ijtima'iya [Kritische soziologische Forschung], Bir Zeit 2011.

Samuel P. **Huntington**: Who are we? Die Krise der amerikanischen Identität, München 2006.

Abdulghani **Imad**: Al-Harakat al-Islamiya fi Lubnan [Islamische Bewegungen im Libanon], Beirut 2006.

Fahmi **Jad'an**: Fi l-khalas an-niha'i: Maqal fi wu'ud al-islamiyin wal-almaniyin wal-libiraliyin [Endgültige Erlösung: Über die Versprechungen von Islamisten, Säkularisten und Liberalen], Amman 2007.

Hassan **Konakita**: An-Nazariya as-siyasiya inda Ibn Taimiya [Politische Theorie bei Ibn Taimiya], Riad 2004.

Hani **Nuseira**: Al-Mutahawwilun diniyan. Dirasa fi zahirat taghyir ad-diyana wal-madhahib [Religiös Gewandelte. Studie zum Glaubens- und Konfessionswechsel], Kairo 2009.

Ghani Nasser Hussein al-**Quraishi**: Al-Madakhil an-nazariya li-ilm al-ijtima‘ [Theoretische Einführungen in die Soziologie], Amman 2011.

Mahmud ar-**Rifa'i**: Al-Mashru‘ al-islahi fi s-Sa'udiya: Qissat al-Hawali wal-Auda [Das Reformprojekt in Saudi-Arabien: Die Geschichte von al-Hawali und al-Auda], Washington 1995.

Olivier **Roy**: La Sainte ignorance. Le temps de la religion sans culture, Paris 2008.

Patrick **Savidan**: Le multiculturalisme, Paris 2009.

Radhwan as-**Sayyid**: As-Sira‘ ala l-Islam. Al-usuliya wal-islah was-siyasat ad-duwaliya [Kampf um den Islam. Fundamentalismus, Reform und internationale Politik], Beirut 2004.

Amartya **Sen**: Identity and Violence. The Illusion of Destiny, New York 2006.

Daryush **Shayegan**: Les Illusions de l'identité, Paris 1992.

Husam **Tammam**: Tasalluf al-Ikhwan: Ta'akul al-utruha al-ikhwaniya wa-su'ud as-salafiya fi jama'at al-Ikhwan al-Muslimin [Die Salafisierung der Muslimbrüder], Alexandria 2010.

Muqbil bin Hadi al-**Wadi'i**: Hadhihi da'watuna wa-aqidatuna [Das ist unsere Mission und unser Glaube], Sanaa 2002.

Über den Autor

Mohammad Abu Rumman,
PhD, Politikwissenschaftler, forscht am Center for Strategic Studies an der University of Jordan zu Politischem Denken und Islamischen Bewegungen; schreibt regelmäßig für die jordanische Tageszeitung Al-Ghad.